创新型新闻通俗读本与实战教材

NEWS

你的新闻稿
怎样才能刊发

邓云球 著

山西出版传媒集团
山西人民出版社

图书在版编目（CIP）数据

你的新闻稿怎样才能刊发 / 邓云球著. 一太原：
山西人民出版社，2023.3
ISBN 978-7-203-12767-3

Ⅰ.①你… Ⅱ.①邓… Ⅲ.①新闻写作 Ⅳ.
①G212.2

中国国家版本馆CIP数据核字(2023)第040685号

你的新闻稿怎样才能刊发

著　　者：邓云球
责任编辑：冯灵芝
复　　审：贾　娟
终　　审：梁晋华
装帧设计：中尚图

出 版 者：山西出版传媒集团·山西人民出版社
地　　址：太原市建设南路 21 号
邮　　编：030012
发行营销：0351-4922220　4955996　4956039　4922127（传真）
天猫官网：https://sxrmcbs.tmall.com　电话：0351-4922159
E-mail：sxskcb@163.com 发行部
　　　　sxskcb@126.com 总编室
网　　址：www.sxskcb.com

经 销 者：山西出版传媒集团·山西人民出版社
承 印 厂：天津中印联印务有限公司

开　　本：710mm×1000mm　1/16
印　　张：17.5
字　　数：250 千字
版　　次：2023 年 3 月 第1 版
印　　次：2023 年 3 月 第 1 次印刷
书　　号：ISBN 978-7-203-12767-3
定　　价：87.00 元

在新闻逆向中取胜

新闻稿怎样才能刊发，这是一个让很多新闻工作者、基层通讯员乃至管理层都非常头疼的问题。不以上稿为目的的写稿、投稿显然毫无意义，只是，新闻上稿又谈何容易，方法在哪里？

权威性的报道，对提升报道对象内质外形具有极其重要的作用，特别是全国性权威报刊，作为基层单位新闻工作者的"兵家必争之地"，更是"兵家难争之地"。就像千军万马走"独木桥"，权威报刊上稿竞争之激烈可想而知。要想在激烈的竞争中脱颖而出，获得稿件刊登，需要非同寻常的能力和技巧。但是，很少有人会告诉你这是一种怎样的能力和技巧，因为，这需要实战和实绩来证明它的可行性，需要通过一种新闻逆向思维来获得，而传统的培训方法难以传授这种底层实战的知识和经验。

新闻稿件是刊发在权威的媒体上还是刊发在自家的"黑板报"上，这其中有天壤之别。判断一篇基层通讯员新闻稿件的价值，往往是看它能否受到权威媒体的瞩目，被权威媒体采用，甚至在媒体的征文中获奖。判断一名基层通讯员的新闻报道能力，很大程度上可以看他在权威媒体上的发稿能力，当然，这也影响甚至决定着其所在单位的新闻报道能力。

记得有一位省级行业新闻主管部门负责人曾深有感触地说："上行业权威媒体比上省级党报更难。"是的，确实是这样的，毕竟全行业每个省报道的内容都比较相似，竞争力也不相上下，行业权威报道的竞争非常激烈，版面就那么几个，僧多粥少，你要把大家都在做的同样的事报道出去、报道出影响，很难。

而作为一个省来说，这个行业你就一个，本行业省级单位也就一个，在报道资源上来说你有绝对优势，而且省级媒体就在你身边，也方便做好报道的辅助工作。

所以说，重点将被行业权威媒体认可的新闻稿件特别是直投稿件作为示例讲解，是一种非常贴近企事业单位通讯员实践且能更好地结合专业理论与工作实际的新闻培训。而作为世界五百强企业，在新闻报道的示范方面具有很典型的代表性和借鉴性。所谓"一桥飞架南北，天堑变通途"，一旦有了"飞架"之"桥"，方法就易掌握，"通途"就会出现。

浏览各个售书网站上的新闻类书籍的客户留言，反映最多的就是没案例或者案例少，或者案例不切实际，为什么？因为书籍作者一般并没有基层报道经验，也就不会有基层上稿案例，基于大量基层案例的高效新闻培训，也就同样很少。

一方面，我们在做新闻培训的时候往往因多年传统的常规培训而固定思维模式，很难有创新意识。另一方面，能做这种培训的人很少，对授课者的选择基于其在行业权威媒体的发稿量和发稿档次、征文获奖数的判断，也就是要想成为授课者，必须用稿件说话，用事实说话。作为企事业单位的基层新闻工作者和通讯员，往往需要一种攻略，而这种攻略是一种新闻逆向思维，按照这种思维，目前通讯员培训形式已经进入创新时代，而与之相匹配的创新培训教材却还基本空白。这是因为，权威且有话语权的专家众多，而资深的基层新闻工作者太少。

每年，企事业单位都会举办一些新闻类的培训，根据授课人身份，讲课内容基本上可分为两类，一类主要是从新闻本身的专业角度来讲，也就是自上而下的角度来讲，这类授课更多的是从教材的新闻理论概念或者媒体对新闻稿件的要求角度来讲，理论上比较专业，对很多半路出家的通讯员来讲知识比较深奥，难以掌握甚至无法领会；同时，这种讲课作为授课者来讲，所讲知识内容离基层通讯员这个层面比较远，中间至少还隔着通讯员所在单位和上级单位，二者视野相隔太远，很难产生共鸣、呼应。

此外，也是最重要的一点，据很多通讯员反映，作为媒体，平常接触的新闻题材比较宽泛，报道的内容、讲解的范围也比较宽泛，很可能针对性不强；而作为基层企事业单位的通讯员，他们平常接触到的也就是一些本职工作和身边事，需要报道的也就是这些事，他们需要学习、想要学习的基本上也就是对这些事的报道技巧，新闻培训说得太多、太宽，不仅意义不大，还容易让他们陷入困惑。

而另一类培训，则大多会根据新闻宣传会议精神和文件精神进行学习宣贯和工作布置，这种会议性的培训严格来说不属于专业培训内容。当然，其中也许会有一些专业的内容，也许有对基层稿件的讲解，但往往又囿于专业理解程度不足而缺乏真正的指导价值，或者浮光掠影，让通讯员感受不深刻。

在近年的常规化新闻培训中，甚至还可以看到高校新闻专业教授将几十年前新华社对某人追悼会的报道案例作为企业基层通讯员新闻培训的重点讲解内容。对此，我们不禁要问：这种讲课有用吗？有益吗？这折射出这个时代新闻培训的尴尬。

常规新闻培训，对于企事业单位基层通讯员来讲，在肯定其意义和收获的同时，也应看到它的局限性。作为一名长期工作在基层的新闻工作者，我深感传统的常规新闻培训不能真正满足基层通讯员的需求，他们更需要的是专业与实际相结合案例的新闻培训，是既不会远也不会偏的讲解，要一说就懂，一懂就会，一会就专，一专就能上稿。

从新闻主管部门到基层通讯员，都渴望易懂实用的培训。多上稿，才能让大家更有成就感，才更能把某些竞争激励性的指标给提上去。

所以，当上级新闻培训班邀请我以行业权威媒体"发稿大户"身份，进行题为"怎样做好对外宣传工作"的主题授课时，我深感机会难得。这是国网湖南电力新闻培训班首次邀基层单位新闻工作者授课，也是这次培训班中唯一的基层单位新闻工作者授课，授课目的是增加基层单位新闻工作者在以《国家电网报》为核心的权威行业媒体的上稿量，新闻工作者在权威行业媒体的上稿愿望也由此可见一斑。

这次培训说明，基层资深新闻工作者主导的培训，在整个培训体系中已同样重要，不可或缺。

要增加新闻发稿量和扩大影响力，必须不断学习，坚持不懈。至今值得回味的是，2014—2016年三年间，我不断探索，在5家电力行业权威媒体举办的新闻征文比赛中均获奖。在发稿量方面，我所负责的新闻部门《国家电网报》发稿量一直稳居国网湖南电力系统各单位首位，最多时月发稿量达13篇，即平均不到两个工作日一篇，我至少两个年度被《国家电网报》《中国电力报》、中国电力新闻网等行业权威媒体评为优秀通讯员。这也是这次培训班打破惯例邀请我讲课的重要原因。

这次培训班后，有的资深通讯员给我以"讲得很好"的赞许，但举办者表示对我的讲课"不满意"，认为还是讲得太"高远"，应该多讲一些更加直接的写稿、投稿技巧，多来点"干货"。确实，一个小时的授课时间讲不了多少东西，而我遵循程序，开篇讲了新闻工作基础、新闻报道理念、新闻宣传方向及一些诸如"横看成岭侧成峰，远近高低各不同""山不转水转，水不转云转"之类的"高深"道理。

大家急于通过此次培训取经而大量上稿的心情可以理解，然而时间有限，来不及展开细讲。

所以，有了今天这本书，这也是本书诞生的初衷。这是一本由下向上、从基层视角向高端媒体的实用型书籍，以我本人不同时期发稿的大量案例说"法"，非常直观地向大家介绍一个通讯员、一个单位，如何立足自身、立足本单位本岗位高水平地做好对外宣传报道，提升内质外形。因此，本书既可作为新闻实训的创新型教材，也可作为启迪管理层文化思维用书。

目 录

第一章

从起点和亮点开始说起

第一节　社会题材是重要的"基础篇"

一、以"社会通讯员"锻炼自我

人是社会的人，新闻工作者是社会的新闻工作者，通讯员也是社会的通讯员。我们在置身某个行业前，首先是置身这个社会的，所以，我们在做某个行业的新闻工作前，可以先进行一些社会性的报道。

这一章是本书的起始篇章，列举了我 20 世纪 90 年代中期发表在《公共关系报》《公共关系导报》《生活周刊》《交际与口才》等全国性报刊上的 6 篇新闻稿件，涉及的社会题材比较广泛，都是我求学时期受聘于湖南人民广播电台、《长沙晚报》当特约通讯员时撰写的新闻稿，有消息，有通讯，也有新闻评论。

学生也能在权威媒体刊发社会题材新闻稿件吗？能！我用亲身经历告诉大家，确实能！

1995 年 7 月，大学毕业前夕，我在湖南五一文实业股份有限公司实习时撰写了两篇商业企业报道，一篇是从"五一文"的视角出发，针对整个长沙商界的报道，刊发在《公共关系报》上；另一篇则是纯粹关于"五一文"的报道，刊发在《公共关系导报》上。《公共关系报》和《公共关系导报》这两份报纸都是全国性报纸。

《大手笔　高品位——湖南五一文实业股份有限公司公关纪实》，以一个实习生的视角，对湖南五一文实业股份有限公司的公关工作进行了翔实的报道。这篇通讯抓住了"五一文"最具特色的公关工作，并以其展开报道，标题体现了企业公关工作"大手笔、高品位"的特点。

那么，作为一个刚到企业不久的实习生，该怎样报道一家企业，并使稿件能上到具有一定影响力的全国性公共关系报呢？

首先，去感受。你通过看和听感受到的就是你所要报道的，也是最能够吸引读者的新闻线索和新闻题材。"五一文"最大的特色就是其浓厚且独一无二的企业文化，这种企业文化表现在一家直接与公众接触的服务型的商业企业中，就形成一种公共关系。所有的新闻，都是先引起作者的兴趣，让作者产生特别的感受，然后再通过作者的笔触，写成新闻稿件，进而引起读者的兴趣，让读者产生特别的感受。要想感动别人，首先得感动自己，难道不是吗？

其次，去观察。当你感受到这种激发自己报道欲望的新闻题材后，你需要去观察这种独特感受究竟是怎样产生的，来自何方。就这家企业、这篇报道而言，具体就是该企业是怎样做到企业公关工作"大手笔、高品位"的，它的文化活动、它的宣传用语、它的公益广告、它的工作环境等等，无不在你的观察范围内。对，这家企业就是通过这些方面使我、使公众产生不同的文化感受的。

再次，去搜集。作为一名实习生，或者刚到一家企业的员工，你观察到了这些方面，但是你并不能直接开始写，因为光凭你看到的还不足以完成一篇大稿。这个时候你就需要围绕这些方面通过各种途径和渠道搜集新闻素材，如企业的文化理念、以往活动等可以通过企业宣传画册等进行搜集，企业的规定要求可以通过《公司员工岗位职责规范》进行搜集，还需要补充的其他情况和内容则可以通过向相关部门或者老员工了解情况、搜集材料等进行补充。

最后，去报道，也就是撰写新闻报道并把稿件投出去。这篇有着一定篇幅和深度的通讯，比较全面地在全国性权威媒体展示了"五一文"的企业文化，对于一家过去仅在当地媒体进行报道的商业企业，这篇报道提高了"五一文"的对外宣传档次，我也因此报道得到了企业领导的高度肯定和赞许。

稿例1：商业公关主题事件通讯

大手笔 高品位——湖南五一文实业股份有限公司公关纪实

今年4月5日，湖南五一文实业股份有限公司总部的草坪上，花团锦簇，热闹非凡，该公司举办的"推进现代文明展示会"隆重揭开了帷幕。走进设在公司总部的"五一文商用机器分公司"和"五一文白马快印分公司"，以杜鹃花为主的花卉与这些两家分公司分别经营的复印机、电脑等现代化办公设备及快印设备交相辉映，吸引了许多的客户和普通百姓。

"五一文"是一家由集体小店发展而成的拥有9个分公司的股份制企业，1994年被国家数个机构共同列为全国最大300家股份制企业之一、全国100家最大批零贸股份制企业之一，在长沙商界激烈竞争的氛围中，这家集体企业、文化用品专营企业竟能与众多大型国营百货商家并驾齐驱，原因何在？始终注重树立高品位的公关形象，即是这家企业成功的主因之一。

公司领导认为，"五一文"应大力宣传一种现代企业新观念：企业不能仅仅追求利润，还应该追求高层次的目标，如精神上的满足、自我实现的需求、对社会的责任与奉献等，"推进现代文明展示会"即是"五一文"这种企业新观念的真实写照。"五一文"通过树立文化气息浓厚、品位高雅的公关形象，冲击了那种"无商不奸""尔虞我诈"的社会偏见，赢得了良好的社会信誉，吸引了众多的顾客，企业也因此得到政府部门的支持与关注。

多年以来，"五一文"通过许多品位较高、带有文化气息的活动和社会公益活动来营造公司良好的社会形象，除"推进现代文明展示会"外，又如：公司举办的一系列庆典活动，不燃放鞭炮，而是组织电子琴比赛、电脑操作表演等文化活动；公司积极举办、协办了市"青少年计算机操作比赛""少儿音乐和书画比赛"及音乐会等科技文化活动；公司出资 30 万元协助共青团湖南省委开展"希望工程"活动，多次资助省内灾区人民，带头为贺龙体育馆的筹建工作捐款，率先资助失火的雅礼中学重建校园、恢复教学，等等。

"拥有文化，拥有明天"是"五一文"的宣传用语，"五一文"的社会活动以之为核心，"五一文"的广告宣传也以之为核心。"五一文化用品商场"曾在学校开学之际为促销文化用品在报上登过这样一个构思巧妙的广告，画面以一面尖针指向该商场下午下班时间的挂钟为主体，旁边是广告语："我们推迟一小时下班。"小字说明让人恍然大悟，原来商场为了方便父母下班为孩子们购买新学期的学习用品，推迟了商场的下班时间。同样的广告创意让人倍感亲切，比之某些"大拍卖"之类的广告效果更佳，它使好的促销方式有了好的宣传表现，可谓匠心独具。

"五一文"与湖南电视台二台开办"五一文给您捎上一句话"专栏，在这个专栏里每次播出一小段有关社会伦理、教育等方面的具有劝导性的语句。"五一文"还在《长沙晚报》特约了"五一文倡导人人参与城市管理"的公益广告，以配合长沙市"城市管理年"活动。这些公益广告不见商业味，体现了高品位，尤其像"五一文给您捎上一句话"这样的长期性企业公益广告专栏，在国内、商界都堪称一绝。

"五一文"还注意营造公司环境，在人文环境方面，公司制定了《公司员工岗位职责规范》，它鼓励员工养成热情自信、文明谦和、广交善遇的作风，要求员工仪表端庄、大方，男不蓄胡须、女不抹艳妆，工作中要贯彻"追求完美服务"的精神，提倡员工途中相遇相互问好，无论何时接挂电话都先说声"你好"。在物的环境方面，力争渲染一种强烈的文化氛围，突出高品位的个性，以淡蓝色为基色，以清新淡雅为基调；在营业间，商品陈列错落有致，赏心悦目；在办公场所，墙上没污迹，地面无灰尘，烟灰缸每天要清洗三次，在过道上摆了大量绿色植物，在公司屋顶新建了两座"屋顶花园"，陈列着近百种植物、近千盆花卉。

"五一文"着力树立高品位的公关形象，闯出了商界公关的新天地。

（原载于《公共关系导报》1995年7月6日二版）

二、异型同理的报道

再说报道内容本身，《长沙商界公关战方兴未艾》和《大手笔　高品位——湖南五一文实业股份有限公司公关纪实》一样，本质上也是去感受、去观察、去搜集、去报道四个步骤，只不过在搜集新闻素材方面是受到限制的。这个没有关系，这是弱势，也是优势。

为什么这样说？虽然我们不能像报道"五一文"那样，去深度了解一个个商家具体的一些情况，但是，我们要看到，这篇通讯所覆盖的是多家商家，每家商家在报道中所占的比重相对较小，因此，我们也就不需要去搜集那么多的素材，去做多么深度的报道，在这种情况下，我们对每家商家的素材搜集并不需要那么多，通过一般性的当地媒体报道来搜集即可。

《长沙商界公关战方兴未艾》写了四个方面，每个方面都选择了表现突出的商家来描述，作者掌握的商家的哪方面素材较多，就可以在相应方面多写一点。这其实也是我们在大的通讯中经常要用到的技巧，不仅要根据需要报道的对象来安排内容，也要根据占有的素材多少来安排内容，只要素材相互之间衔接巧妙，就不会影响到整体的谋篇布局，反而会给人带来"详略得当"的感受。

令人印象深刻的是，《长沙商界公关战方兴未艾》这篇报道，其实刚开始不是投给《公共关系报》的，而是投给《公共关系导报》的，《公共关系导报》没有采用，继而转投《公共关系报》，反而在《公共关系报》头版头条刊发了，而在这篇稿件转投《公共关系报》时，我的另一篇《大手笔　高品位——湖南五一文实业股份有限公司公关纪实》在投往《公共关系导报》后也被采用，这样就出现了两篇长沙商业企业公关大稿同时分

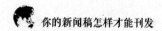

别出现在 1995 年 7 月 6 日的两家全国性公共关系报纸上的情形。

《大手笔　高品位——湖南五一文实业股份有限公司公关纪实》和《长沙商界公关战方兴未艾》这两篇通讯，之所以能在全国性报纸刊发，很重要的一条，就是结合报道内容进行了精准的高端媒体研判。报道的内容都是公关方面的，都刊发在全国性的公共关系报纸上，想要投稿成功，首先，我们要知道有这样两家报纸；其次，我们要知道这样两家报纸需要这样的稿件，有相应的版面和需求。这个时候就需要进行媒体研判，只有研判好了才能实现较为精准的投稿和较高的上稿率。

道理，都是一样的。

稿例 2：商界商战主题事件通讯

长沙商界公关战方兴未艾

公关，这个数年前还被商家感到陌生的词汇，近来却越来越受商家的青睐。在湖南省会城市长沙，一场没有硝烟的战争——公关战，正在商界悄悄地进行着。

在店名上下大功夫

店名好比商家的一张"脸"。长沙商界公关战的一个显著特点，就是各大商家几乎都在自家的店名上动脑筋、下功夫。

位于长沙市袁家岭的韶山路百货商店，为使其店名中的"韶山路"不与闻名全国的毛泽东主席的故乡——韶山相混淆，产生不必要的麻烦，毅然将店名改为具有一定神话色彩的"阿波罗"。而与"阿波罗"相邻的友谊华侨商店，为使其业务经营范围朝着更大众化的方向拓展，乃更名为

"友谊商店"。其投入运作不久的姊妹店则命名为"友谊商城"。为了突出友谊精神，增强企业的社会知名度，在它们的争取下，袁家岭立交桥也更名为"友谊立交桥"。

位于长沙市新开发的芙蓉路路口的湖南商业大厦，为了使其店名让平民大众更易记住，则以"湖南商厦"的形象呈现在公众面前。长沙市东塘百货大楼，在湘江大桥以西建起了自己的姊妹店"西城百货大楼"，"西城"与"东塘"遥相呼应，一西一东，相映生辉。在长沙，还有一家令人瞩目的企业：长沙五一文化用品商场。这家以经营文化用品为主的商场，现已发展为全国股份制企业三百强之一的湖南五一文实业股份有限公司。"五一文"三字简单易记，以至于长沙人一提到这个企业，言必称"五一文"。"五一文"的一个大型投资项目工程年内即将投入营业，公司给它取了一个吸引人的名字——北极星，在对外宣传中突出它是"五一文北极星"。

创造美的购物环境

在经济大潮的冲击下，长沙各大商店纷纷"旧貌换新颜"，店堂内装饰富丽堂皇，宽敞明亮，商品摆放错落有致，上下扶梯方便快捷。

走进友谊商店，你会发现店门内两侧站立着两位落落大方、面带微笑的迎宾小姐。不仅在店门口，在"友谊"的电梯旁边，也有这样的迎宾小姐。她们热情地帮助老人、小孩和行动不便者上下电梯，使店内洋溢着春意。

"五一文"也有高招。"五一文"在其店堂内设有许多葱郁的绿色植物，这些自然景观令人心境怡然，让人在温馨的氛围中领略到返璞归真的意趣，购物更加称心。公司还有两座"屋顶花园"，派专人看护。

一切为消费者着想

如何让消费者在自己的商店里得到最满意的服务，买到他们最满意的商品——每个商家都给自己提了这样一个很实际的问题。

于是，"八仙过海，各显神通"，各式各样的新举措在长沙各大商店应运而生了，令人目不暇接：成立"赔钱公司"，不满意就到"赔钱公司"退货，无须到柜台上找当班营业员理论，十分方便；参加"全国联保"，本省买的商品到外省也可享受到满意的售后服务；当班营业员向顾客赠送名片，商品有问题直接"按图索骥"，责任明确……

当各大商家在售后服务的信誉上都有了一定保证后，顾客就更关心商品价格，希望买到的商品价格比较合理、相对便宜。于是，长沙的旭华商场、窑岭百货商场率先在市内商场中推出"十点利"销售，而湖南商厦紧接着则许诺其商品销售价将是市内各大商场中同类商品的最低零售价。

营业现场的服务质量是各大商家都十分注重的一个环节，为此，长沙的企业"大哥大"都制定了严格的服务规章制度，力求让顾客在亲切轻松的氛围中享受到一流的服务。在"五一文"商场的营业现场规章制度中甚至规定，在营业时与顾客发生争执或更严重事件被传媒批评者，就会受到严罚直至被"炒鱿鱼"——"不问原因，只问效果"是这家企业的企业精神之一。

抓住时机开展活动

一家有眼光的企业，往往善于抓住时机积极参与公益活动，塑造企业的社会形象。长沙的各大商家都注意到了这一点，不少有意义、有特色的活动体现了企业公关水平。

"六一"儿童节，友谊公司抓住时机举行了一系列造福于少年儿童的公益活动，并把活动扩展到贫困乡村。

今年是长沙市市花杜鹃花命名十周年，同时也是长沙市的"城市管理年"，"五一文"抓住时机，别出心裁地搞了一个"推进现代文明展示会"，将公司所经营的各种现代办公设备与杜鹃花等摆放在一起进行促销活动，吸引了不少客户。

去年 11 月，"双奖"电影节在长沙举行。湖南商厦趁机邀请著名影星到商厦进行促销活动。

长沙的各大商家为了很好地"包装"自己，都与新闻媒介建立了良好的关系。

友谊商店与湖南经济广播电台联合办起了设在商场内的"友谊直播室"，"五一文"在湖南文艺广播电台设立了"五一文信息广场"专栏。

（原载于《公共关系报》1995 年 7 月 6 日头版头条）

三、思考是重要的报道基础

综观以上两篇报道可见，投稿技巧并不比写稿技巧少，精准研判、抢抓时机，不放过任何一个报道机会，就一定能产生意料之中乃至意料之外的报道功效。社会之大，把眼界放宽，尝试做好各种社会题材报道，可以极大地提高新闻工作者的上稿能力。

讲新闻为什么要讲实例？因为太多的基础理论，通讯员很难听懂，其实也没必要听懂。从长期的基层新闻工作经历来看，确实，深奥的新闻理论，个人觉得基层通讯员并不是专业的新闻记者编辑，没必要掌握，也很难掌握好。至于新闻写稿投稿，说白了就那么"几板斧"，有的人一看就懂，有的人却难以领悟，就看能不能从实例中举一反三，照葫芦画出瓢。从实例中总结规律，才能真正写好稿、投好稿，但是这个规律总结别人代替不了你，你必须自己思考，自己总结。

用实例说话，用实例感受。如果我们学会了从一个普通公民的视角去进行社会报道，也就不难学会从一名普通员工的视角去进行行业报道。这其中的道理，是可以运用到任何一个行业的对外报道中的，而我们的通讯员也都是置身于某一行业，需要的正是这种行业视角产生的新闻感受。

本章所列六篇社会题材报道，有报道商业企业公关的，有报道商业营销的，有报道家具行业、人才招聘的，也有对新闻事件进行评论的。这几篇稿件有一个共性，就是归纳与思考，将零散的通过各种渠道搜集的材料归纳成一个新鲜、鲜明的主题，然后再把作者的深度思考放进去进行加工，提升整个稿件的高度和深度，这就有点类似于新闻中的通讯、综述或者深度报道了。

商业营销报道《拜访客户时的语言技巧》，是在直销这种商业形态刚刚出现时，通过对一家直销企业的采访和素材搜集，加上我的深度思考形成的一篇报道，在《交际与口才》杂志刊发。《拼式家具正流行》和《频频跳槽 渐遭冷遇》是通过同类素材搜集后形成的一种准新闻报道，新闻事件也有我的思考，以思考串起新闻事件。《有感于"花钱当被告"》作为刊发在当时很有影响力的上海《生活周刊》上的一篇新闻评论，则是围绕新闻事件展开评论，融入我的思考。从语文的角度来讲，这个叫"夹叙夹议"。

纵观这六篇稿件，一个核心就是思考，做新闻一定要思考，如果我们触及一个好的新闻题材时不善于思考，感受不到它的价值，就会丧失报道机遇；而当我们开始报道一个新闻事件或者新闻人物时不去思考，我们就不会知道怎么去搜集素材、怎么布局谋篇，更不用说把看似肤浅的东西报道得有价值、有深度了。

稿例 3：商业营销主题消息

拜访客户时的语言技巧

陈小姐是一家百货直销公司的直销商，她利用同学聚会的机会，向同学们表露其直销商身份，并自豪地告诉他们．以后你们要买各种食品百货，尽管找我，我可以保证大家以最低廉的价格得到最理想的服务。一时间，同学们纷纷向陈小姐了解直销公司有什么商品供应、是否送货上门等问题，陈小姐一一作答，随之而来的是各种各样的成交意向。陈小姐把握机会，很快就做成好几笔生意，而且她的同学也知道了这样一个信息：可以通过陈小姐买到许多便宜的名优产品。

陈小姐认为，推销成功与否，其中关键的一条是审查准客户，你是否清楚客户存在这种商品的购买需求，是否具备支付能力，你将用什么办法刺激客户的购买欲望。

直销商是以把产品卖给客户而获得佣金作为报酬的，而事实上，直销商不但可以获得佣金作为报酬，更可以通过推销商品去结交许多朋友——这也是这种工作给直销商的报酬。假如客户对直销商存有戒心，假如客户瞧不起直销商，直销商将一事无成，什么也推销不了。未做生意先做朋友，推销产品前就需要推销自己，这是推销成功的开端。直销商可以通过聊天，从各方面了解客户的爱好及个性类型，并增加与客户间的感情交流，进而与其成为好朋友，使其成为长期的客户。

直销商在与客户第一次见面时，要尽快使客户对自己及自己的产品产生兴趣，通常有以下几种开场白：

1.金钱或利益。例："我这次来是想向你介绍下买到便宜货的方法。"

2.赞美和关心。例："刘小姐，你这间客厅真漂亮。"

3.设问及悬疑。例："你知不知道有一种竖刷式牙刷呢？"

4.他人影响力。例："张总，你好，是马经理介绍我来的。"

5.实习演示。例："这种钢化杯，掉在地上也不烂。"说完不妨示范一下。

上面稍举几个例子说明推销语言的技巧性。在推销过程中，还需因事因地因人不同灵活发挥。

促成成交是直销商的首要任务。下面介绍几种常用的促使成交的方法：

1.二者择一法。这是促成成交的方法中最有效的一种。"买不买，买多少"这是人的正常思维程序，直销商则要打破这种思维程序，主动地向客户询问："你要小包装的还是大包装的呢？"这时客户的思路会不由自主地越过买与不买的选择，进入买多少的选择中去。

2.小点成交法。对第一次交易，直销商不应抱太高的期望，同样，客户第一次购买，对你或产品的可靠性还会存有戒心。"陈主任，你就先试用2支，用过满意我再向你送货。"这样，能较易成交，并为大批量销售埋下伏笔。

3.从众成交法。"生津丹的味道和效果都不错，许多人吃过了回头还要买。"用公众的认可说服客户成交。

4.异议成交法。异议既是成交的障碍，又是成交的信号。直销商妥善处理了客户的异议后应施加压力，促成客户购买。"王先生，你所担心的问题已经解决了，那么你打算要多少呢？"

5.假定成交法。"李经理，如无问题，我先送十箱货给你吧。"假定客户已认可，这样说有催促作用。

直销商都应有这样的观念："客户是上帝。""多个朋友多条路。"所以，无论交易前、交易中还是交易后，也无论推销成功与否，直销商对客户的友善态度应始终如一，保持谦逊、礼貌、热情和尊敬的态度，千万不能让客户感觉你的态度变冷淡了，而要让客户记住你的情义，感到像你这样的卖主可信，像你这样的朋友可交。这样，他既有可能再次向你购买，也可能向朋友推荐你及你的公司，令你受益无穷。

（原载于《交际与口才》杂志1994年第5期）

稿例4：家具市场主题消息

拼式家具正流行

时下，拼式家具被家具制造商们不断开发，形成各种各样的类型，成为家具业中的新潮。

柜子可以拼。老式的柜子，一个就是一个，笨重而又不可拆开，搬运、移动煞是困难。而新式拼式柜则一改这些弊端，一个柜子一分为三、一分为四，可化整为零，也可化零为整。

沙发也可以拼。木质沙发中四张沙发椅、一个墙角转角茶几、两个类似床头柜的扶手，再加上长茶几，则是"八件套"，想怎样拼就怎样拼，买沙发时不用太多考虑房间长宽、沙发尺寸。

饭桌也可以拼。一桌两层，上下各有用途。掀开椭圆形的饭桌桌面，其下是一个铺盖着绿色绒布的正方形桌面，玩牌尽兴之后再套上椭圆桌面则可用来享受美食，"一桌两用"正成为时下的热门。

床也可以拼。拼式床由横梁和床的两端拼成，再不像旧式床那样只能"直来直去"了。

尤为有趣的是，"大拼"里头还有"小拼"，木质沙发里、饭桌里，冷不丁还可以抽出几个小抽屉来，至于里面想放些什么，那全由你自己做主了。

（原载于《长沙晚报》"温馨港湾"专栏）

稿例5：社会招聘主题消息

频频跳槽　渐遭冷遇

时下的招聘启事简直是铺天盖地，而那些"跳槽"者也是不乏其人。"跳槽"的诸多好处是明摆着的，否则，"跳槽"者为什么会如此之众呢？

在北京举行的全国人才劳务交流大会上，频繁"跳槽"者被一些省市的人才招聘团亮了"红灯"，曰："朝三暮四者谢绝入内。""频频'跳槽'者不受欢迎。"乍一看，似乎有些令人不可思议：既然招聘人才，为何又拒绝人才？然而仔细一想，却又完全在情理之中。

关键还在这个"频频"上。一天到晚老想着"跳槽"的人，在很大程度上并不是为了创造更好的工作环境，而是为了得到更好的工作待遇。然而，所谓"欲求"实在是一个没有边际的东西，频繁"跳槽"者的"欲求"又何时能得到满足呢？

显然，"跳"一两次"槽"是远远得不到满足的。于是，频繁"跳槽"者从来没有认认真真为新旧雇主做过事，满脑袋想的都是"跳槽"，今天投身于此雇主，明天说不定又投身于"山外青山楼外楼"的彼雇主了。这样的频繁"跳槽"，给雇主带来的苦恼要比快乐多得多，所以，稍有头脑的雇主是不会以欢迎的态度去承纳这样的"跳槽"者的。把"跳槽"当成玩儿的主，哪怕逃得过被人拒之门外的厄运，却也多半疲于"跳槽"而大事难成。

以"跳槽"为乐事者，处事未免有些盲目。大连"成吉思汗"皮装有限公司的 50 名合同制工人，压根儿就没想起还有"合同"这码子事，便一个个"跳槽"到一家比原公司待遇并不优厚很多的皮装公司，结果给原公司造成巨大经济损失，然而合同是白纸黑字的，把"跳槽"当玩儿的工人们免不了做出经济赔偿。"跳槽"者的盲目由此可见一斑。

但人总要往上走的，"跳槽"者的心态其实是可以理解的。然而那些招聘启事上的"优厚条件"有时其实不过是一纸空文，兑不兑现还是个未知数，所以每次"跳槽"其实也就会多担一分风险，不排除可能使其得不偿失，乃至受骗上当。所以，"跳槽"之前，可要想明白、想周全，可别头脑一发热就"跳槽"了。

（原载于《生活周刊》报"择业密码"专栏）

稿例6：法律诉讼主题新闻评论

有感于"花钱当被告"

报载：湖南某公司一临时工因工伤向所在公司索赔两万余元，但又以"没有带钱"为由要求"私了"。但该公司经理则不同意"私了"，坚持和这名临时工一起到法庭，要求让自己当被告，还自己掏钱替这名临时工付了诉讼费。

花钱当被告，这实在是一件"怪事"。对于官司，尤其是当被告，人们总是避之唯恐不及，而今竟然有人情愿花钱请人告自己，乍一想来，还真有点"不合情理"。

其实说怪也不怪，问题的焦点或者说实质，就是人们该抱着一种什么样的态度去看待打官司、上法庭，看待"公了"。

且不妨来看这位花钱当被告的经理的想法：只有通过法律手段，才能客观公正地解决这一问题，免得以后再生事端。的确，纠纷发生后，要求"私了"的人往往是利用了某些人不敢上法庭当被告的心理，或无理取闹，或高价勒索，闹得没完没了，让人不胜其烦，如此一来，既不公平合理，又后患无穷，可谓"破财招灾"。而"公了"则大不相同，法庭既能够在最大限度上保证问题得到及时、公平、合理的解决，又能以法律强制手段保证判决的执行，避免纠纷的继续和恶化。正因为看到了诉讼法律"公了"的可取性，那位经理才权衡轻重，甘于当被告，甘于冒被判更多赔款的风险花钱上法庭，其气概怎不让人为之击掌叫好！

放眼我们的社会，面对各种纠纷或刑事案件，热衷于"私了"者大有人在，可"私了"的结果往往让某些人到头来"赔了夫人又折兵"，当此时再想起应求助于法律，已是悔之晚矣！

要知道，不管是当被告还是当原告，都是法律的受益人，法律保护的是原告和被告双方共同的权利。走出"害怕上法庭，不愿当被告"的误区，世界也就豁然开朗了。

（原载于《生活周刊》报"公民谈"专栏）

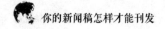

第二节　囊括新闻征文奖的背后

一、向新闻征文主题去"靠"

区别于权威媒体的新闻评奖，征文获奖更多是凭借稿件本身的质量，不掺杂其他因素。

2014 年至 2016 年，是能源行业报刊举办新闻有奖征文活动比较多的三年，而近年，随着融媒体的发展，新闻征文活动逐渐少见。在这三年间，我参加了五家全国性能源媒体的征文活动，且均获奖。参看一下各个活动的获奖名单，能在多个活动中获奖的通讯员其实很少。

为什么？不同的媒体、不同的主题，这对通讯员来说本身就是个挑战，通讯员必须对征文活动、各大媒体、时政主题均有足够深刻的熟知和研判，才可能成为囊括征文奖项者。

之所以将"囊括新闻征文奖的背后"作为行业报道讲解的开篇，就是因为在媒体征文中获奖，本身就是媒体投稿技巧的一种集中体现。试想，你如果对媒体有奖征文活动"轻车熟路"，那么，你对这个媒体的投稿技巧肯定非常熟悉。而新闻获奖，是一个单位新闻宣传报道高质量的体现和宣传影响力的扩张，能极大提升宣传效果。

从这五家媒体的五次获奖来看，征文投稿媒体涵盖了国家电网公司的一报、一刊、一网，即《国家电网报》和《国家电网》杂志、英大网（国家电网新闻网），以及中国电力企业联合会会刊《中国电力企业管理》、国家能源局主办的《中国电力报》。

从获奖征文的新闻题材来看，四篇是通讯，一篇是新闻评论；从征文主题来看，有呼应国家层面的"安全生产月"活动、党的群众路线教育实践活动，也有电力系统的"感动电力人物"活动，有国家电网公司系统的"三集五大"体系建设、安全风险防范主题。

回过头来说，这几次征文的获奖作品，其实都不是为参加征文活动而量身定做，反之，都是用与征文活动时间相近时期的新闻作品去向征文活动的媒体和主题"靠"。

量身定做征文稿件有它的好处，如更能接近征文真实需求，但是也有很多短处，主要就是时间紧，不一定能找到当时正好适合征文的题材和素材，而且一旦对征文要求把握不准或稿件写作水平不是很到位的话，量身定做的征文稿件则很可能最后不但不能获奖，甚至还不能发表，因为征文稿件对媒体和版面需要的局限性也是非常明显的，这样一来，很可能白白辛苦一场。

这个道理同样适用于一般性的报刊投稿，特别是那些新设置专栏的投稿。"靠"稿，就是"四两拨千斤"，也不失为一种方法，当然，也可不"靠"。

这五篇获奖征文，两篇事件通讯都是结合当年的重大贯彻执行事件来报道的，《新体系引领电网新提升》本身适用于"三集五大"体系征文，是将安全生产中的相关素材集合而成，向改革大事"靠"；《硬朗作风送电能》则是用当年单位春季检修通讯稿与征文主题"党的群众路线教育实践"结合而来，向教育活动主题去"靠"。

此外，两篇人物通讯稿是将相近时期发表的新闻稿件结合征文主题而重新创作后投稿，至于新闻评论，甚至是用十多年前发表过的一篇安全生产论文按照与有奖征文的"适应性"原则精简而来。

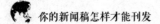

稿例7：重大改革主题征文事件通讯

新体系引领电网新提升
—— 国网湖南检修公司深入实施"大检修"纪实

（《国家电网》杂志"三集五大体系建设优秀案例有奖征文"获奖作品）

2014年6月15日，国网湖南检修公司的安全生产纪录牌上的数字刷新到2689天，红色的纪录数是那么熠熠生辉，每个湖南检修人的心中都充满了自豪。

通过一年多的安全运行，国网湖南检修公司创造了历史上最长安全生产纪录，更是验证"大检修"体系建设成果的一场漂亮仗。面对"大检修"体系建设这一构建新型电网生产体制和专业模式的重大变革，国网湖南检修公司从新型检修、集中改造、属地管理、输电运营等方面，探索出了一条"大检修"模式下的发展新路。

更专业：新型检修做示范

"你们就是坚强的电网卫士！"4月14日，长沙220千伏智能化通益变电站全停检修圆满完工，运行单位将一面锦旗赠予湖南检修公司，感谢该公司仅用7天时间便完成检修任务，为供电用户赢得了宝贵时间。

"由于重要用户的供电需求都比较迫切，所以留给我们检修人员的时间少之又少。"湖南检修公司长沙分部经理苏展介绍道。为了更好地完成长沙220千伏智能化通益变电站全停检修任务，国网湖南检修公司长沙分部从年初就开始着手准备，结合交接验收和春季安全检查，准确定位各类缺陷和问题，确保检修中能及时进行处理；针对智能站验收项目多、耗时长问题，分部创造性提出跟班验收的要求，停电检修工作中将检修重点和质量关键点项目安排在停电的前几天进行。

而在 10 天前，为期 6 天的长沙 220 千伏林海智能化变电站集中检修工程，也在劳动竞赛的催化下顺利完工送电。利用此次工程任务，湖南检修公司永州分部开展现场劳动竞赛，各个节点衔接有序，体现出各专业间、各工作组间、各工作面间既分工明确又协调配合。这样一来，每天的工作任务都能有条不紊地进行，甚至能超前于工程计划进度。

4 月 1 日，国网湖南电力组织召开 220 千伏林海智能化变电站检修经验交流会，来自省内兄弟单位的技术负责人汲取成功经验，有力指导后续全省 6 个 220 千伏智能变电站的改造。

"连续几个智能化变电站的检修如此快速圆满完成，这是很难得的成绩，"国网湖南检修公司运维检修部主任罗志平自豪地说道，"这就是专业化检修带来的好处，在大检修体系更专业的要求下，各个部门和单位各司其职把本职检修做好，沟通协同更加顺畅，使电网检修更专业，也使湖南主电网逐步实现向本质安全的转变。"

更精益：全站改造强电网

更换 220 千伏 3 组接地开关、6 台电流互感器、3 台电压互感器、81 柱母线支柱绝缘子……面对繁重的施工任务，工期却只有 15 天。4 月 4 日，由湖南检修公司担负的非自身维护站邵阳 220 千伏宝庆变全站改造工程完成并验收合格，成为国网湖南电力统筹全省检修力量，在施工现场开展现场精益管理所取得成效的一个缩影。

为确保现场精益化管控到位，国网湖南电力创新地成立了业主、施工检修、技术监督、监理等 4 个项目部。"以前大型工程都要把许多精力耗在各部门、各单位之间的沟通协调上，现在好了，4 个项目部共同发挥作用，实现了检修多任务、多专业的无缝衔接。"伴随"大检修"现场管理的不断精益化，负责现场协调工作的株洲分部副经理雷云飞发现，现在自已能腾出更多的时间来指导现场作业了。

良好的现场管控和高效的施工效率，使他们在完成常规工作之余还为该站消除了历史难题。这个站从1987年建站到现在，事故照明屏一直没换过，经过两天的现场作业，主控室事故照明屏的新老交替圆满完成，邵阳供电公司运行人员验收完后，面对端子上清晰的接线和面板上醒目的标识，不禁点头称赞："以前的老屏接线乱得一团糟，出线也不清楚，也没人敢随便动它，现在觉得亲切多了！"

"这次整站改造对于我们一线员工而言，最直观的感受就是，人还是那些人，事还是那些事，工作效率却大为提高了。"雷云飞的言语间充满着喜悦。

"大检修"体系下的现场精益化管控让检修力量高度集中，分工更为明晰，生产效率也得到了明显提升，高效率、高水准的"宝庆模式"也只是其中一例。"三集五大"体系建设以来，国网湖南电力先后完成了220千伏白马垅、大塘冲、集里、酃湖等变电站的整站改造，同时，高效的检修模式也促进了由湖南主电网内部检修力量统筹逐步向整个湖南电网检修力量统筹的拓展，从而全面实现电网向着更坚强、更智能的方向迈进。

更集约：属地管理显优势

实现连续三年无单双极强迫停运新纪录，获得国家电网公司直流运维红旗单位、直流换流站运维技能竞赛团体三等奖……这些都是"三集五大"体系建设后，国网湖南电力对广东惠州±500千伏鹅城换流站实行属地化管理取得的一系列新成绩。鹅城换流站是三峡电力外送广东的跨区电网站，与湖南检修公司相距几百公里，如何对其及时进行有效的管控并提供支持是湖南检修公司面临的新课题。

"按照'大检修'体系要求，人员、车辆、工具等资源都集约到公司统一管理，统筹分配。"在国网湖南检修公司总工程师梁勇超看来，统筹兼顾、资源整合是属地化管理成功的秘诀。

4月7日，属地化管理以来鹅城换流站第二次自主集中检修圆满完成，较上年相比，成功解决了检修试验对象更多、大修技改工作更多、停电方式更复杂等挑战。此次检修，湖南检修公司多次召开协调会，逐一落实物资需求、实施方案、外委服务等准备工作，派出了5个单位参加检修。本次鹅城换流站年度检修，共完成常规检修及试验项目32项、特殊检修及技改项目12项、技术监督项目6项、隐患排查项目8项，消除缺陷104项，优质高效地完成了所有既定任务。

在大检修资源更集约的模式下，国网湖南电力在鹅城换流站属地化集中检修期间，多方协调各方力量，整合资源，在充分凸显"大检修"优势的同时，也进一步提高了跨区电网安全运行的能力。

更扁平：输配一体保安全

"全省特高压直流总长度已由509.43公里发展到了1366公里！"

按照大检修的要求，湖南检修公司接管湖南全境超（特）高压电网资产管理已近两年时间，公司输电检修中心负责人雷文辉介绍说："接管前，500千伏及以上超高压交流输电线路47回，超特高压直流输电线路2回；如今，超高压交流输电线路已发展到49回，超特高压直流输电线路3回。"

而今，输电线路特别是特高压直流输电线路增长势头非常迅猛，为了应对线路高增长带来的安全压力，湖南检修公司将"严抓严管"的安全生产要求融入特高压输电管理中，管理处处以安全管控为先。

5月6日，湖南检修公司全面开展对湖南超特高压输电线路的专项巡查，确保安全稳定地迎接即将到来的夏季用电高峰。为进一步提升超特高压输电线路供电可靠性，湖南检修公司将往年主电网设备管理中的一些优良经验同输电进行了融合，分别制定相应的超特高压输电线路迎峰度夏措施，加强防外力破坏工作，加大防鸟害工作力度，增加特殊区段巡视密度，监控现场安全管控。

"大检修"体系下输电与变电的融合，更像是机构之间优秀管理文化的融合，良好的安全生产管理不仅为超特高压输电安全消除了隐患，也为输电乃至整个电网的安全运行扫清了障碍。"超（特）高压输电检修工作融入负责湖南主电网设备的国网湖南检修公司后，实现了主电网的输变一体化，"梁勇超说，"将湖南检修公司有特色的安全生产要求与输电管理相结合，也进一步促进了电网输变电管理的协调性和整体性。"

（原载于《国家电网》杂志 2014 年第 7 期）

稿例 8：教育活动主题征文事件通讯

硬朗作风送电能
——湖南电力检修公司检修改造践行群众路线纪实

（国家电网新闻网"党的群众路线教育实践典型案例"征文大赛获奖作品）

"你们就是坚强的电网卫士！"长沙 220 千伏通益智能化变电站内，运行单位将一面锦旗赠予国家电网湖南电力检修公司，感谢该公司仅用 7 天时间就完成全站检修任务，为供电用户赢得宝贵时间。

2014 年的春天，湖南电力检修公司积极投身党的群众路线教育实践活动，大力弘扬国家电网"胸怀大局，高度负责；坚忍不拔，顽强拼搏；团结协作，无私奉献"的抗冰抢险精神，一个个大型检修改造任务以最快速度、最优质量竣工送电，以实际行动谱写出为民生、保供电、履责任的群众路线之歌。

智能站检修：示范推广背后的加速度

"计划停电时间仅 7 天，不仅要对全站所有设备进行检修，还要对部分二次设备进行智能化升级改造，任务十分繁重；此外，由于重要用户的供电需求，10 千伏设备停电时间只有短短两天，除去停复电操作时间外，留给我们检修人员的时间少之又少。"通益变电站内，国网湖南电力劳动模范、湖南电力检修公司长沙运维分部经理苏展介绍道。

这座变电站位于宁乡县城以北的国家级经济技术开发区内，担负着整个开发区重要生产企业的供电任务。为了更好地完成任务，长沙分部从今年年初就开始着手准备，结合交接验收和春季安全检查，准确定位各类缺陷和问题，确保检修中能及时进行处理。

创新，造就加速度。针对智能站验收项目多、耗时长的问题，分部创造性提出跟班验收的要求，运行人员从停电第二天就开始对已检修设备进行验收。停电检修的工作中，将检修重点和质量关键点项目安排在停电的前几天进行，积极与该工程新建单位、设备厂家进行沟通，及时与电气试验、仪表班组进行协调，保证了检修任务及时完工。

而在 10 天前，3 月 23 日晚，为期 6 天的长沙 220 千伏林海智能化变电站集中检修工程，在劳动竞赛的催化下顺利完工，并一次性送电成功。一幕幕，抢占时机保按时送电的画面犹在眼前。

三月的湖南阴雨连绵，令人捉摸不透。天气预报 19 日有风雨！这对正在开展林海变全停检修的永州运维分部配电检修班，是一个巨大的考验。因为他们的关键任务是进行 220 千伏 I 母 II 段母线靠 606 间隔侧绝缘盆子的更换，这项工作对于湿度要求很高，需大于 70%，无疑，雨天将推后他们的"节点"，打乱整个检修计划。

现场检修一班负责人黄继刚果断决定"赶工程节点，赶前不赶后"。于是，他们前期站外电源接入，检修脚手架搭建，在"赶"；16 日傍晚变电站倒闸操作完成后，220 千伏设备区工作负责人卞正夫监护抽气作业至

17日凌晨5点，同样在"赶"，他仅睡了3小时，就又立即"赶"回现场，进行绝缘盆子更换工作的安全监护。

在绝缘盆子更换的过程中，发现了一处隐患，需紧急处理，他们赶忙联系厂家连夜发货，终于赶上了工期。几乎通宵的作业，争取到了宝贵的时间。18日傍晚，绝缘盆子的更换终于抢在新一轮大雨来临之前完成。

本次工程任务，湖南电力检修公司永州分部开展现场劳动竞赛，骨干精英发挥出积极的模范带头作用。检修班长、组长、工作负责人对照劳动竞赛方案的标准和要求，各个节点衔接有序，体现出各专业间、各工作组间、各工作面间既分工明确又协调配合。这样一来，每天的工作任务都能有条不紊地进行，甚至能超前于工程计划进度。

"劳动竞赛把大家的工作劲头都激发出来了，一不留神就被兄弟组超过去了，别人加班，你不加班就落后了。"组长陈兵深有感触地说。黄继刚和他的一次检修班组，在劳动竞赛中与雨天追赶，二次检修班的李绍志、易凡、张立志带领的各个工作组每天都有加班，大家都在你追我赶。

此次工程的快速圆满完成，为湖南智能变电站工程发展积累了宝贵的实践经验，推动了湖南坚强智能电网的快速发展。4月1日，国网湖南电力组织召开220千伏林海智能化变电站检修经验交流会，来自省电科院、送变电公司、火安公司及郴州公司、邵阳公司、常德公司的专业技术负责人汲取成功经验，以期有力指导后续全省6个220千伏智能变电站的改造。

跨区站会战：艰巨任务背后的新挑战

4月7日17点23分，随着广东惠州鹅城换流站极Ⅱ解锁操作，标志着跨区电网±500千伏鹅城换流站2014年年度检修圆满结束。通过此次检修，进一步提高了设备健康水平和直流系统运行稳定性，为电网安全生产及迎峰度夏奠定了坚实基础。

鹅城换流站承担着三峡电力外送广东的使命，是国网湖南电力运维的唯一跨区电网换流站。这次检修，较上年相比，工作量和工作难度明显增加：一是按照检修试验周期，检修试验对象增多；二是大修技改工作增多，特别是阀厅防火改跳闸、无人值班改造、全站一次设备防污整治等；三是停电方式复杂，特别是站用电系统和鹅博甲乙线。任务重，时间紧，挑战大，为此，湖南电力检修公司高度重视，多次召开协调会，逐一落实物资需求、实施方案、外委服务等准备工作。

怎么办？站在极Ⅱ换流变10余米高的隔音墙下，变电检修中心电气试验一班负责人黄劼怡皱紧了眉头。此次鹅城站检修中，要开展极Ⅱ换流变PLC区域设备例行试验，其中换流变侧6组避雷器与耦合电容器，均布置在6米多的高墙上，如果按照常规试验解引线、恢复引线，难度很大，至少要耗费两个工作日。如何提高检修效能？他们组织专业人员思考对策，决定使用屏蔽法和双表法结合的方法对避雷器进行试验，采用底部施压测量耦合电容器的新方法，迅速高效地完成了任务。

面对不同于湖南省内的设备，工作班组积极学习新知，勇于创新，迎难而上。在高压断路器的动作特性测量试验中，首次运用了一种新型的测量仪器，在前期的准备工作中，大家积极学习传感器工作原理、测试技术，并结合仪器与设备特点，进行了测量方法的创新，又好又快地完成了试验任务。

一个个难题，在不断思考中被破解。10千伏高压室的开关柜是ABB的进口设备，其设计思路、结构形式不同于省内同类设备，给试验工作带来了一定的难度。面对这一难题，公司专业人员针对接线方式、试验方法，相关班组配合反复讨论，形成科学试验方案。最终，在不将开关小车推出的情况下，完成了高压试验，从而避免了将开关柜拆解可能造成的设备损坏。

抢进度，保质量，奉献之歌在鹅城换流站奏响。

3月25日晚，忙碌了一整天的鹅城站换流变广场依旧灯火通明，鹅城站 3 台换流变的"血液透析"工作正式拉开序幕。本次检修中，每完成一次单台换流变油脱气处理大约需要 12 小时，每台换流变脱气需完成 6 至 9 个循环，整个"透析"过程将持续 8 天。为加快进度，保证按时完成任务，变电检修基地 23 日在鹅城整站停电前就开出了 2 种工作票，做好了滤油机的电源接取、油管道铺设等各项准备工作。

"哎！你那副地刀还没合闸到位，怎么就准备收场了？""502117"接地刀闸检修处传来一个声音，这是长沙分部张卫东在大声质问。"它只是合闸到位之后有一点点问题，并不影响安全运行。"现场人员小声解释道。"不行！这不是我们长沙分部的作风！立即处理！"另一边，"东哥，这边隔离开关闭锁有点问题，你来帮下忙！""好的，我马上过来！"半个小时后，缺陷成功消除。

高空作业车上，检修人员周洪在检查第三相电流互感器时，发现了一粒丝牙损坏的螺栓。此前，他已经连续工作 3 小时，处理了多处缺陷，此时，他不知疲倦地拿起丝攻重复起繁重的修复工作，2 个小时后，在高空车中工作 5 小时的他才回到地面。

本次鹅城换流站年度检修，在湖南检修人的努力下，共完成常规检修及试验项目 32 项、特殊检修及技改项目 12 项、技术监督项目 6 项、隐患排查项目 8 项，消除缺陷 104 项，优质高效地完成了所有既定任务。

枢纽站改造：精益求精背后的大责任

更换 220 千伏 3 组接地开关、6 台电流互感器、3 台电压互感器、81 柱母线支柱绝缘子，更换 110 千伏 15 组隔离开关、12 台电流互感器、10 台电压互感器、174 柱母线支柱绝缘子等工作，难以想象，这么繁重的施工任务，计划工期却只有 15 天。

邵阳 220 千伏宝庆变电站，是湖南西部地区及部分水电厂负荷输送至东部地区的枢纽站，同时也是邵阳的负荷中心站，担负着政府部门及周边

110千伏变电站的供电。该站作为邵阳第一个220千伏变电站已运行26年，为确保电网安全，满足供电需要，湖南电力检修公司根据国网湖南电力部署，对这一非自身维护站进行整站改造。

220千伏宝庆变整站改造工程施工已有几日，雨天一直不断，但一想到工程任务重、工期紧，就不能阻挡公司株洲运维分部弟兄们对工作的热情。

风雨无阻。户外，瓷瓶在更换，隔离开关在安装调试；室内，项目部的会议室灯火通明。在这里，项目部的各项决策贯彻到位，分部领导与大家风雨兼程，共同克服面临的各种困难。滂沱大雨中，检修工人在完成每一项操作时始终无比从容，精益求精。

"一个事故照明屏，只要将老屏上以前的交直流进线和出线重新配到新屏上不就完了嘛，你还管它出线电缆的走向，搞得太麻烦了！"现场施工中，工作班成员向组长黎志抱怨道。"你说得是没错，但作为搞二次的，如果不了解每根电缆的去向，回路和标识又从何说起！"黎志斩钉截铁地说道，"这个站从1987年建站到现在，事故照明屏一直没换过，如果我们也糊糊涂涂，假如站里出现紧急事故，这块屏的价值又体现在哪儿呢？"经过两天的现场作业，宝庆变主控室事故照明屏的新老交替工作圆满完成，邵阳供电公司运行人员验收完后，面对端子上清晰的接线和面板上醒目的标识，不禁点头称赞："以后对它再也不陌生了，以前的老屏接线乱得一团糟，出线也不清楚，也没人敢随便动它，现在觉得亲切多了！"

一系列技术创新，在株洲分部各作业小组开展，确保了施工安全、优质、高效进行。10千伏母线支柱瓷瓶更换小组，利用大型吊车双吊钩特点技术，采取双钩同吊的方法，成功解决了由于天气原因旁母场地不便进车的难点。220千伏母线支柱瓷瓶组，发现新母线瓷瓶底座与现场实际安装尺寸不符，通过专用瓷瓶升高座避免了工期延误。110千伏隔离开关更换组，通过便携式隔离开关工作平台，提高了接线效率。整站防腐组，严格控制防腐标准，按照先除锈、后照相验收、再油漆的步骤，确保了腐蚀严重的设备防腐到位。

易超更换171柱瓷瓶荣获"瓷瓶终结者"称号，张铁军在高空作业车工作13天荣获"高空王子"称号，李进2天更换15组隔离开关荣获"隔离开关专家"称号……4月4日，宝庆变全站改造工作完成并验收合格，项目部评出了一系列"种子选手"称号。

"15天！还邵阳人民一个崭新的宝庆变电站！"施工人员以责任之心，圆满兑现了自己的庄严承诺。

截至2014年4月20日，湖南电力检修公司已成功实现连续安全生产2633天历史最长安全纪录。作为湖南主电网和跨区电网运维单位、超特高压线路管理单位，公司坚持凝智聚力，正以实际行动践行党的群众路线，安全供电保障民生，为推进全面建成小康社会做出积极贡献。

（原载于国家电网公司英大网2014年5月10日征文大赛专栏）

二、参加征文要"看清楚"

参加新闻有奖征文有"几看"很重要，这和对报刊媒体的风格、版面、专栏的研判有异曲同工之妙，是对媒体的高端研判。

看什么呢？一是看征文启事。

看征文启事就是看它所提的要求。征文启事会对奖项设置有所交代，你要对获奖概率进行一下测算，首先是征文的时间，在征文时间段内按照征文报刊的版面情况可能安排多少篇征文刊登，征文得奖的概率和这个有密切关系。

征文时间短的，征文稿件"短平快"，很容易脱颖而出；征文时间拖得越长，好稿甚至"关系稿"会越多，你的稿件可能就没有立足之地了。征文开始后前期是最好上稿的时候，而上稿刊登是征文获奖的有利条件甚至是先决条件，你的稿件都没机会登出来，何谈获奖！

我特别喜欢征文时间短的征文活动，为什么？一个重要的原因就是它"烂尾"的可能性会大大降低，很多征文拖久了，所谓"有奖"就因为这样那样的原因不了了之，没下文了。

当然，奖项设置也很重要，奖项设置少，特别是二、三等奖等奖项的设置太少，那么获奖概率就会很小，投入较大精力去参加就没有多大意义。

对征文内容也要看清楚。比如说《国家电网报》"风险无处不在，防范从我做起"主题征文活动，是国家电网公司相关经营部门针对防范经营风险主题所举办的一次征文，但是整个征文内容不仅针对经营安全，还针对生产安全，显然，大家所投稿件更多的会是事件通讯征文稿，但从整个征文获奖比例的安排来看，作为生产安全题材的人物通讯显然会填补一些空白。

故而，这篇"非主流"的《古稀老人的特高压情怀》很快刊登出来并最终获奖也就在情理之中，它结合了国家电网当下极为关注的"特高压主题"，非常"应景"。所以，一篇稿件能不能被采用、能不能获奖，很大程度上在题材、选题和时代感的选择时就已经决定了。

稿例9：风险管控主题征文人物通讯

古稀老人的特高压情怀
——记湖南湘潭特高压工程生产准备专家顾问彭树人

（《国家电网报》"风险无处不在，防范从我做起"主题征文活动获奖作品）

9月2日，湖南±800千伏湘潭换流站核心设备安装正式拉开序幕，PB剪叉型阀厅高空作业平台安装现场，一位身材精瘦的银发老人正神情严肃地边监督边向特高压生产准备人员讲解验收要点。这位年逾70的技术专家,不久前被湖南电力检修公司特聘为酒泉—湖南 ±800千伏特高压直流工程生产准备专家顾问。

遵循规范是行为准则

彭树人清楚地记得刚参加工作时,在新建35千伏桂花园变电站工程中,他安装完10千伏母线桥刀闸后自信满满地请师父来验收,本以为师父会非常满意,谁知师父严厉地指出:"你看,这把刀闸拐臂的角度有偏差,虽然还是可以操作,但对机械寿命和操作灵活度都会有影响。越是难装,工艺就越不能马虎,你们一定要记得这一点!"师父对施工工艺的严格要求,在彭树人心里留下了深深烙印。

为了尽快熟练掌握技能,彭树人不放过任何一个学习机会。他把现场心得记下来,多年来,先后记了40多本笔记,积累了近500万字的资料。很多人对他能够精通各类专业技术感到不可思议,但在彭树人看来,其中的诀窍就是要找到标准、规范,认真吃透它们,严格遵守它们,严苛遵循标准规范是他对待每项工程的行为准则。

彭树人平均每年有200多天在施工现场,在1994—2001年的8年间,他先后主持并出色完成了大小电力工程15项,负责新接管220千伏及以上变电站12座。1995年,常德岗市变电站实施500千伏扩建工程,在主变压器安装中,耐压、微水、微粒三项油技术指标是衡量施工质量的重要指标,但当时国内没有相关标准。为确定标准,彭树人查阅了大量技术资料,一点点找数据,一项项查指标,一处处寻依据,最终确定了相关指标。确定标准后要达到标准还需要大量的时间,而这项工程年底必须投产,有人劝彭树人为保证工期稍微降低标准,但他毫不犹豫地拒绝了。他组织人员通宵达旦,一遍又一遍地滤油,反复验证指标,终于赶在竣工前,使变压器油合格了,耐压和微水、微粒均达到技术指标。

彭树人翻开一本《变电站设备反事故技术措施汇编(1960—2001年)》

介绍说:"2001 年,我发现在预试、检修时没有一本可操作的资料,不利于新学员对设备的熟悉和掌握,所以组织汇编了一次、二次设备的各级反措文件,使现场人员随时可以查阅。"参加工作 40 多年,他共完成各类教材和技术汇编 20 余本。

一丝不苟严把质量关

2007 年 3 月,工作 44 年的彭树人退休了,可是热爱电网事业的情感并未消退,他仍坚持战斗在电网建设的第一线,并编写出《输变电工程施工安全质量问题数码照片汇编》等资料。而此时,中国也迎来了特高压时代。

"特高压赋予了我们电网人更大的责任,如不尽早发现问题,等到投入运行就会危及电网安全。"彭树人说。6 月 16 日,彭树人赶赴湘潭换流站施工现场进行工程质量监督,在交流场、阀厅内、保护小室,上到阀厅顶部避雷针,下到各个电缆沟,为了检查设备及杆塔底座螺丝是否规范,他一处处地看,一点点地查,做好记录。彭树人把现场记录进行整理,在家手写完成了操作性强的《湘潭 ±800 千伏换流站工程验收检查卡》,使验收人员可以照卡系统地开展规范检查。

盛夏的湘潭,酷暑难耐,彭树人两次赶赴湘潭换流站现场,整理查出各类问题 37 大项;6 月下旬,他为换流站筹建处及相关生产人员进行了一次特高压工程验收的知识培训,对设备构架接地引入线埋入地下直达设计深度等规定要求进行一一讲解;7 月底,他参加了对湘潭换流站站用变的验收工作……大家感叹道:"这么热的天,我们年轻人待久了也吃不消,这对于一个年逾古稀的老人来说太不容易了。"

"我们要向国家投资负责,向工程负责,向电网负责,确保安全和质量。"彭树人经常这样告诫青年员工,他是这样说的,更是这样做的。

(原载于《国家电网报》2016 年 9 月 22 日第四版)

三、容易被忽略的"看名单"

对于有奖征文还要看以往获奖名单，也就是看历届征文获奖名单或该媒体同类型征文获奖名单，这大有讲究。

新闻评论《反违章须防四种"病"》是国家能源局举办的"电力安全生产月"征文活动获奖作品，"电力安全生产月"活动已举办多年，在参加这次征文活动前我查看了往年的"电力安全生产月"征文获奖名单，发现先前多年的获奖作品标题有一个比较明显的特点，那就是文中很多标题都带引号。

为什么会出现这种现象呢？我琢磨了一下，引号在标题中出现，其实表示特殊含义，可以把枯燥的东西说得有趣些，让人喜闻乐见一些。作为电力安全知识，其实很多内容都是原来讲过的，也都是在重复，问题是：怎样重复？这就需要作者结合自己的见解，运用丰富的想象去进行描述、阐述，这样说出来的道理读者更容易明了，宣传教育的作用也就更好。

在做出这种分析判断的基础上，我将多年前发表在《水利电力劳动保护》杂志上的一篇安全生产论文找了出来，并进行了重新加工，同样在文中制作了一个带引号的标题，也就是《反违章须防四种"病"》，同时在这篇稿件中多次运用"病症"等形象的表述方法，大大提高了文章的可读性。

这篇征文在征文启事发布一周内即完成投稿，很快被采用，并最终获奖。

再就是看征文获奖名单。这里讲的是本次征文获奖的名单。

也许有人会问，比赛都结束了，甚至征文都获奖了，还看获奖名单干啥？目的是为了验证从看征文启事开始到参加征文活动整个过程中，你对形势的研判是否准确，以便今后投稿举一反三。

看看自己获奖否和获奖名次，看看其他获奖者所在单位和地区的分布，看看其他获奖作品的标题特色和内容取材，有的获奖作品平常我们看报刊的时候已经读过，回想一下或者翻出来再看一下，看看他写得究竟好在哪里，等等。

多看看这些能使自己受益，对今后参加类似征文活动和投稿很有好处。

织密征文活动的"技巧网"，所投送的征文稿件迅速被采用甚至获奖也就在情理之中。当然，"冰冻三尺，非一日之寒"，这需要长期积累作为支撑和辅助，否则难以如愿，这就是很多人都掌握这种技巧但并未获奖和如愿以偿的原因。

稿例10：安全生产主题征文新闻评论

反违章须防四种"病"

（国家能源局《中国电力报》"电力安全生产月"征文活动获奖作品）

"违章不一定出事，出事必定是违章。"反违章作为确保安全的重要手段，必须严防四种"病症"的滋生，才能深层次、全方位地确保安全生产局面持续稳定。

第一种"病症"：因为未遂不予以处罚。造成事故的违章一般会从严追究，而有的单位出于面子考虑，打击未遂违章常常是"大事化小，小事化了"，安全监察、安全惩罚不落实，因而出现了"违章下岗"人数常保持为零的现象。事实上，很多造成事故的违章行为都是以前出现过的，只是因为未遂而未引起单位领导和有关部门的高度重视，未被有效打击，最终造成严重事故。因此，对未遂违章不能心慈手软。

第二种"病症"：因为轻微不加警醒。"千里之堤，溃于蚁穴。"从实例可看出，安全帽不戴好、安全带不系牢，诸如此类的违章行为在整个违章中占了很大一部分，这些在某些人看来"法不责众"的违章行为不断蔓延，一旦厄运当头就会自食其果。这些轻微表象，有的是仅一项就可以直接引发安全事故，有的是多项叠加造成事故，哪怕只有其中一项违章行为得到制止，也可以避免事故。可见，打击违章就要从小事打击，否则就不足以引起生产人员对违章危害性的重视，不足以显示打击违章的强硬态势。

第三种"病症"：重行为违章轻管理。要认识到，对个别的瞬间行为的防范仍有其局限性，因而要建立起系统的、缜密的安全生产管理机制，彻底消除违章的可能性。违章和事故的发生，往往包含着其他的各种复杂原因，即安全生产管理中存在很多漏洞，给违章行为提供了"有利条件"。可见，对于加强布控从而防止漏洞，从管理层面遵章守纪，尚有大量的细致的工作需要做，特别是对管理性违章要视同行为性违章同打击、同处罚。

第四种"病症"：担心违章消极工作。在反违章中也许面临这样的问题：有的员工会存在"既然多做事易发生违章，那么不如少做事"的消极心理，显然，这样的心态及其负面影响是有悖于反违章的初衷的。基于此，对于反违章是"关爱员工""保家庭幸福"的正面作用要积极宣传，引导员工乐于遵章守纪。

（原载于《中国电力报》2015 年 6 月 4 日要闻版）

第二章

趣味性地讲讲基础写作

第一节 标题好坏标准不是标题本身是否被采用

一、为上稿服务讲求"新"

标题好坏标准不是标题本身是否被采用，这看似是个奇怪的悖论。

我认为不是。为什么这么说呢？作为一名基层通讯员，你写新闻稿件的目的是什么？当然是媒体和编辑能采用你这篇稿件，而不是你的新闻标题多么完美。标题再完美，你这个稿件不能用，显然毫无意义。

说得更加透彻一些，好的标题对于通讯员来讲，可以吸引编辑来看你这篇稿件，看后如果觉得你这篇稿件质量还可以，便会采用你这篇稿件。毕竟，在浩瀚的稿件库里或者邮件箱里，首先吸引编辑的是新闻标题，这个标题必须符合稿件的要求。

不管好看不好看，吸引编辑注意的标题就是好标题，至于标题最终怎样上升到媒体层面并被加工成最佳的新闻标题，那是编辑的事，我们不用管，想管也管不着。

前面所述获奖征文《古稀老人的特高压情怀——记湖南湘潭特高压工程生产准备专家顾问彭树人》，这篇稿件在《国家电网报》上刊登出来时的标题并不是我投稿时的标题，我当时的投稿标题是"特高压风险防范的老专家"。

为什么拟这个标题？我完全是紧紧针对征文要求来的，一是突出"风险防范"，也就是告诉编辑这篇看似和征文无关的稿件其实是符合征文主题的，脱离了这个前提，征文投稿毫无意义。二是突出"特高压"主题，这使稿件符合国家电网大势和关注点的主题。三是突出"老专家"，说明这是篇有特色的人物通讯，这在众多的征文投稿中应该不多见。

在最终的获奖名单中，这篇获奖征文是较少的几篇生产安全类风险题材稿件之一，更是唯一的人物通讯。

它的获奖，说明了征文活动的获奖作品组成是多元的，与其千军万马去走"独木桥"，不如另辟蹊径，但是你这个"另辟蹊径"必须能让编辑一眼看出来，看到你稿件的独特之处，所以，在制作标题时一定要契合编辑需求，要开门见山。

在前面的获奖征文中，《硬朗作风送电能》在标题中突出"硬朗作风"，以与征文活动主题"群众路线教育实践活动"相呼应；《新体系引领电网新提升》以两个"新"突出稿件内容之新，并与"三集五大"革新主题相呼应。这都是刻意为征文量身定做的标题。

其实在平常投稿中，标题制作的特例比比皆是。

新闻标题怎样才能吸引编辑的目光?

最重要的是，要有编辑能感受到的"新"。试想，你所在单位地方不大，而行业权威媒体往往在首都，你在单位接触的东西就是这么些，而行业权威媒体的视野又高很多，在这种情况下，就看你能不能做到很好地换位思考，站在编辑的立场来看选题、看标题、看稿件。

这个"新"，从《国家电网报》刊载的新闻标题来看，可以是新的事物，如《湖南电力检修公司成功应用新型吊装工具》(2014年7月31日)、《岳阳风力发电并网输送清洁电能》(2013年11月21日)。

这个"新"还可以是新气象，如突出高温作业报道的《在40摄氏度的环境里施工》(2013年7月4日)、《湖南电网迎峰度夏工作结束》(2013年9月5日)、《高温下检修变压器》(2014年7月18日)、《冒高温巧检修》(2014年6月24日)，有突出广东地区换流站特殊气候的《鹅城换流站顶住台风"海鸥"袭击》(2014年9月19日)、《鹅城站应对潮湿天气》(2014年3月3日)，有报道防潮防汛天气的《国网湖南电力开展主网防潮检查》（2014 年 4 月 4 日）、《湖南主电网防汛保电进入蓝色预警》（2015 年 5 月 19 日），有密集报道冰冻多灾地区抗冰的《湖南电力检修公司防范线路覆冰》（2013 年 10 月 16 日）、《湖南中心地区直流融冰工程加快建设》（2013 年 10 月 29 日）、《湖南电力检修公司完成直流融冰试验》（2013 年 12 月 16 日）、《湖南主网"封网"运行保证平稳度冬》（2013 年 12 月 19 日）、《湖南电网防冻融冰早部署早行动》（2014 年 11 月 11 日）、《国网湖南电力加强主网防冻融冰工作》（2014 年 11 月 27 日）、《国网湖南电力引入机器人防冰》（2014 年 12 月 9 日）、《湖南主电网转入迎峰度冬封网运行》（2014 年 12 月 19 日）、《湖南电网为防冻融冰安全把关》（2014 年 12 月 30 日）、《湖南主网融冰设备调试完成》（2015 年 1 月 12 日）、《湖南电网移动融冰装置全部就位》（2015 年 2 月 2 日）、《湖南首个冻雨传感器试验站落户长沙》（2015 年 3 月 3 日）。

可见，根据企业特点和工作特性，抓住诸如新的天气状况这种影响因素，密集跟踪投稿，不断呈现新的报道点，往往能产生报道上的连锁效应。

这个"新"还可以是新的时节，如《倡议新年培训新举措》（2015 年 1 月 21 日）、《巡检机器人新春第一份工单》（2014 年 2 月 11 日）；也有非生产类的新鲜事物，如《举行变电站厨艺比赛》（2014 年 8 月 1 日）、《捐献造血干细胞　救助白血病孤儿》（2014 年 9 月 29 日）。

这个"新"还可以是新的提法，这个类似于前面介绍的获奖征文《反违章须防四种"病"》，如《中国能源报》2013 年 9 月 23 日新闻《湖南电力为电网设备"换秋衣"》的标题；又如《中国电力报》2013 年 7 月 8 日新闻《湖南电力全面"体检"电网》的标题、2014 年 7 月 30 日新闻《大暑中的"地道战"》的标题、2014 年 8 月 9 日新闻《湖南主网变电站"能源中枢"改造完成》的标题、2013 年 11 月 13 日新闻《湖南超特高压线路开展迎冬"健身工程"》的标题；又如《国家电网报》2014 年 6 月 26

日新闻《金属离子吸附系统"瘦身"记》的标题、2014 年 11 月 12 日新闻《改造现场的"细节范"》的标题、2018 年 9 月 7 日新闻《韶山换流站实现核心设备防火"双保险"》的标题、2019 年 1 月 8 日新闻《卓越文化锻造特高压运检"韶峰尖兵"》的标题。

稿例 11：创新应用主题消息

湖南电力检修公司成功应用新型吊装工具

7 月 21 日，由湖南电力检修公司永州分部自行研制的自立电动液压起吊扒杆，顺利地在长沙 220 千伏楠竹塘 2 号主变扩建现场成功应用。

此次施工，该公司运用该工具在母线不停电的情况下，对其下方设备及隔离开关进行了安全可靠的吊装，解决了现场高处作业不便的难题，避免了因母线停电困难而影响工程进度。本次吊装采用的自立电动液压起吊扒杆为第三代改进产品，经检验，完全适用于 220 千伏及以下电压等级的断路器、电流互感器、电压互感器、隔离开关等一次设备的安装、检修等复杂施工环境。

（原载于《国家电网报》2014 年 7 月 31 日"创新"版）

二、好标题的直观与通俗

新闻标题中引用数字能直观地体现效果，引起编辑和读者的注意。如《国家电网报》的《湖南主电网设置 160 个融冰点》（2014 年 1 月 21 日）、《湘 48 条超（特）高压线路"体检"》（2014 年 5 月 30 日）、《在 28 米高空拍摄》（2014 年 10 月 17 日）；又如《中国电力报》的《湖南主网 16 套移动融冰装置就位》（2015 年 1 月 30 日）、《湖南对 48 条超特高压开展检查》（2014年1月13日）、《沪昆高铁湖南段220千伏线路改造完成90%》（2014年7月5日）、《湖南检查闭环问题近500项》（2015年3月19日）。

新闻标题应尽量做到通俗化，这是很重要的一点。作为能源行业、电力行业，工作内容很多都是非常专业化的，专业用词、专业术语也都比较多，但是新闻报道绝不能流于专业化，即便是系统内部报刊，过于专业化的新闻和新闻标题会使其失去通俗性和可读性，大大降低宣传效果。

如果一篇新闻报道从标题开始就充满专业术语，甚至让编辑也看不懂，摸不着头脑，那就不会有人愿意去读，更不会被采用。

然而，在我们编辑内部稿件和外投稿件时，会有很多这样的稿件，为什么？因为很多基层一线稿件的作者是搞技术的，基本不懂得如何去把自己的工作内容通俗化表达，一般就是原原本本地把专业的东西表述出来，这个时候，本单位新闻部门就必须耐心地向原始作者及其单位负责人了解稿件中表述的专业事物究竟是个什么东西，然后通过自己的专业素养去改造、去包装。如《国家电网报》的《求解起重吊车进场难题》（2015年6月25日）中，其中的"起重吊车"常常被称作"篮子车"；《湖南500千伏云田站断路器改造工程送电》（2013年12月19日）中，其中的"断路器"平常叫作"开关"。又如《国家电网报》的《沪昆高铁湖南段第一电源配套工程完成》（2014年7月24日）中，其中的"第一电源配套工程"是根据与原始作者反复沟通形成的通俗化概括表述。《国网湖南电力不停电监测主网设备》（2014年7月10日）中，其中的"不停电"用专业术语表述是"带电"，但是用"不停电"表述更加通俗易懂，也适应更多媒体用稿需要。《湖南中心地区直流融冰工程加快建设》（2013年10月29日）中，其中的"中心地区"是对娄底500千伏民丰变电站所处湖南位置的表述，也更能体现工程建设的意义。

通俗化表述的一个前提，就是通过沟通了解，把握事物的实质，再提炼成大家熟悉易懂的表述形式。

稿例 12：工程建设主题消息

沪昆高铁湖南段第一电源 220 千伏配套工程完成

7月21日，沪昆高铁湖南段第一电源所有220千伏配套工程全面完工。由湖南电力检修公司承建的该工程为沪昆高铁湖南段的顺利通车提供了可靠保障。

作为国家重点工程，沪昆高铁湖南段有关配套设施已建设完成，拟于今年年底通车，目前已按计划进入电气化检测阶段。沪昆高铁湖南段配套牵引项目涉及17条220千伏线路的扩建及保护换型工作。湖南电力检修公司克服了施工期间湖南多雨和高温等带来的困难，保证了工程按时顺利完成。

（原载于《国家电网报》2014 年 7 月 24 日"创新"版）

三、尽量制造"新闻眼"

最能吸引编辑和提高上稿率的新闻标题，其实有一个共性，就是新闻标题中的"新闻眼"足够多。

这是因为，不同的编辑对同一篇稿件的新闻价值可能有不同的认识，对新闻标题中"新闻眼"的看法可能不同，如果能在新闻标题中多几个"新闻眼"，就能大大提高编辑对新闻稿件的兴趣和稿件采用率。

如《国家电网报》2015 年 3 月 23 日头版《湖南电网通信设备实现在线清洗》中，这里新闻标题有多个"新闻眼"，一是"通信设备"，这是电网新闻较少涉及的领域；二是"清洗"，"清洗设备"显然又是一个较少报道的方面；三是"在线"，"在线清洗"作为新鲜事物也能引起编辑兴趣。三个"新闻眼"在同一个新闻标题中组合，就仿佛打了一记"组合拳"，能够产生数倍的新闻吸引力。

又如《国家电网报》2014 年 8 月 19 日头版《特高压防山火系统投运》中，新闻标题也有多个"新闻眼"，一是"特高压"，这本身就是国家电网公司层面关注的焦点；二是"防山火"，秋季山火高发期，这是一个焦点；三是"系统"，防山火系统作为新型装置受到瞩目。

再如《国家电网报》2014 年 7 月 21 日头版《江城直流今年满负荷运行》中，新闻标题将"江城直流"这一国家电网的特殊直流系统首次参加"3+1"（三大直流特高压加江城直流超高压）满功率送电（满负荷运行）作为报道点，多重"新闻眼"组合，使得这类稿件再登《国家电网报》头版重要位置。

特别是作为头版新闻，新闻标题需要一眼就能看出它与众不同的新闻价值，也就是要在新闻标题上显示其新闻价值。从这个角度讲，上述三篇头版新闻的标题尤其能显示其独特之处。

此外，《江城直流今年满负荷运行》还加了副标题"累计跨区输电超50 亿千瓦时"，这都是为了更加直观地表述新闻的核心内容，使之与主标题相互呼应，形成更加完整的标题结构，强化其"头版效应"。

稿例 13：技术革新主题消息

湖南电网通信设备实现在线清洗

3 月 14 日至 15 日，国网湖南省电力公司检修公司在 500 千伏宗元、紫霞、苏耽变电站，使用先进的新工艺、新材料，成功实现省网同步数字体系设备在线清洗。

此次实施在线清洗的湖南 500 千伏省网同步数字体系设备，是湖南电网光纤骨干环网的重要节点设备，承载了上述三站及其他站大量保护、稳控、自动化等重要任务。长期以来，此类设备因无法实行停运检修，运行温度逐年上升，存在隐患。

2015年，国网湖南电力检修公司积极探索新材料、新工艺的应用，积极开展方案讨论和编制，尝试在500千伏变电站使用以二氯五氟丙烷、阻燃剂和稳定剂等组成的专用清洗有机溶剂，对运行同步数字体系设备的子框、板件、风扇、防尘网等开展在线清洗，一举获得成功。经测试，清洗完成后，设备主要插件温度下降了10摄氏度以上，有效消除了隐患，提高了设备健康水平。

（原载于《国家电网报》2015年3月23日头版）

四、从标题开始做"大"新闻

低端的事情怎样才能做到高端报道？

这是个至关重要的新闻话题，有时候看似在做标题的文章，实际上是对稿件内容和报道对象的属性做出判断。我们要注意把新闻事件的"一次会议、一次演习、一次讲课"等在新闻标题和主题中视需要扩充和提升为"一项工作"，从而提升它的新闻价值。如，某单位开了一次防冻融冰会议，标题不应该是强调"开防冻融冰会议"，而应该是"加强防冻融冰工作"，否则，新闻价值何在？

还有就是，要把不起眼的甲事物与高端媒体关注的乙事物联系起来，形成报道的"点"和报道价值。例如，杯子和桌子本身没关系，但把手中的杯子放到身前的桌子上，它们之间就产生了关系。

我们要做的就是使之产生关系。把我们手头的新闻素材看作杯子，把报刊要报道的主题看作桌子，用"放置"之类的动作去将两者联系起来，就能形成一个报道的"点"，就能提高新闻档次，产生报道价值。这就像你每天看电视台的天气预报，其实它经常不光在说天气，它会说到预防交通事故，会说到注意保暖添衣等，这是因为"雨天地滑""天冷加衣"等使天气和各种生活日常产生关系。我们报道电网工作、能源工作同样是这个道理，要增加"关系"，才能多产生报道价值。

还有就是一些古语和俗语道理在新闻投稿中的应用。如"不识庐山真面目，只缘身在此山中"，讲的是你需要更多地从读者的角度去看你的报道内容，而不是老从自己的角度去看事物，这样有没有报道意义和是否报道准确就一目了然了。

又如"横看成岭侧成峰"，强调你对一个新闻事件的报道不能老是拘泥于一个角度，换个角度也许效果会更好，特别是当你在对某一角度进行报道而感觉问题很多却不能解决的时候，不妨换个角度，如果有多个角度可报道，我们尽量选取报道价值最高的角度或者多个角度相结合，这样效果会更好。

再如"山不转水转"，当你用某一角度表述总是难以找到最佳的表述方式的时候，不妨干脆不要其中一个词或一句话，也许能找到更好的表述方式，诸如此类，等等。

至于在高端投稿中，怎样把标题特别是标题中的主语做大而不失准确性，我跟通讯员讲过一个"同心圆"的概念，也就是说，如果你想扩大的主语范畴和所叙述事物的范畴，两者在对同一宾语上是一致的，也就是两者具有"同心圆"，那么，你就完全可以用"大圆"的概念替代"小圆"，实现稿件报道价值的提升。

举个例子，湖南电力检修公司负责的是全省所有500千伏变电站的运维管理，没有其他单位负责此类业务，那么，在报道湖南电力检修公司对全省500千伏变电站的运维工作时，标题就可以"湖南电力"乃至"湖南"为主语，这在概念上是没有任何问题的，《中国能源报》的《湖南电力为电网设备"换秋衣"》的标题就是这种情况。

当然，除此之外，也有个别标题主语外延适当拓展而不会影响内容表述，这主要看标题给人的感觉。

同时，做新闻我们要讲一些"形式逻辑"，避免把新闻乱做大。

在形式逻辑中有一种"充分必要条件",做出一个判断不是看它是否有必要条件,而是是否有充分必要条件,这种逻辑训练是除文字功底外做好新闻工作的另一种素质,换到文字表述中,这种条件就是"只要就会"(充分条件)和"只有才会"(必要条件)的区别,这有利于我们把新闻标题的表述做准确,把能报道的东西尽量报道出去,把错误逻辑的新闻消灭在我们自己手中。

譬如说,你想写本单位因某项工作取得了某方面某个领域的新突破,就要问一下自己,这是不是充分条件,如果只是必要条件,你想表达的这个"新突破"就不成立,就不能牵强附会地去报道。也就是说,单从你做的这个事情,不能简单、直接地产生你报道中所说的成效,也就是不能得出这个结论,那就不能哗众取宠地做大标题,不能当"标题党"。

稿例14:重点工作主题消息

湖南电力为电网设备"换秋衣"

近日,湖南电力检修公司全面开展全省17座500千伏变电站设备的防污治理工作。该公司通过测量设备外绝缘爬距,确认对设备采取防止变电设备污闪的重要措施,并对绝缘子表面涂覆"RTV防污闪涂料"和加装"防污闪辅助伞裙"。通过防污治理,将解决恶劣天气下变电设备可能发生污闪的潜在隐患。

下一阶段,该公司将在500千伏变电站设备停电检修期间,为17座500千伏变电站全部加装增爬裙或喷涂防污闪涂料,这将极大消除恶劣天气下变电设备发生污闪的隐患,为电网顺利迎秋度冬提供坚实保障。

(原载于《中国能源报》2013年9月23日"电网"版)

第二节　写别人写过的和写别人没写过的

一、精准研判并选取题材

这似乎又是个悖论。为什么是写别人写过的又写别人没写过的，这不是自相矛盾吗？

其实不然。我们在对权威媒体、行业报刊投稿时特别讲究一个概念，就是"研判媒体"，所谓"知己知彼，百战不殆""外行看热闹，内行看门道"，只有研判好媒体，才能写出媒体需要的稿件，你不研判或者不会研判或者研判不准，那你写的稿件就如同市场上不好的商品一样，没有人买。

这就好比在投入一个市场项目前，要先做市场调研，要从市场需求往你的产品研制这边走，而不是等到你的产品生产出来了再去看对应的是个什么样的市场，这样生产出来的产品很可能就是没有市场的，会卖不出去甚至亏本。

写稿件其实也是一样的道理。我们在写稿前一定要对要投稿的媒体进行研判，而所谓研判包含两个意思，一个是研究，一个是判断，研究后做出判断，这个媒体是一个什么样的定位，具有什么特点的媒体，它的各个版面有什么用稿需求，等等。

写别人写过的，写别人没写过的，其实就是对媒体最基本的一种情况的研判，即对新闻选题的研判。

"写什么东西"这其实是很多通讯员在写稿前和兼职这份工作时首先要面对的一个问题，也是很多通讯员感觉最头疼的一个问题，常常是无从下笔，特别是向权威的行业报刊投稿时，看不出媒体用稿的门道，找不到途径。这时最直接、最简单的一个办法，就是"写别人写过的，写别人没写过的"。

写别人写过的，是从大的选题范围来讲；写别人没写过的，是从具体的选题内容来讲。

从大的选题范围来讲，别人写过的题材是媒体和编辑喜欢的题材，作为通讯员可以"投其所好"，选此类题材；从具体的选题内容来讲，别人写过的、媒体发过的题材中还没有涉及的东西可以写，特别是能体现一定特色的题材可以写，否则编辑难以产生兴趣。

关于题材选取，有一个很好的例子。

有一年春节前夕，一位新闻通讯员看过当时临近春节时期的《国家电网报》要闻版后说，该报发了一篇兄弟省检修公司春节保电的稿件，他也想仿照着写一篇投出去。我仔细看了他说的那篇稿件后对他说："你看别人写的稿件中，人家省内的特高压换流站有两个 ±1000 千伏换流站，而我们省内唯一的一个特高压换流站只是 ±800 千伏换流站，还没有投运，从《国家电网报》的用稿角度来讲，你这个照本宣科是毫无新闻价值的。"

那怎么办呢？我告诉他："一、你要抓住我们单位运维的 ±500 千伏鹅城换流站是国家电网向南方电网送电的唯一枢纽和落点站这一特点；二、你要抓住我们单位负责管理的三大直流 ±800 千伏特高压线路特点。这两个都是属于跨区电网的保电，你要写别人没有的才能提高上稿可能性。"他据此写出了本单位春节保电稿件，并最终在《国家电网报》要闻版刊发。

《国家电网报》2014 年 7 月 29 日的一篇新闻特写《酷暑中上演"地道战"》，就是一篇"写别人写过的，写别人没写过的"稿件。

高温时节，报刊要刊登大量反映生产一线员工战高温、斗酷暑的报道，其中新闻特写是最能体现现场工作场景的新闻体裁，这个时候，很多稿件都是从地面生产一线员工的情况来叙述和描绘的，这种情况下，在特殊场地和环境里一线员工斗酷暑的题材，就特别能引起编辑和读者的兴趣。

这篇稿件以特写的形式，将电缆沟里的高温攻坚战比喻成"地道战"，以不一样的场景给人不一样的感受，其实也就是写了别人没写过的东西。

所谓"写别人写过的，写别人没写过的"，也可以理解为，别人往年写过但今年还没有涉及的题材，这类题材在季节性生产工作报道中尤为突出。

2014年11月11日《国家电网报》的《湖南电网防冻融冰早部署早启动》，就是这样一篇稿件。湖南作为2008年冰雪灾害的重灾区，防冻融冰工作一直受到媒体关注，其后每年《国家电网报》《中国电力报》都要聚焦湖南电网等各地电网防冻融冰工作。11月上中旬，防冻融冰工作其实还没有进入实质性阶段，这个时候秋季检修还没有收官，电网还没进入防冻融冰的封网运行时期，所以，本年度涉及这方面的题材还没有出现，这个时候及早报道，就能够让编辑眼前一亮。

这篇稿件，对如何"早部署"和怎样"早启动"都进行了交代，在《国家电网报》要闻版刊登。这种抢抓时机做好报道的敏锐性，当时受到了上级新闻部门的充分肯定。

稿例15：重点工作主题新闻特写

酷暑中上演"地道战"

"兄弟们，加把劲，1、2、3，起！"7月23日下午4点，湖南长沙220千伏楠竹塘变电站内，电缆沟里传来一声声响亮的口号。在该站扩建现场，湖南省电力公司检修公司工作人员正在一处不足一人高的地道内，进行电缆敷设施工。

这一天是二十四节气中的大暑，虽已过当天最热的时段，但每次呼吸时，依然能感受到空气中的热浪。"敷电缆就是消耗战！"工作人员陈经纬猛喝了几口水，边擦着满脸的汗边感慨道。阴凉处，摆放着一排水壶。为确保施工安全，他们避开了上午11点到下午3点这段气温最高的时段，而且每隔一段时间，工作人员就必须停下来休息，补充水分。

片刻休息后，现场工作人员又开始了新一轮的战斗。户外电缆沟内，每隔一段距离，就站着一名作业人员。在指挥人员的口号下，作业人员有规律地一点点移动着电缆。在这蒸炉一般的电缆沟内，气温近50摄氏度，体能消耗极大，不一会儿大家的衣服都已湿透，最大限度地节省体力比什么都重要。"兄弟们，我们要严格按照口号，劲儿往一处使，稍不一致就会白费力气啊！"工作负责人陈兵说道。

十几根电缆，每移动完一根，工作人员还要小心地整齐摆放到布满电缆的电缆支架上。由于电缆沟内空间狭窄，电缆支架随处可见，大家只能缓慢移动，避免身上被支架的边角划破。

经过两个多小时的奋战，大家终于完成了电缆敷设。爬出电缆沟时，大家的工作服已被汗水浸透，布满灰尘。

（原载于《国家电网报》2014年7月29日要闻版）

稿例16：重点工作主题消息

湖南电网防冻融冰早部署早启动

"要做好防大冻、抗大冰的准备！"11月3日，湖南省电力公司检修公司对主电网防冻融冰工作进行安排部署。

随着严冬的临近，防冻融冰成为湖南电网的工作重点。负责湖南主电网运维的湖南电力检修公司，要求尽快出台防冻融冰有关方案，各单位要高度重视该项工作，全面开展防冻融冰设备的检修，11 月 30 日前完成所有相关检修工作。

湖南电力检修公司切实做好现场安全生产管控，各级把关人严格履职，确保防冻融冰期间的安全；完善 500 千伏变电站运行规程，更新内容不全面、不细致的运行规程，规范不同运行方式下的压板投退；提高保护装置改造方案质量，母差、主变保护改造方案必须经分管领导审核，保护改造所有安全措施布置和恢复需分部领导到场把关，认真做好保护装置的专项检查，确保以最佳状态迎战防冻融冰。该公司要求各生产单位 11 月底基本完成所有年度生产项目，12 月 15 日前所有生产任务全部竣工收尾，全力做好防冻融冰工作。

（原载于《国家电网报》2014 年 11 月 11 日要闻版）

二、将版面需求与自身实际相结合

不管是别人写过的还是别人没写过的，都需要对报刊媒体版面进行深入研究。这有两个方面，一是对近期的版面进行研究，二是对往年同期的版面进行研究。注意，是研究，而不是看看，研究是深入的、准确的，而看看只是表面的，可能并不准确。

对版面的研究，要重点对近期一周以上的稿件进行研究。研究什么呢？研究发稿的频率、稿件本身所透露出来的信息。

譬如说在写《酷暑中上演"地道战"》这篇稿件前，要研究近期相关版面是不是聚焦于电网迎峰度夏的题材，版面用稿中选取的新闻体裁哪种较多、哪种较少，描写的场景大致是哪方面的，等等，如此这般，可以得出还有没有写这种稿件的必要的结论，按照媒体的喜好应该对此类题材采用何种体裁，在此前提下怎样展开稿件写作，等等。

要想得出准确的结论，就必须多看一些同类的稿件，在定量的基础上做定性的判断。做定性判断时必须对已经刊登稿件被采用的核心优势要素进行分析，这样才能知道自己写的稿件究竟应从哪里入手，才能找到核心优势也就是"新闻眼"，增加稿件被媒体采用的可能性。

所谓"写别人写过的，写别人没写过的"，也可以理解为"写自己写过的，写自己没写过的"。也就是说，通过长期与行业权威报刊打交道，要清楚从本单位的具体业务来讲，媒体比较喜欢哪一类的稿件、哪种题材的稿件，这样的题材、这样的稿件可以视报道时机进行再报道。

比如说防冻融冰题材的稿件，《国家电网报》《中国电力报》都比较喜欢，我们就可以在防冻融冰期，结合工作特点进行有针对性的、有特色的报道，因为这样的稿件比其他稿件更容易上稿。

又比如说，《国家电网报》《中国电力报》比较喜欢公司通信类的稿件，这是一种平常报道较少但编辑和读者还不是很了解的技术领域稿件，我们比较密集地相继在《国家电网报》刊发了《湖南电力检修公司提速智能宽带网》（2014年2月21日）、《国网湖南电力升级变电站通信系统》（2014年11月14日）、《湖南电力检修公司维护信通设备》（2014年7月16日）、《鹅城换流站升级实时监测系统》（2015年4月8日）、《湖南电网扩容光通信网》（2015年6月1日）等稿件。

同时，在《中国电力报》也刊发了《湖南电力研发信息化机柜在线搬移新技术》（2013年7月17日）、《湖南主网通信设备巡查启动》（2014年3月1日）、《湖南电力提升远程监控能力》（2014年5月6日）、《株洲电网推广双通道运行》（2014年8月25日）、《湖南实现核心通信设备在线清洗》（2015年3月23日）等稿件，从不同侧面对信息通信工作进行了报道。

还有就是电力设计类稿件，这类稿件报道较少，我们几次投稿都被《国家电网报》顺利采用，如《湖南电力检修公司设计高效益智能站方案》（2014年8月21日）、《湖南电力检修公司完成智能变工程设计》（2014年10月16日）等。

稿例17：规划设计主题消息

湖南电力检修公司设计高效益智能站方案

8月10日，湖南电力检修公司完成布置紧凑、技术先进、环境友好、资源节约的智能变电站设计方案，在国网湖南省电力公司组织的工程设计竞赛中获一等奖。

湖南电力检修公司设计团队运用全寿命周期设计理念，结合新一代智能变电站要求，提供出亮点突出、论据充分、构思严谨的绿色智能变电站设计方案。方案依托湖南邵阳110千伏月溪变电站工程，设计方案经十余次调整优化，实现静态投资比可研降低38%，动态投资比可研降低42%，效益明显。

（原载于《国家电网报》2014年10月16日工程周刊创新版）

三、多样化地写出特色

从新闻体裁来讲，要多选择自身有优势、发稿上稿率比较高的体裁稿件来写、来投。

从本单位来讲，我们发现《国家电网报》比较喜欢用我们投送的新闻特写稿件，而且在长期的投稿用稿过程中，我们的确也积累了比较丰富的新闻特写经验，因此，我们投入更多的精力进行新闻特写的投稿。

对于新闻特写，我们也认真研究了《国家电网报》的版面和稿件特点，作为一种特殊的新闻体裁，几乎各个版面都需要新闻特写，一旦写好了，比一篇不错的消息稿更容易上稿。

2015年5月18日在《国家电网报》刊发的新闻特写《妥善处理废旧物资》，就是一篇比较有特色的新闻特写（现场新闻），作为一篇经营类的稿件，它被刊登在当天《国家电网报》的"产经"版。对于经营类版面来讲，消息、通讯稿比较多，结合经营业务的新闻特写受到编辑青睐也在情理之中。

这篇稿件立足生产现场谈规范经营管理，立意比较新颖，通过现场员工的交谈讲道理、得真知，是一篇典型的"写过的"（体裁）但又"没写过的"（题材）稿件。

总之，"写别人写过的，写别人没写过的"，就是要杜绝刻舟求剑的心态和做法，在同一条河流、同一个航程中，不能以现在的位置为固定位置，以现在的状态为固定状态，而要纵观整个航程，以变化的思维方式，用发展的眼光和拓展的视野，来看待新闻题材的选取和新闻事实的描述。

刻舟求剑的做法其实就是外行人看热闹的做法，看着好像是那么回事，其实不然，如果对事物的本质和核心没有准确把握，那就不可能对媒体、对版面、对稿件加以准确分析判断，得出的可能是与事实截然相反的判断，在新闻选题和写作上就会出现偏差，稿件投出去就不会有好的回馈。

作为一名通讯员，往往是在学习中进步，但是一定要克服盲目乐观和盲目自信的心态，杜绝"所见即所得"的不假思考的做法，而应该在资深专业人员的指导下进行新闻报道。

比如说，作为通讯员来讲，一看到报纸几乎每天都在报道迎峰度夏，马上不假思索就写一篇本单位迎峰度夏的稿件投出去，而不是像《酷暑中上演"地道战"》一样抓住"工作环境"之类的特色和特点，那稿件就很可能会石沉大海；如果一看到别人写秋季检修你也马上写一篇类似的秋季检修稿件投出去，而不是像《湖南电网防冻融冰早部署早启动》一样从往年的报道中找规律、找突破，那你的稿件也不会有什么竞争力。

同样，看到别人写了个新闻特写你也写一篇新闻特写，或者看到别人写了规范经营的消息你也写一篇同质化的稿件投出去，而不是像《妥善处理废旧物资》一样将好的东西结合起来提高它的效果，那稿件投送出去的结果也就可想而知了。

稿例18：物资管理主题新闻特写

<h1 style="text-align:center">妥善处理废旧物资</h1>

5月12日，湖南株洲220千伏滴水井变电站整站改造现场，一天的任务结束后，湖南电力检修公司株洲运维分部的检修人员集中到废旧设备回收区域，开展废旧物资的移交工作。

"拆除每一颗固定螺丝时，都像是跟这些相伴多年的'退役老兵'道别。"工作负责人陶发年一边核对设备一边说，"这次退下来的都是历经20多年的老旧设备，共有57柱母线绝缘子、11组隔离开关、2组电流互感器、2组变压器中性点隔离开关和1组避雷器。"

"改造验收工作不仅是对'新兵'的'检阅'，'退役老兵'的妥善安置也是检查重点。"220千伏滴水井变电站改造项目负责人王智弘站在一旁，拿着废旧物资回收单对大家说道，"就像国家对部队战士实行《退役士兵安置条例》一样，电网企业对物资回收也有明文规定，要求对废旧物资实施精益化管理。"

"是啊，这些可都是国有资产，所以我们在现场拆除时要集中管理，对更换和拆除下来的设备详细登记造册。整个工作要从现场做起，任何一件废旧物资都不能随意变卖、截留和挪用，要认真落实好废旧物资管理的第一步。"负责物资统计的袁汝沙仔细登记着回收单的每一项内容，向第一次参加大型改造的新入职工作班成员叮嘱道。

"设备回收后，要整体制作成审批汇总表，根据审批汇总表，对废旧设备进行技术鉴定，对于可以利旧的物资，会制订修复方案，进行修复再利旧使用，在别的'岗位'上发挥余热。"袁汝沙接着说，"对于不能继续使用的设备，会按规定进行集中处理。目前已采取了全过程监督，对于违规操作都会严格追究责任和考核处理，千万不能掉以轻心。"

"本来以为这些旧设备已经没有用武之地，可以直接处理掉，原来看起来这么简单的事情背后，还有这么多的讲究和学问。"年轻的工作班成员在一旁点着头，若有所思地说道。

（原载于《国家电网报》2015 年 5 月 18 日产经版）

第三节　新闻体裁是个"多选题"

一、根据内容选择体裁

我们找到一个好的新闻题材，首先要想的就是结合我们需要投送行业权威媒体，怎样选取最佳的新闻体裁来体现这个题材，也就是选取怎样的体裁更好地在相应报刊进行报道，提高上稿概率和传播效应。

究竟是选择消息、特写、通讯还是新闻图片，这不仅要看新闻内容本身，还要看具体的媒体版面和栏目设置。从某种意义上来讲，新闻内容决定了新闻体裁的运用和选择，总体来看，消息自然占多数，这也是媒体版面结构中大多是消息的具体实际决定的。

写成消息的稿件和素材有两种，一种是事情本身就比较简单，但是符合一定的时事报道需要的，另一种是比较典型的具有"三个么"特征的，能够通过用简单的文字讲清楚"是什么""为什么""怎么做"，这类稿件的素材没有场景化、深度化和即时性，把事情说清楚就行了，而且消息的内容表述比较直接，特别是通过"主谓宾"格式的句式，可以用标题把事情的核心内容提炼出来。

原始素材比较充足的或者事件新闻价值高，需要进行深度报道以提升报道效果和产生较大影响的，可以进行通讯报道，但是这会涉及报刊的版面安排，往往报刊的一个版面中只有一两篇通讯，而且多是按照栏目或者近期主题设置的，而且有的是约稿性质，所以通讯的写作一定要慎重，如果定位不准的话很可能花了很大力气仍不能被采用。

如果是新闻素材并没有很明确的主题，或者需要用细节描写来突出主题的话，就适合采用新闻特写来写，但需要有一定的版面来支撑。

如果是用瞬间的画面来体现事件和主题更直接、效果更好的话，那最好用新闻图片来表达。

《湖南电网强化缺陷诊治》这篇刊载于《国家电网报》的稿件，报道的是本单位通过应用先进带电检测技术强化缺陷诊治的工作，报道的主题是"湖南主电网迎峰度夏"，这样的题材符合季节性报道的焦点，事情的表述比较简单，就是目前做了哪些工作、接下来还要做哪些工作。这样的报道属于"主题报道"，不需要采用其他的报道方式，用消息即可。

《畅议新年培训新举措》是在《国家电网报》刊发的一篇班组座谈会题材稿件。一般情况下，关于一个班组的一次座谈会的消息稿，无论如何都是不可能上权威媒体的，这是班组这个层面所决定的，即便是省级公司的一次会议，一般也不可能直接上上一级媒体。但是班组座谈会有班组座谈会的特点，通过真实反映班组座谈的实况，可以将班组员工希望通过新年培训工作来提高员工技能和素质的意愿比较鲜活地表现出来。

这种类型稿件，看似平淡无奇，但是新闻的魅力就在于通过你的生动描写，使平淡的事情显露出深度寓意和语言魅力，就像这篇稿件，可以将班组员工、青年员工那种爱学敬业的精神进行淋漓尽致的展现。这篇特写主要通过对话的表现形式，将崇尚知识的青年风采较好地展现出来，这也是消息稿件所不能做到的。

稿例19：重点工作主题消息

湖南电网强化缺陷诊治

5月28日，湖南电力检修公司组织召开专题会议，强化应用先进带电检测技术，诊治电网设备家族性缺陷，确保湖南主电网安然迎峰度夏。

该公司根据国网湖南省电力公司要求，对目前存在的家族性缺陷设备进行了认真清查，制订了详细的带电检测跟踪计划，建立了分门别类的检测治理手段，将老旧、异常设备隐患排查和治理纳入技术监督常态化工作中。

今年迎峰度夏期间，该公司将进一步深化带电检测技术的应用，优化带电检测生产计划流程，规范现场作业秩序，通过开展带电检测"地毯式"巡检，将以往被动发现缺陷提升为有针对性地主动查找缺陷，不断提高带电检测技能水平，及时诊断设备缺陷。

（原载于《国家电网报》2015年6月3日要闻版）

稿例20：教育培训主题新闻特写

畅议新年培训新举措

"不如建立分部内部培训机制，组建培训队伍，定期负责授课。"1月8日，湖南电力检修公司株洲运维分部2015年专业培训座谈会正在召开，变电检修专责李程提出了自己的想法。

座谈会上，株洲运维分部负责人王中和认为，现在分部的年轻人越来越多，怎样使这支年轻的队伍迅速成长是个大问题；近3年就进来16名大学本科及以上毕业生，这两年提拔的年轻技术骨干也要继续提升。

"对，可以由班组长及负责人根据他们所擅长的方面向大家授课，这样，在备课的同时既可以自我巩固提高，也可以让大家互通有无。"四组组长李敦对李程的提议表示赞同。

王中和接过话茬："我看时间就定在每周一周调会前，讲课时间大概一个半小时。"

"这个办法不错，我们可以商定一下培训的内容及授课负责人，你们看哪些内容需要重点培训？"另一位负责人李佐胜问大家。

"分部维护设备到底有哪些隐患设备，能不能详细介绍一下，说明界定的原因、如何开展专业巡视、如何进行针对性检修，让我们做到心中有数。""我对西开气动机构断路器的机械特性调整还不是很清楚，可不可以培训一下？""能不能讲解一些起重作业知识？比如我对特种车指挥、吊点选择、绑扎方法还不是很清楚。""PMS2.0 系统应用，大家都还不太熟悉，建议进行一次专题培训。"大家你一言我一语，提出了自己的想法和建议。

"我看，LW15 断路器机械特性调整培训就交给董凯了，团山变电站LW15 断路器大修就是他负责的，处理了很多问题。"李佐胜望向一组组长董凯。

董凯满怀信心地回答："没问题！"

座谈会决定利用周调会前时间开展专业培训，由班组长等技术骨干担任内训师，制订培训计划，突出讲授专业重点知识、专业关键技能、专业安全技能、专业测试仪器使用、PMS 应用等 5 个方面的内容。培训计划制订后，各责任人将抓紧落实培训课件准备工作。株洲运维分部 2015 年的专业培训由此拉开序幕。

（原载于《国家电网报》2015 年 1 月 21 日"特色实践"专版）

二、凭着感觉调整体裁

从以上几个示例可以看出，选择好的新闻体裁其实是与找到好的新闻题材相辅相成的，二者并不是割裂的，一个好的新闻题材需要适宜的新闻体裁来体现，而一种合适的新闻体裁能把一个原本可能无法报道或者不能取得很好报道效果的事件报道出去且报道好，甚至能登上行业权威媒体的版面，极大地鼓舞生产一线员工的斗志，激励基层通讯员的写作热情。

有的情况下，采用准确的新闻体裁并不是一开始就能做到，可能是这样的情况：刚想写个消息，写着写着觉得"料"比较多，这时可以尝试写一个通讯，或者用一张图片说明问题；或者开始时想写一个特写，但又觉得细节性的东西描述起来比较困难，这时不妨用现场感比较强的新闻图片来展现；或者开始时准备用一张图片来展现新闻事实，突然又觉得用两张以上的组图来展现更加立体和全面；或者原来准备用新闻图片来展现，但是发现新闻图片的拍摄效果并不理想，又换作消息的表现形式。

像这种多元选择的形式转换，不仅有利于我们开阔思路，最终选取最佳的新闻表现形式将我们需要报道的东西报道出去，也可以在这种转换的过程中锻炼我们的新闻把握能力和思维方式，提高我们的新闻报道水平。

2015年3月13日，《国家电网报》"亮文化"周刊刊登了本单位一幅新闻图片，这张图片以公司举办诗歌吟诵比赛为主题，通过吟诵比赛现场鲜艳夺目的瞬间画面，展现了企业员工的风采。

像这种类型的题材，你可能一开始觉得用消息报道比较好，但是你研究一下权威报纸的版面，就会觉得比较适合用新闻图片，因为新闻图片现场画面感比较强，虽然是一次极普通的基层文化活动，但通过选取最佳的精彩瞬间，并配以简洁的图片文字说明，达到了较好的宣传效果。

没有曲折就没有前进，有时候一帆风顺的前进其实是缺乏续航能力和竞争实力的，所以，我们要非常重视新闻报道中的"曲折性能力锻炼"。

稿例 21：文体活动主题图片新闻

　　3 月 9 日下午，湖南电力检修公司举行庆"三八"诗歌吟诵比赛。本次诗歌吟诵比赛以"梦想，乘着诗歌的翅膀"为主题，各单位积极参与，认真筹备。

　　　　　　　　　（原载于《国家电网报》2015 年 3 月 13 日"亮文化"周刊）

三、结合版面确定体裁

　　在有针对性地投稿行业权威媒体过程中，我们还要针对媒体的具体版面，对我们的新闻体裁进行调整。

　　2015 年第 4 期《中国电业》杂志刊登的通讯《卓绝跨区大会战——湖南电力检修公司实施宾金特高压首次年度检修纪实》，从跨区电网的高度对整个检修进行了深度报道。以 800 万千瓦输送功率居三大直流特高压之首的宾金直流，通过湖南电力检修公司成功组织实施跨区跨省作战，圆满画上了区段首次年度检修的句号，对特高压检修具有重要的示范作用。

　　对这一重点题材，我们选取了通讯作为报道体裁，在以检修方案为基础的素材积累上，通过广泛搜集现场检修相关新闻素材，形成了一篇有分量的通讯报道，从组织、管理、协作等多个维度，全方位深度展示了新闻事件的内涵。

为什么重点题材需要用通讯的体裁来展现呢？因为重点题材必然会受到重点媒体的重点关注，在这种情况下很有必要通过更加深度的方式来展现报道内容，这样也更能与媒体和编辑在关注度上形成共识。当然，通讯稿的各组成部分应尽量篇幅相近，否则，从整个篇幅来看会比较尴尬。

当然，以上的一个总的前提就是，我们所投送的媒体《中国电业》是一家有充足版面发通讯的杂志，否则，再好的通讯稿件也不会被采用。

此外，如果说在需投送的媒体相应版面中，某新闻报道题材近期采用的体裁较少，则不建议采用这种体裁，要采用这种体裁的话，也要选择另外一个角度来报道这件事情，以便其能在其他相应的版面有上稿竞争力。

从这个角度来讲，稿件绝不是脱离报刊媒体的版面而存在的，稿件体裁是随着版面的调整而调整的；稿件的内容也不是脱离体裁而确定的，而是根据体裁的变化进行相应调整和变化的。

或者说，可以用多种新闻体裁来展现，以便可以视稿件采用情况进行调整，投送相同或不同的版面，来提高上稿率。如果我们要报道一个事件，在新闻素材中既有新闻事件的重要性可叙述，又有新闻事件的细节和相关新闻人物可描写，又在新闻事件发生的时候拍摄了相应的新闻图片，那就可以在不增加太多负担的前提下，多选择一两种新闻体裁表现形式，这样，通过"双保险"，可以最大限度增加被媒体采用的概率。

特别是在工作中，我们有的新闻事件比较重要，新闻题材比较特殊，如果我们特别希望在某个媒体上稿的话，运用这种多体裁表现形式的做法，可以最大限度地保证我们想报道的事件及时得到高端媒体的报道，因为这样做会使我们有更多的版面选择，或者同一版面有更多的位置可供选择。

譬如"实施宾金特高压首次年度检修"这样的重要题材，在写成通讯稿后，投往能源类杂志用稿机会会明显高于能源类报纸，即便报纸采用也会大量削减篇幅，使整个报道显得不那么酣畅淋漓，这是由报纸版面的局限性所决定的。

因此，鉴于报道的实效性，还可以截取通讯稿中的部分内容，写成开工消息、竣工消息、投产消息、工作特写等，也可将通讯配发的新闻图片作为图片新闻投送。

在新闻体裁的运用方面，最忌讳的就是新闻体裁的混用。

这种情况常见于对新闻体裁还不是很熟悉的通讯员稿件中。我们新闻部门在收到基层通讯员的稿件时，经常会看到这样的情况：看着像特写，因为稿件里面有一些对话、场景，但从总体来说是消息；或者它的副标题是"××纪实"，但仔细一看，充其量也就是个特写，或者充其量也就能浓缩成一个特写，因为它根本不具备通讯那样的篇幅、结构和实在的具体内容；或者标题看上去是个特写的标题，一看稿件主体其实就是个消息而已。

这些问题的出现，主要原因还是通讯员对新闻体裁的掌握不够准确，新闻基础知识掌握不牢，也与对权威报刊刊登出来的标准的新闻稿看得不多有关，这就需要基层单位在对通讯员进行基础培训时注意多通过示例让通讯员在初学新闻写作时能准确把握新闻体裁的应用。

稿例22：大型现场主题事件通讯

卓绝跨区大会战
——湖南电力检修公司实施宾金特高压首次年度检修纪实

3月17日15时，随着湘江大跨越铁塔航空警示漆涂料施工完成及并拆除接地线，标志着±800千伏宾金线2015年度检修湘贵段顺利完成。以800万千瓦输送功率居三大直流特高压之首的宾金直流，通过湖南电力检修公司成功组织实施跨区跨省作战，圆满画上了区段首次年度检修的句号，将以强健体魄东送电流，再迎夏峰。

精心组织的跨省大会战

3月3日，湖南电力检修公司组织26名检修人员提前深入位于湖南省怀化市沅陵县境内的宾金线检修现场，在线路停电前与驻地工作人员一起熟悉杆塔位，并开展现场交底和安全考试等前期准备工作。这是公司周密安排大会战的一幕。

湖南电力检修公司负责管理的±800千伏宾金线共881千米、铁塔1827基，横跨湘、贵两省。此次停电检修从3月7日至17日，检修区段覆盖贵州遵义、铜仁及湖南湘西、怀化、益阳等地区，检修内容包括全线杆塔及导线登塔走线检查、全线绝缘子清扫及运行消缺，以及加装66套在线监测系统、加装248基驱鸟装置、喷涂防污涂料等改造优化项目。

这次检修，地形杂、任务重、时间紧，不仅是跨区跨省检修，也是多运维单位的联合大会战，公司提早对前期准备工作进行了精心的安排和部署，及时对人员进行了培训，对工机具进行了准备，提前一个多月安排专人进行现场勘察；对两个现场检修组，分别按区段下设2至3个督察组和技术监督组。

"这次停电检修，严格执行安全、质量保证措施，杜绝违章作业，严格按照第一种工作票的要求和标准化作业卡进行检修。"在贵州铜仁检修现场，负责督察的公司输电检修中心郭锐介绍说。

大会战需要大掌控。公司认真做好停电检修工作的部署和协调，督导各项工作执行，组织参检单位在检修前做好检修措施编制和检修资源准备工作，全面组织现场检修指导和监督。

110千伏羊庙线等99处重要跨越物，是此次检修的难点之一。特别是跨越物管理单位，分别涉及沿线湖南、贵州两省多个供电单位、检修单位和运维单位，对此，公司制定出±800千伏宾金线110千伏及以上重要交叉跨越明细表，对跨越档、净空距离进行了明确，对停电、验电等均详细规定，积极开展属地协调工作，确保检修有序推进。

根据宾金线检修工作量及可能出现影响作业的雨天等情况，湖南电力检修公司共组织 43 个作业组、投入人力 5272 人次参与本次停电检修作业。仅仅 10 天时间，面对如此之多的工作量和人员投入，如何做到科学合理安排，有条不紊推进？"各参检单位都充分考虑了承载能力，决不盲目追求速度。"公司输电检修中心副主任雷文辉说。

精益管理的年度大检修

3 月 14 日，宾金线沅陵县凉水井镇段，作业人员核对线路名称及杆号无误后登塔检查，并由下而上对铁塔的塔身、塔头各部位进行全面仔细的检查。"整个检修的每项任务、每个环节都有精密的技术措施作为保障。"现场工作人员介绍。

登塔检查是年度检修的基础性工作，包括铁塔部件缺损及锈蚀情况检查、螺栓紧固情况检查、金具绝缘子串及附件安装情况检查等。在检修现场看到，工作人员若遇螺栓松动，会用扳手将松动的螺栓紧固，对掉落的螺栓进行补装；检查塔材、螺栓、导地线挂线点螺母及销钉是否缺失和锈蚀，所有金具上的销钉是否开口、是否对称。

工作人员在有合成绝缘子的塔位，还对合成绝缘子进行外观检查，检查是否破损或有鸟类啄坏的痕迹，对耐张塔则检查地线支架上的光缆跳线是否和塔材接触、磨损。在此次年度检修中，检修人员通过细致检查，发现一处伞群破损的合成绝缘子，当即紧急联系外地厂家，调运新的设备进行更换，及时消除了严重隐患。

"绝缘电阻大于 500 兆欧，绝缘子合格！"绝缘子零值检测中，工作人员将绝缘子擦干净后，将数字式绝缘子检测仪的探针分别接触单片绝缘子的钢帽和钢脚，按住开关按钮读数，确保检测无误。

为保证微气象、图像、舞动、覆冰在线监测系统安装质量优良，公司科学安排进度，每天每组完成覆冰监测 1 基或微气象等监测 1.5 至 2 基安装任务，用 8 天完成 66 套在线监测系统安装工作。除了投入 10 个作业组和高空技工等人员外，还安排了来自西安、北京 3 个厂家的 11 名技术人员，跟随现场安装作业组进行设备安装指导与调试。在安装覆冰监测装置应力传感器时，运用了新研制的工器具，提高工效达 3 倍以上。

在涂刷航空警示漆现场，可以看到工作人员正用砂纸和毛巾清除塔材的锈蚀、灰尘及油污等异物。"杂物处理完毕后要求在 4 小时内刷底漆，以免返锈，油漆也必须随配随用，以保证施工质量。遇湿度大于 90% 和雨风等天气，我们都不能施工作业。"在现场，工作人员抹了抹汗说。从涂刷底漆，到涂刷面漆，工作人员非常谨慎，"涂刷时不能将油漆滴到绝缘子上"！

确认牌号、品种、颜色、批号等并记录，防止灰尘杂物混入桶内……这是防污合成化喷涂 RTV 涂料现场的一幕。施工前的检查就不简单，工作人员介绍："我们要认真检查产品的质量合格证明文件、中文标志及检验报告等，并抽查防腐喷涂材料是否与质量证明文件相符。"喷涂中，工作人员认真地由上而下逐片实施，确保涂层平整光滑和无气泡、拉丝等现象。

精诚协作的综合大考验

这是一场检修大战，也是一场环保大战。点多、线长、面广，在如此复杂的大检修中，检修现场却很整洁。

在 RTV 涂料喷涂现场，严格禁止损坏、污染农田、花草及树木；在涂刷航空警示漆施工现场，不允许损坏、污染农田、花草及树木；在清扫绝缘子现场，可以看到检修人员将现场使用的抹布、矿泉水瓶、手套等收好，带回并丢弃到指定场所。作业现场一方面做到工完料尽场地清，另一方面做到严禁吸烟，兼顾了环境保护，杜绝了山林火灾。

这还是一场人身安全的考量。此次检修队伍来自不同单位，人员身份也不尽相同，在检修现场，参检单位派出了专设的安全监护队伍，明确了各人员作业任务、职责及作业界面，确保现场作业安全监护到位。

"我们必须带头遵守安全工作规程，及时制止和纠正违章行为。"在现场，一名检修班组长说。此次检修，严格执行本规程并组织作业前一小时交底和培训，所有参与检修人员经安全技术交底，所有"三种人"经考试合格后才能参与检修施工；工作负责人严格执行技术措施，检修前一次性做好安全措施并全面检查各岗位的安全情况，在现场处理安全隐患时，首先保证人身安全的措施。

每天分工前，班组长会对本班人员的思想和身体状态充分了解，严禁作业人员带情绪和带病作业。对检修人员本身，则提出了"视本人身体状况，若出现不适时及时停止工作"的人文关怀与人身安全兼备的措施要求。

检修现场，作为安全施工的必要环节，检修工器具分类堆放，铭牌标识。这些工器具在发运前，已由工作负责人进行清理和检查，不合格就不能运往现场。所有运到现场的工器具，在使用前，由工作负责人组织人员进行外观检查，合格后才使用，安全带还要静荷试验合格。

攀登杆塔时，检修人员要注意检查脚钉是否牢固可靠，这是防止高处坠落的措施；检修人员设置围栏和安全警示牌，禁止当地居民进入作业危险区，这是防止物体打击的措施；更换绝缘子时，在更换前检查各部件的受力情况，这是防止"掉串"的措施……检修现场，成体系的安全措施处处可见。

应急措施齐全使检修有备无患。"检修前我们接受了应急培训交底，要求现场遇突发情况，应立即向现场工作负责人汇报。"在检修现场，一名技术人员介绍说。这种防患于微的态度，为建设坚强智能电网打下了坚实的基础。

（原载于《中国电业》杂志 2015 年 4 月刊）

第四节 "三个么"的写稿硬道理

一、基础里的基础

所谓"投稿攻略",其实还是始于"写稿攻略"。写稿是基础,投稿是技巧,脱离基础的技巧无异于空中楼阁。所以说,如果只是研究投稿的"锦囊妙计",而不管稿件本身的质量如何,那再好的技巧也投不出能被媒体和编辑采用的稿件。

像《国家电网报》这样的行业(总公司)报,几乎每隔一段时间就会向系统单位发布指南,包括各个版面的编辑及其邮箱、版面内容范围和具体要求等,这受到了基层通讯员的欢迎。于是,很多通讯员认为找到了捷径,投稿会非常方便,上稿率会大大增加。仔细想想,其实不然。

一则,这个指南大家都得到了,并不是什么"武林秘籍",所以大家都能用,在同等条件下对于质量不高的稿件,这种"指南"其实并没有什么太多用处。

二则,这个指南是人家报纸发布的,并不是你自己总结出来的,如果是你自己总结出来的,说明你对媒体的研判达到了比较高的程度,你手上的是"渔",随时随地可以运用技巧。反之,如果你手上的只是一条"鱼",甚至只是一条干扁的"咸鱼",则没有什么实用价值。

只有实践才能出真知。书本、书面的东西有时并不能给通讯员真正的营养和经验,一旦"指南"中的情况发生变化,就如同刻舟求剑,一切归零,毫无用处。

其实无论是消息、通讯还是新闻评论,都像写公文材料和写专业论文一样，本质上都是"三段论"，也就是"是什么＋为什么＋怎么做"，这是一种论证思维框架，而一些基层通讯员的稿件往往做不到这一点，经常是"结构性缺损"，这是基层通讯员稿件的"通病"和"硬伤"。

《湖南电网扩容光通信网》这篇稿件就是一篇典型的"三个么"框架的新闻报道。从标题来讲，就体现了这种要求，主标题开门见山地体现了"是什么"；而编辑所加的副标题"完成华中南北走廊改造，做好迎峰度夏准备"，则对"为什么"进行了简要描述。

再看稿件的正文，从导语部分看，其实是"三个么"的一种浓缩，"4个站点光传输设备屏柜安装和单体调试结束"说明了"湖南电网扩容光通信网"具体是做什么事情；"完成国家电网华中地区南北走廊光通信网改造第一阶段任务"说明了事情是怎样进行总体安排和推进的；"为电网迎峰度夏做好充分准备"从季节性工作要求的角度部分性说明了事情的意义和作用；"率先"两字则对稿件的新闻价值进行了突出。

从稿件主体部分来看，也是典型的"三段论"结构。

稿件第二段，对华中电网南北走廊光通信网和湖南省内29个站点进行了简要介绍，并从时间长短、设备问题和电网需求等多个方面进行了背景阐述。

稿件第三段，对改造后的情况、效果和电网意义进行了介绍。

稿件第四段也就是结尾部分，对已经完成的工作和下一步工作及其展望进行了介绍，这种"怎么做"是比较典型的多重介绍，即已完成工作、将完成工作的组合介绍。

这篇稿件作为光通信网工作情况介绍的报道，是《国家电网报》编辑比较感兴趣的题材，它属于电网通信专业报道，是较少涉及因而有点"神秘感"的内容，是本单位对外报道中较容易上稿的稿件。《国家电网报》越来越重视这种类型的稿件，后来还新增了《e电网》专版专门刊发这类稿件。

这篇稿件的专业性非常强，不像电网检修和运行维护一样是大家比较熟悉的题材，所以要想通俗化地报道好并不容易。在导语部分，可以看到一开始进行的场景设计"随着 4 个站点光传输设备屏柜安装和单体调试结束"，使得整个专业工作的报道变得直观而具体，读者一看就能看明白大概是怎么回事。导语部分对"三个么"的浓缩表述，让编辑和读者一下子就看到了整个报道对象的轮廓。

在这种比较专业化的报道中，我们往往会更加注意表述的通俗化。试想，一篇专业稿件中如果总是出现那么多的专业术语，不仅让人读得乏味，还看不懂，更重要的是，编辑要多次反复打电话询问这个词是什么意思、那个表述是什么意思，或者这里没写清楚、那里还存在质疑，这样的稿件一到编辑那里就会被"枪毙"，因为编辑不会对一篇让自己"疯狂"的稿件有采用的兴趣和信心。

在这篇稿件中，"光通信网"是有专业术语的，"扩容"原本也是技术性比较强的工作内容，我们单位新闻部门收到稿件时，及时与原始作者及其单位负责人沟通，进行了通俗化的文字处理。

稿件中大量内容都进行了通俗化处理，譬如华中电网南北走廊光通信网是个什么网络，通过一句"是华中电网生产调度和行政业务的重要承载通道"，就把它的基本作用讲清了。

对原网络存在的问题进行表述时，运用排比式的"设备老化、故障频发、供货困难、带宽耗尽等现象"，不仅提高了文字通俗性，还增强了语言可读性。在这类稿件中，我们一般不会采用英文的单位符号表述方法，除用"G"这种大家比较熟悉的英文单位符号表述外，多用中文表述，该稿件中的"SDH（同步数字序列）体制"则是一种兼顾专业性与通俗化的表述方法。

其实像这样的稿件，很多内容都是本单位新闻部门与写稿的通讯员必须充分沟通的。在拿到这样的稿件时，我们会先于报刊媒体编辑向通讯员提出很多问题，如果这些问题不能在新闻投送媒体之前解决好，那就没有投出去的必要。

也就是说，本单位新闻部门要做好报刊编辑、新闻读者与写稿通讯员之间的桥梁，把读者想知道的内容和编辑想解决的问题，通过与通讯员之间的沟通，把必需的内容呈现出来，把要解决的问题解决好。

譬如稿件结尾部分的"下一步，湖南电力检修公司信通中心将根据统一安排，进行系统联调和业务割接工作。预计今年 11 月份，国网华中地区南北走廊光通信网改造工程将全部实施完毕"，就是根据新闻原稿，询问稿件原始作者后增加的，这使"怎么做"这一部分更加完整，使整个报道变得完整，这样整个新闻事件的报道价值就体现出来了，否则只是片面地报道阶段性工作，会使报道失去其应有的新闻价值。

稿例 23：重点进展主题消息

湖南电网扩容光通信网

5 月 25 日，随着 4 个站点光传输设备屏柜安装和单体调试结束，湖南电力检修公司率先完成国家电网华中地区南北走廊光通信网改造第一阶段任务，为电网迎峰度夏做好充分准备。

华中电网南北走廊光通信网覆盖了河南、湖北、湖南、江西四省，由南北干线、豫北环网、中南环网、湖南环网组成，是华中电网生产调度和行政业务的重要承载通道。其中，湖南省内 29 个站点主要分布在湖南环网和中南环网，覆盖了湖南省内全部 500 千伏变电站，由于现有设备投运于 2004 年，存在设备老化、故障频发、供货困难、带宽耗尽等现象，无法满足电网发展需求，对系统安全稳定运行造成影响。

此次改造后，南北走廊通信网依然采用 SDH（同步数字序列）体制，带宽由现在的 2.5G 升级到 10G，支持以太网等多种业务，将有效提高生产调度业务的通道可靠性，并满足系统业务多样性的需求。

第一阶段已完成的站点包括 500 千伏沙坪、云田、昆山、复兴变电站。下一步，湖南电力检修公司信通中心将根据统一安排，进行系统联调和业务割接工作。预计今年 11 月份，国网华中地区南北走廊光通信网改造工程将全部实施完毕。

（原载于《国家电网报》2015 年 6 月 1 日要闻版）

二、注重写好"为什么"

整个"三个么"框架中，重点是"为什么"，但是我们的通讯员写稿很容易忽略写"为什么"。

其实这个也很容易理解，我们的很多通讯员都是来自基层生产一线，学的是技术，做的是生产，所以写起新闻稿特别是消息来，一般直接在"是什么"后就直接进入"怎么做"，在他们看来把事情表面上的东西说清楚就行了，也就是先说要报道的也就是他们正在做的是什么，再讲讲他们是怎么做这个事情的，主要也就是讲讲他们做这个事情花了多大功夫、有多么辛苦，这样，就把"为什么"这个部分直接省略掉了。

这样的新闻报道，其实是很不专业的，也没什么新闻价值。

首先，这样的报道往往篇幅很短，根本达不到新闻发布的基本篇幅。这样的报道，一般也就百八十个字，大概把基本的工作情况介绍完了就结尾了，对新闻事实的介绍非常简单，流于工作表层的一些介绍。

其次，这样的报道往往太过专业。新闻报道的读者不是专业技术人员，而是普通的员工甚至社会读者，他们对过于专业的东西并不懂，写得太专业不仅不会让读者获得信息，反而会使读者产生迷惑。所以，新闻报道不能写成跟技术报告类似的东西。

更重要的一点是，这样的报道没有把读者和编辑想要知道的东西说出来、说清楚，对于编辑和读者而言，他们想知道的是你为什么要报道这个事，也就是你为什么要写这篇报道，请你给我一个让编辑采用这篇报道、让读者有兴趣看这篇报道的理由，也就是需要一种换位思考。你不把自己变成编辑和读者，而是只站在自己的角度和立场去报道的话，那你这篇稿件是没任何市场的。

通过多年的报道，我们知道《国家电网报》的报道非常重视"为什么"，"为什么"部分写得怎样甚至决定着一篇稿件的报道价值、能不能上稿，体现着通讯员的写作水平和基层单位新闻部门对稿件的包装和加工水平。

"为什么"看上去也就几句话，但表述起来并不简单，因为它具有"多重性"，也就是可以从多个方面或者必须从多个方面去表述，同时它在标题、导语和新闻主体的各个部分都可能因地制宜地进行"渗透"。

在《湖南主网断路器进入无油化时代》这篇刊发于《国家电网报》头版的稿件中，我们可以看到"为什么"的表述是渗透到稿件的各个部分的，从这篇稿件可以看出，"为什么"的表述篇幅可以占到整个消息稿的百分之八十，其重要性不言而喻。

这篇稿件在开篇导语把"是什么"讲清楚后，即从电网供电可靠性的角度对为什么要开展断路器无油化改造进行了说明；随后，在第二段，从断路器的重要性和历史背景、技术进步的趋势和原有油断路器的弊端等不同侧面，对改造的必要性进行了阐述；最后，在结尾部分的第三段，从新型断路器的特点和先进性等方面，对改造的必要性即"为什么"进行了深入阐释。

从这篇稿件可以看出，这样一篇来自单位基层的稿件，在进行加工时运用了多重的手法对"为什么"进行深度的阐述，使读者从不同的侧面对改造的必要性有了全面的了解。

这种阐述的方式是符合对读者提问进行释疑的思维方式的，即从电网的总的方面再到断路器本身的局部的小的方面，从断路器本身的概念再到它的应用情况，从原来断路器的弊端再到新型断路器的特点，从新型断路器本身的特点再到后续改造的先进性，思维逻辑是层层推进的，语言逻辑也是非常缜密的。

通过这样的后期加工，使一篇看似非常普通的稿件新闻价值极大提升，在众多新闻稿件中脱颖而出并在头版刊发。从这篇稿件可以看出，真正的好稿件不一定是你报道了什么，而是你怎样把一件事情报道好了，这是关键。你不会写消息、不会报道，再好的题材也会被浪费。

稿例 24：突破性工作主题消息

湖南主网断路器进入无油化时代

4 月 11 日，随着湖南株洲 220 千伏桂花变电站最后两台少油断路器更换完成并验收合格，国网湖南省电力公司检修公司完成了 110 千伏及以上断路器无油化改造工程。至此，湖南主电网断路器进入无油化时代，电网供电可靠性显著提升。

据了解，断路器作为电源的开关，一直以来都是保证电网可靠运行的主要设备之一。随着电网发展、技术进步，采用油介质的断路器逐步显露出维护量大、检修周期短、维修耗时等弊端，且随着投运时间累加，有油断路器在运行中普遍容易出现渗漏油现象，对供电可靠性造成影响。

国网湖南电力检修公司通过将油断路器更换为新型断路器，彻底解决了因油介质产生的电网运行问题。新更换的六氟化硫气体断路器，有着寿命长、动作快、体积小、运行稳定性强、维护量小等特点，绝缘性能和灭弧特性都大大高于之前的设备，能有效避免电网相关安全隐患。此外，由于六氟化硫断路器的技术较为先进，更容易对其实施智能化改造。目前，湖南主电网 110 千伏及以上设备共有 1200 余台断路器，已全部采用更先进的六氟化硫介质。

（原载于《国家电网报》2015 年 4 月 15 日头版）

三、抓住"灵魂"，提高价值

"三个么"以"为什么"为核心的新闻表述规则，因稿件不同具体在各个部分的篇幅不等，但不管是多少篇幅，不管有没有"怎么做"，只有有了"为什么"，才能使消息具有需要表达的实质性内容。

我们看到，有的编辑在编稿时，直接把作者写的"怎么做"部分删掉了，因为他只关心你做这个事情的电网作用和社会价值，至于你究竟怎么做甚至是如何挥汗如雨的，编辑和作者并不关心，也不想知道。在"快餐文化"盛行的今天，这种阅读习惯更加突出。

所以，写新闻一定要把"为什么"写清楚，也就是要写清楚事情的背景、意义、作用和来源。即便是写"是什么"，也要把专业的东西尽量写得通俗易懂、形象可知一些；即便是写"怎么做"，也要把事情本身读者最关注的内容呈现出来，并结合事情和稿件的实际将"现在怎么做的"和"将来要怎么做""下一步要怎么做"交代清楚，而不是完全站在自我表扬的角度把工作有多难、多辛苦大说一通。

写好了"为什么"，就抓住了新闻稿特别是消息的灵魂了。

《长株潭一体化智能电网架初步形成》这篇刊登在《中国能源报》地方版短讯新闻栏目"关注"第一条的消息稿，虽然只有百余字，但是通篇在阐释竹园变电站竣工带来的电网供电形势的变化及对电网格局的意义和作用，也就是在花大量的笔墨阐述"为什么"。

这样，虽然这篇消息稿很短，但是它的灵魂并没有缺失，是一篇典型的"形短而意不短"的稿件。

2014年，我在给国网湖南电力通讯员班讲课时讲到，三流的媒体发生新闻（有了大家都知道的新闻就去报道），二流的媒体发现新闻（可以在众多不起眼的事物中发现有新闻价值的报道对象），一流的媒体发明新闻（根据市场需要策划新闻）。

参照这种说法，对于通讯员来讲就是：三流的通讯员有价值的东西写不好，二流的通讯员把有价值的东西写好了，一流的通讯员把没价值的东西写好了，这才是真正体现水平的。

否则，我们每天面对的都是一些日常性、事务性的工作，要高频率地出新闻、高端化地报道新闻，新闻从哪里来？从抓住"灵魂"的高水平的报道能力中来。

多年前，有兄弟单位新闻部门的一位专责问我：你们单位为什么可以在《国家电网报》《中国电力报》发那么多稿件？为什么会经常一打开报纸就是你们单位的报道？

我笑而不语。这真的不是一个那么容易回答的问题，而答案，其实刚才已经有所透露，但是要真正成为一流的通讯员，那绝对不是三言两语可以说清的，也不是一两种技巧可以解决的，需要的是长期的综合能力的锻炼。

稿例 25：任务成效主题消息

长株潭一体化智能电网架初步形成

随着湖南株洲220千伏竹园变电站竣工验收，该站与长株潭其他智能变电站一起，初步形成了湖南长株潭一体化的智能电网。

目前，这些智能变电站都是所在地区的重要变电站，它们与传统变电站一起形成了多个 220 千伏环网，改变了部分地区电网结构薄弱的局面，成为连接和打通与湖南其他地区电网链接的关键一环。

（原载于《中国能源报》2014 年 2 月 10 日"地方"版）

第五节　特写就是要"特别地写"

一、独辟蹊径才能赢得主动

在《国家电网报》这样的权威媒体刊载的稿件中，我们的新闻特写占了比较大的比重。我认为，特写写得好，比消息更容易上稿，毕竟这是调节和丰富版面的一种新闻体裁，比撰写消息稿去走版面的"独木桥"相对来说还是比较容易的。但特写要写好并不容易，重要的一点就是要做到特写就是要"特别地写"。

对于基层单位而言，稿件要想上比较高级别的媒体，拿消息上稿的机会其实微乎其微，毕竟，你的报道层面摆在那里了，即便通过"以点带面"的手法，将报道层次提上去了，你所报道的新闻事件的新闻价值一般还是难以具有很大竞争力的。

而且，作为基层单位来讲，真正在高级别媒体有报道价值的新闻题材其实并不多，与其把太多精力花在写消息稿上，倒不如把更多精力放到特写稿上来。

那么，怎样去写特写呢？

对特写比较熟悉的通讯员应该知道，新闻特写是人物语言与背景、环境和人物动作、神态甚至心情、想法等各类文字的交错，好的新闻特写有两类，一类是题材本身就比较新颖，比较吸引读者和编辑，也比较好写；

再一类就是通过有技巧的写法，将一个再普通不过的场景写活，写出味道，像《"现场勘察要赶早"》写的就是一个再普通不过的师父带徒弟去勘察的场景，场景描写也非常直白，但是立足一个"早"字做文章，在平实的语言中蕴含着安全生产的真谛。

总而言之，特写之"特"，不是"写的特"（描述对象特别）就是"写得特"（描述方法特别）。

刊发在《国家电网报》2015 年 5 月 21 日"创新"版的《新工艺助力变压器油枕管道安装》，就是一篇以新工艺的运用作为题材的新闻特写。这篇特写的写法比较典型，第一段设置人物语言导入场景后，第二、三段交代场景出现的背景，第四段开始进入正式的场景描写。

开头是特写的一个导入部分，新闻特写很多都是一个简单场景的叙述，所以开头一般是直叙，而《新工艺助力变压器油枕管道安装》是一篇以倒叙形式开头的特写，这是因为这篇特写是事件发生后续的稿件，所以必须采取倒叙的方法，才能以最新的时间点设置场景导入。

开头的时间点和场景点设置是特写的一个重要起始，究竟怎样设置时间点和场景，必须综合权衡整个事件的叙述需要来考虑和设计。

稿例 26：检查勘察主题新闻特写

"现场勘察要赶早"

"赶早就能赢得先机！"1 月 21 日，湖南省电力公司检修公司永州运维分部检修组长黄继刚，带着自己的徒弟到昆山变电站开展工程前期准备工作，再次说出了自己的口头禅。

岳阳 500 千伏昆山变电站四期扩建工程要到今年 5 月才开始实施，可是黄继刚已经养成了赶早的习惯。路上，他给徒弟讲了一个故事：那是在2011年10月实施的株洲220千伏白马垅变电站整站改造中，由于8月份就提早进场，他们很快发现了现场的110千伏隔离刀闸虽然与设计图纸上的同型号，但实际结构却有差异，便及时进行了调整，才使得这项工程得以顺利完成。

两人来到昆山变电站现场，尽管还是冬季，这几天却是风和日丽。他对徒弟说："这回到昆山变电站学习施工前期准备工作，主要有现场勘察、设备到货、验货等，这都是项目管理负责人必须具备的能力。今年，分部将实施项目管理负责人制，把你培养成为项目管理负责人是我的目标。"师父一席话，使徒弟对未来信心满满。

黄继刚拿出早已准备好的现场查勘表交给徒弟。他一边测一边教授徒弟目测、尺测要领，还不时做起示范。他对这样的扩建施工了如指掌，只见他一会儿往里走，指示设置安全围栏的边界，一会儿小步跑到徒弟跟前，告知特种车的进出路线和摆放位置。除了将这样做的原因一一讲解外，他还不时地向徒弟提问现场安全措施、现场标准化作业规定等。见徒弟都能一一回答，黄继刚脸上露出了满意的微笑。他特别告诫，对同杆多层架设的母线等环境要特别注意。

黄继刚还叮嘱道："今年与以往不同了，高空作业车和吊车等特种车的使用费用要更加节约，所以现场勘察不仅要赶早，还要从安全出发，从施工流程和效率考虑，包括特种车的大小、进入的时机、是否受到带电设备的限制等，样样都要求更高、更精确、更周密。"

1月25日，勘察工作结束，几天下来，黄继刚让徒弟明白了一个道理：赶早，能把事情做得更从容、更细致、更有把握。

（原载于《国家电网报》2015年1月28日要闻版）

稿例 27：技术革新主题新闻特写

新工艺助力变压器油枕管道安装

"这油枕管道装得真漂亮，我们今后巡视运维就更加方便了。"5月13日，在对株洲220千伏滴水井变电站1号主变验收时，该站运行单位人员不禁向湖南省电力公司检修公司施工人员赞叹道。

在此次滴水井变电站1号主变检修中，变压器油枕更换是施工的重点和难点。由于1号主变压器为进口产品，其油枕及油气管道设计与国内厂家生产的众多变压器不同，特别是其油枕固定的位置在散热器的正上方，油枕的油气连接管道与其他变压器有较大区别，增加了施工难度。

经过前期现场查勘，施工人员对于旧油枕的拆除、新旧油枕的吊装、油枕的连接管道等关键工序都制订了详细的施工方案。然而，当新油枕落到旧的基座上时，问题还是出现了：旧油枕为胶囊式，而新油枕为金属波纹式，因此空间位置相差比预想的大，原本想要利用原有管道的方案彻底行不通，必须重新设计方案。于是，大家开始了对油枕管道安装施工方案的反复推敲、多次讨论。

"进出油管固定在散热片的侧面还是正面？"正面固定方案被否决，因为不易固定，也影响美观，长期运行还容易变形，会影响安全且注放油不方便。

"呼吸器保持原先位置还是进行调整？"为了便于运维人员观察呼吸器内硅胶变化情况及硅胶更换，项目部决定调整到与视线平行的位置。

"本体连接至主瓦斯后，是经过1个还是2个软连接至油枕？"为了避免增加渗漏点和造成运行隐患，项目部决定采用1个软连接。

施工人员前后否决了7套设计方案，最终决定通过控制管道各节长度、调整弯曲角度，从而保证相邻管道能够保持整齐划一；同时，通过加装阀门、转移爬梯、延长呼吸器管道长度、标识注放油阀等，使今后巡视、检修工作更加便利，确保设备和电网安全。

"我们这次在变压器本体瓦斯的两侧都安装上了蝶阀，这样今后瓦斯继电器的轮校工作就更方便了。"变电检修基地的负责人柳师傅说。

"爬梯的位置也改到了散热器侧面，这样顶部的活动空间就大了，以后也就更好操作了。"说到这里，柳师傅很兴奋。

（原载于《国家电网报》2015 年 5 月 21 日创新版）

二、特写的特别之处

通过以上几篇特写的示例可以看出，特写一般会在开头设置场景导入，第二段开始进入背景交代。从这个角度来讲，其实特写也是在用特殊的方式对新闻的"三个么"框架进行诠释，它和消息一样有背景交代，也就是讲清"为什么"：为什么会有这样一个场景？为什么要讲述这样一个故事？为什么有故事里面的后续情节？

《平时磨枪　临阵不慌》是一篇防汛题材的特写，在第二段交代了汛期的基本情况作为背景材料，而《新工艺助力变压器油枕管道安装》的第二段讲述了"变压器油枕更换时施工的重点和难点"，《"现场勘察要赶早"》第二段讲述了此前株洲 220 千伏白马垅变电站整站改造提早进场的经历，这些都是为特写的进一步展开做铺垫。

在进入场景叙述后就交代背景，这不仅通过"为什么"部分的讲述使稿件结构趋于完整，也增加了稿件的深度，使读者更加容易理解作者的写作目的和整个事件的来龙去脉。

还有一点就是，"为什么"部分作为第二段，也就是整个稿件开始换段落的部分，要运用变换语言的形式，这样使文章更有可读性。特写为了开门见山地吸引读者，一般会在开始用人物语言或者对话导入，这是直观的叙述方法，接下来还要有间接的叙述方法，也就是非场景部分。

特写不仅要有直接和间接的交融，还要有各种语言形式的交替，这就像一部电影一样，不能老是固定在一个场景，需要不断地切换场景和画面，使整个片子看起来可视感强烈。按照这种思路，特写也需要不断地切换语言，在人物语言、动作、神态、心理等各种叙述中不断切换，而不是总是在一种表述形式下停留，这是一种多元化的灵活的表述形式，甚至在第一次背景交代后进入正式场景描写后，还可以再次做相应的背景交代。

即便是语言叙述部分，我们也要对各种语言的导入方法进行多重并用。一种格式是"××说：'……'"，另一种是"'……'××说"，还有一种是"'……'××说，'……'"。这三种形式的交替，能够进一步提高文章的可读性。

在示例的几篇特写中，可以看到这几种形式是互换采用的，第一种和第二种表述方法常用，但第三种表述方法不常用，这多见于新闻特写中人物语言较长的时候，这个时候因人物说的话太长，需要将其说的话间隔开来，以减轻阅读的吃力感，使逻辑更加清晰、语言更加顺畅。

在《平时磨枪　临阵不慌》这篇特写中可以看到，在第三段中将现场运行人员说的话用两个部分分隔开来，前一部分是介绍雨情，后一部分是介绍应对的措施；在第六段再次运用这种表述方法，将现场水泵检查人员说的话进行分隔，前一部分对水泵房电源重要性进行介绍，后一部分则对采取的措施进行介绍。

特写写作中要注意的要点就是，化长为短，化繁为简，化单一为多样，化拖沓为紧凑。这是由特写的特性决定的。

特写一定要写起来有故事感，读起来有节奏感，"化长为短"就是要多用短句，少用长句；"化繁为简"就是要把复杂的事情通过新闻化的表述进行简单描述，与主题无关的东西、纠缠不清的东西尽量扔掉；"化单一为多样"就是要克服只见对话不见其他、只见平铺直叙不见文学色彩；"化拖沓为紧凑"就是要作者在写完后自己读一读，以能感到阅读愉悦而不艰涩为宜。

稿例 28：防灾减灾主题新闻特写

平时磨枪　临阵不慌

5月16日的广东惠州，密集的雨点敲打着站内换流变压器，不时发出嘶嘶声，主控室内的工作人员依然沉着地进行着各项日常工作。暴雨中，直流换流站的工作有条不紊。

每年的五六月是惠州的汛期，雷暴雨及台风天气也成为这段时期的"常客"。湖南省电力公司检修公司负责运维的 ±500 千伏鹅城换流站正坐落于惠州。汛期来临，站内各项防汛工作正有序进行着。

在离主控室不远的防汛应急室内，整齐摆放着几套防汛应急装备，沙铲、工具箱、手电筒等防汛应急工具也存放在此。"惠州这边一下雨，往往都是大暴雨，持续时间也较长，如果站内排水系统出了问题，电缆沟等地方的积水会很快涨上来。所以，一旦出现汛情，这里防汛的重点就一个字——快。"现场运行人员方海霞介绍道，"我们将常用的应急装备放在靠近主控室的地方，出现汛情，就不必手忙脚乱地再临时去工器具室一件一件找。"

此时，鹅城换流站主控室外面传来了阵阵马达声，原来运行值班人员正在对水泵房内的移动式雨水泵、潜水泵的使用状况进行检查。

水泵是这里极其重要的防汛工具，运行人员不仅要对水泵进行检查，还要对水泵定期维护保养，以确保这些重要工具关键时刻不会掉链子。水泵房地势较低，成了最容易积水的地方，而500千伏直流阀厅可控硅水冷装置的用水就是从这里输送过去，是换流站重要的辅助场所。

"水泵房电源一旦因积水过多出现故障，可能会对500千伏直流系统造成影响。"正在检查水泵的工作人员指了指不远处的电源装置，说道，"这里出现积水必须第一时间排出，这也是我们将水泵放置在水泵房的原因。防汛重点要找准。”

"防汛不光要快、要准，最重要的是把平时工作做扎实。"值班员张宏说。汛期来临前，鹅城换流站运维人员就已经对阀厅、设备间、备品库、继保室等屋顶进行全面检查，发现渗漏点后有效封补。他们还及时联系补充防汛物资，定置存放，定期疏通雨水管道，检查站外护坡和围墙情况，以确保物资完好可用。

"只要准备工作做得好，平时工作做扎实，汛期来的时候就能胸有成竹。这就是我们的诀窍!"值班员自豪地说。

（原载于《国家电网报》2014 年 5 月 22 日要闻版）

三、特别的语言技巧

"化单一为多样"是对新闻特写语言的特殊要求。特写一定要有文学性、故事性，从语言上来讲要多姿多彩，这样在故事情节上才更容易显得跌宕起伏，读起来才有味道。

这里要讲讲通讯员写稿时常见的"只见平铺直叙，不见文学色彩"的现象。很多通讯员的新闻特写稿件在经过加工投送到权威媒体前，其实是不具备特写的基本特点的，也就是所谓的"不特"。

譬如在语言叙述部分，对于篇幅较长、结构较复杂的人物语言不善于进行处理，多是直接引用甚至仅用前述第一种方法，不采用间隔的方法，从而使语言变得累赘和复杂。

就好比在语言上，喜欢套用公文中常用的排比式，同一段中不同句子的语言表述、不同段落的语言表述，看上去就是在排比，这就大大削弱了语言的动感。

又好比从头到尾都在平铺直叙，不善于把第三人称的直叙形式变换为第一人称的对话形式，等等。这些都是在新闻特写写作时需要特别注意的，一定要让语言变起来，动起来，活起来。

　　这个变换的过程，是需要一定的语言基础和文学基础作为前提的，这也是新闻特写不同于消息之处，需要多写，更需要多读，如果只写不读，不能感动自己，那就不可能感动读者和报刊编辑。《制作展板学知识》这篇特写，运用丰富的人物对话和现场描述，将大家在培训工作中经常出现的很一般的场景进行了生动的演绎，读起来不枯燥，多趣味。

　　特写的结尾部分，也有多种表现形式可选择，这就要看稿件和事件的具体表述需要。有的是场景直接结束，如《新工艺助力变压器油枕管道安装》就是用柳师傅的一句话对该项工作进行描述而结束，非常干脆；而《制作展板学知识》则用班组负责人的讲话将下一步工作的构想提出来，进一步丰富了文章的主题。

　　特写更多的是采用戛然而止的结束方法，这就好比一部大片一样，往往是在不经意间停止而令人余味无穷。当然，这也不是唯一的方法和形式，如果稿件需要，可以用补充说明等其他间接表述的形式来结尾，使文章的立意得到进一步丰富。

　　在写新闻特写时经常会出现的一个问题是，原始作者把自己的名字写进了新闻特写的主体部分。这是因为，一些基层通讯员描写的场景，往往是自己工作实际中接触到的场景，但稿件署名中又有自己的名字，这样看起来就有点不伦不类。

　　那么怎样处理这样的情况呢？一是避免把自己放到特写稿件中，二是自己实在不可避免要出现在稿件中时，则可用"一位新员工""他的徒弟"等称谓来代替。像《"现场勘察要赶早"》这篇特写，就是一位徒弟和师父一起工作过程的故事讲述，在这篇报道里面原始作者原来是写了自己的名字的，经过修改，我们把原始作者的名字改成了"徒弟"这样一个身份。

稿例 29：教育培训主题新闻特写

制作展板学知识

"怎样能让大家在最短的时间内，对智能变电站的信息流和网络形成更加直观的印象？"在 3 月 11 日的班组会上，湖南电力检修公司永州运维分部二次检修专责陈兵向大伙征求意见。

员工技能培训是春检的重要内容。为了让大家对智能变电站有一个整体认识，陈兵和大家动了不少脑筋。这不，问题一抛出，好几个人都把注意力集中到资料柜上。

"不如试试展板吧，建立一个学习园地，我看这比较管用，大家闲的时候都可以看看。"小马说出了自己的想法。陈智龙大声地附和着："对对对，好想法，我们大家平时讨论的时候，还有个可以比画的地方，这样学习的气氛就更浓了。"

说干就干，大家分工协作，以上次春检的回路清查为基础，针对二次检修人员对智能变电站的实际掌握情况，反复进行讨论，提炼精华，终于在二次检修班的大办公室，制作出一排崭新的智能变电站展板。

"这展板一出来，你们的眼睛就像被钉在上面啦！"当二次检修班 20 多人围在展板前边看边交流时，组长易凡发出了感叹。

"这是我们加班赶出来的，全是精华！"龙崦平自信满满地答道。

"大伙对智能变电站的学习热情再一次被激发出来了。我们还将根据需要，及时更新展板内容，扩大知识面，保证培训效果。"该班组负责人说。

（原载于《国家电网报》2015 年 3 月 18 日要闻版）

第三章

内容报道是个立体式的绝活

第一节　立足高端视野的主题报道

一、从高端视野出发

我们往高端媒体投稿，就要多想想高端媒体在想什么、需要什么，怎样能"投其所好"，正中其下怀。你的稿件要往哪里去，就要从哪里来，这样才能实现很好的对接。

这其实也是一种换位思考。我们在平常报道时，大量的稿件是有什么写什么，最多是尽量往媒体的需要去靠近，但是很少从媒体的高度和角度来结合自己的工作展开报道。

所以，我们需要研判媒体，充分考量从高层的角度来看什么是报道的热点，在"热"的时候就紧跟节奏迅速报道，这样稿件被采用的概率就很高。反之，如果对"热度"不敏感，等过了热度，你的稿件也就像凉了的黄花菜一样，不用再上桌了。

那么什么是"热点"呢？这就需要对平时的媒体版面和稿件多关注，特别是那些头版的新闻和头条的新闻、时事评论等，它往往能体现一个媒体一段时间的热点，特别是有的媒体自己立足高端视野的报道，这些报道在推出后，需要基层提供一些与之相呼应、相配套的同主题稿件。

但是作为媒体来讲，它不会刻意去告诉你它正在"热"什么、需要什么样的稿件，这需要我们基层新闻工作者平常多读、多看、多揣摩，只有多读、多看，才能揣摩到，也只有多读、多看，才能揣摩准，这和熟能生巧是一个道理。

我们的一些通讯员和基层新闻工作者，只喜欢看自己发表的稿件，不喜欢看更不善于看别人发表的稿件，这就很难做到"知己知彼，百战不殆"，也很难做到将看稿作为一种日常工作。

看别人的稿，同样可以汲取养分，可以从中获悉最新的时事动态，对自己写什么、怎样写是一种很好的参考和借鉴，特别是当我们需要立足高端视野开展主题报道的时候，不去看别人的稿件，基本上写不出高端媒体需要的稿件来。如此这般，不经常从高端的角度去选择新闻选题展开新闻报道，我们就会失去或者降低对高端视野的敏锐性和反应速度，降低对行业权威高端媒体的报道能力。

从另一方面来讲，即便是自己的稿件在报刊上发表了，也不能只看热闹，而要通过对比原稿，看看编辑究竟是怎样改稿的，他们会关注什么、强调什么、纠正什么，从而在今后的写稿中作为借鉴，提高水平。

2014 年 11 月 12 日，《国家电网报》头版刊载了我们直投的消息稿件《公司研讨直流融冰技术》。国家电网公司 2014 年架空输电线路直流融冰技术研讨会当时在湖南召开，我们及时对此进行了报道，虽然这只是一次比较平常的会议，但是我们紧紧抓住防冻融冰准备期相关工作这一核心热点，并将会议主题提升至研讨主题，提高了报道的价值，使得稿件在国家电网层面得以及时报道。

稿例 30：高端层面主题消息

公司研讨直流融冰技术

11 月 4 日至 5 日，国家电网公司 2014 年架空输电线路直流融冰技术研讨会在湖南召开。

电力线路除冰方法中的大电流融冰法是指利用电流的热效应对输电线

路进行融冰，分为交流和直流两种，其中，直流融冰速度快，效果好，技术要求高。研讨会采取讲解和提问、讨论相结合的方式，邀请有关专家就国网湖南电力融冰管理体系和融冰技术标准、规程进行了专题讲述，并就直流融冰的典型流程和融冰方案进行了深度讨论。与会人员还现场观看了直流融冰装置照片、融冰视频。来自国网北京、甘肃、河南、福建、重庆、四川、浙江、安徽、江西、湖北、湖南电力的技术人员60余人参加了研讨会。

（原载于《国家电网报》2014 年 11 月 12 日头版）

二、高端题材上了通讯

"特高压"是国家电网公司近年来的一个"热词"，这是因为特高压建设已成为国家电网公司的电网建设重点，相应地，特高压运维也成为近年来的一个重要关注点。

2014 年夏天，复奉、锦苏、宾金三大特高压直流线路首次满功率运行，这是国家电网建设坚强智能电网的一件大事，保障特高压满功率运行成为当年的一项重点工作，作为迎峰度夏工作来讲，这项工作无疑是重中之重。

经过审时度势的媒体研判和众多新闻素材的搜集，我撰写了一篇通讯《凝聚力量　打好运维攻坚战——湖南电力检修公司保障特高压线路满功率运行纪实》，很快在《国家电网报》要闻版发表，这是我们单位首次在《国家电网报》要闻版刊发通讯，也是这次保障特高压满功率运行任务完成时各个单位稿件中唯一被《国家电网报》采用的通讯，较好地展示了企业形象和对外报道能力。

为什么要写这样一篇通讯？因为我们当时对《国家电网报》近期的各种头版报道进行了认真研读，敏锐地感觉到特高压满功率保电肯定是一个很好的报道题材，而湖南电力检修公司作为三大特高压跨湘线路的全面管理单位，在报道上有很大的优势，通过积聚各方资源，可以比较全面地对整个满功率保电工作进行比较深度的报道，而《国家电网报》应该也确实需要这样的稿件来支撑版面和反映整个满功率保电的重要工作。

这篇稿件之所以能从众多满功率保电报道的通讯中脱颖而出，不仅因为其选题准确，更在于其具备了其他稿件所不具备的独特的品质。

简单地说，它的独特之处就在于不仅准确关注了《国家电网报》关注的选题，更准确关注了《国家电网报》关注的内容。这篇通讯是一篇典型的"事件通讯"，从写法上来讲没有掺杂人物报道的内容，而是将文字全部凝聚于"满功率保电"这一事件上，既符合事件报道的纯粹性，也符合《国家电网报》的关注角度。

其实在通讯写作中，我们很多通讯员往往容易进入一个误区——把事件通讯写成人物通讯，或者掺杂很多人物通讯的因素在里面，在事件通讯里设置较大篇幅的人物语言、人物对话、人物场景，把事件通讯搞得不伦不类，这不仅在新闻体裁的规范化运用方面，乃至在通讯稿本身需要的素材提供方面、本身需要反映的事实内涵方面，甚至通讯的立意提升方面，都是不规范、不符合要求的。

对于《国家电网报》这种层面的权威媒体，以《凝聚力量　打好运维攻坚战——湖南电力检修公司保障特高压线路满功率运行纪实》这篇稿件为例，他们希望了解和掌握的是在特高压满功率运行中究竟是怎样保电的，而不是运维人员是如何克服千难万险及他们可歌可泣的事迹的，如果以此为中心来展开整个通讯的写作，那就南辕北辙了。

为什么很多通讯员写稿的时候容易犯这样的毛病呢？归根到底，还是认识的高度出了问题，只注重事件通讯写作时个人的喜好和感觉，过多地沉浸和投入现场的"感染"中，没有从事件通讯本身需要反映的事实角度去考虑，把事件通讯写成了"四不像"的通讯，从而使事件通讯丧失了其应有的本真。

那么，怎样处理好事件通讯中的"人"与"事"的关系呢？并不是说在事件通讯里面就不能出现人物，有的事件通讯根据稿件需要，确实可以设置一些人物及其语言在必要的地方衔接整个稿件，增加稿件的现场感和可读性。我认为，这主要从几个方面来判断和处理。

一是在标题中，你体现的主要是人还是事，如果是事件通讯，就不能以人物为主体，如果你的副标题是记某某事件，而主标题给人感觉是写人物的，那肯定是有问题的。

二是在篇幅上，你是以人物为主体还是以事件为主体，事件通讯肯定是不能以人物叙述和人物语言为主体并占据大量篇幅的。

三是在语言衔接上看，究竟是以人物支撑事件、以事件牵起人物的典型的事件通讯，还是反之。

在《凝聚力量　打好运维攻坚战——湖南电力检修公司保障特高压线路满功率运行纪实》中，我们甚至没有设置任何有名有姓的具体人物和人物语言，这是由这篇稿件的篇幅所决定的，在较短篇幅的事件通讯中设置人物会冲淡事件通讯的主题，这种短篇幅的事件通讯需要集中文字对事件进行深入透彻的阐述。

这篇通讯采取并列式的报道方式，通过"防患于微：细致的力量""属地联动：群众的力量""技术引领：科技的力量"等三个部分，分别从物防、人防、技防等三个方面，对如何开展三大直流满功率保电进行了深入的报道。

值得一提的是，这篇通讯运用了比较独特的"说理"方式，加强了通讯的"深度"特点和语言魅力。譬如："细节决定成败。特高压之'特'，更在于特殊要求下的特殊措施和方法。""特高压线路运维，面对的不仅有复杂的自然环境，还有特殊的人文环境。""群策群力，群防群治""直升机空中巡视，是特高压线路运维的又一利器。"

这种语言的运用，在通讯写作中，甚至在我们自身的通讯写作中，都是很少见的，它的运用也是结合了事件通讯本身所需要反映的事件特点的，起到了很好的渲染作用。这说明，运用特色语言能够更好地体现通讯大稿的价值，提高其可读性。

正因为这篇稿件的与众不同，使得它能在同类、同题材、同体裁稿件中脱颖而出，所以经过多年以后回顾整个行业权威媒体的报道，我仍认为这是一篇极具价值的报道。

稿例31：重点工作主题事件通讯

凝聚力量　打好运维攻坚战
——湖南电力检修公司保障特高压线路满功率运行纪实

8月20日，±800千伏复奉线湖南湘西龙山县境内，电力特巡人员正沿着线路，对采石场施工情况进行巡查。面对今夏复奉、锦苏、宾金三大特高压直流线路满功率运行的"大考"，作为湖南超（特）高压线路管理单位的湖南电力检修公司，按照国网湖南省电力公司统一部署，凝聚力量，有效应对，打好这一场攻坚战。

防患于微：细致的力量

"导线外竹笋的清理，根据地形、老竹子的高度、竹子的疏密等因素进行综合考虑。""对鸟类活动频繁区域，重点检查绝缘子上方是否有鸟巢、防鸟装置是否完好。"……在湖南电力检修公司输电检修中心，翻开这份特高压满功率运行运维保障实施方案，满是细致入微的规定与提示。

细节决定成败。特高压之"特"，更在于特殊要求下的特殊措施和方法。

溶洞，是特高压线路运维中一个容易被忽视的重点区域。湖南电力检修公司对杆塔附近溶洞等高风险区采取有效措施，组织线路设计单位进行现场勘察调查分析，提出处理意见，邀请地质勘探专家进一步勘测，对地下溶洞进行填充。对于其他影响线路运行安全的施工现场，则进行相应的电力法律法规及安全知识宣贯，在现场装设安全警示牌，要求作业方改用其他施工方式进行施工，并设专人现场蹲守。在有效消除高风险区隐患后，该公司组织运维单位加强特巡，密切关注发展趋势。

特高压线路运维，面对的不仅有复杂的自然环境，还有特殊的人文环境。在通道安全环境排查中，湖南电力检修公司发现益阳、浏阳等地特高压走廊附近，有大面积的蔬菜大棚基地。对此，运维人员对沿线废弃、零散的蔬菜大棚塑料薄膜进行集中处理，专人对蔬菜大棚进行加固，并向沿线群众进行护线宣传教育，有效防止因外力作用导致异物挂线等安全隐患。

属地联动：群众的力量

挖机驾驶员正在距1782号铁塔塔腿外侧15米处进行取土，护线专责和设备主人立即进行制止，但对方态度恶劣，不予配合……8月12日，宾金线通道属地化联合护线演习成功举行。

这次演习，在宾金线途经的安化县、桃江县、赫山区，设立了3个现场演习小组，分别模拟山火隐患事件、架空地线支架上悬挂氢气球事件及铁塔附近取土隐患事件，紧急情况设计符合特高压保电实际。地方政府、公安部门、供电企业等参加的这次联合护线演习，既检验了设备主人与属地化协同单位联合处置突发事件的能力，又加强了政企联合、警企合作及联防联治属地护线的沟通与联系，争取到了当地政府、公安机关等的支持。

群策群力，群防群治。湖南电力检修公司组织特高压运维单位与属地供电所协同合作，共同运维超（特）高压输电线路，打造坚强的联防团队。益阳供电公司召集宾金线沿线供电所人员，对特高压输电线路属地化协同管理职责进行划分并提出具体要求，针对线路杆塔水土流失、线路保护区内建房、外力破坏、线路下方种植超高树竹，以及地方关系协调等方面进行了明确。常德供电公司所属盐井供电所，在复奉线、锦苏线杆塔上悬挂宣传牌，以供电所巡视人员为杆塔设备主人，与运维人员建立双重设备主人制，相互错时、错段交叉巡视，确保线路时刻有人监督，保证线路在出现外破等隐患情况下能及时汇报。

复奉线、锦苏线护线员培训也紧锣密鼓。湖南电力检修公司结合线路分布广、护线员分散的实际情况，分别在石门县、桑植县、龙门县召开培训座谈会，并邀请当地供电所主要负责人交流护线心得，充分利用各方面资源，加强属地化管理。

技术引领：科技的力量

8月7日，我国首套特高压输电线路防山火智能远程监控设备，由湖南电力检修公司组织在复奉线湖南桑植段安装投运。该系统还计划在宾金线上投入使用，尽早实现三大特高压线路防火监测"全覆盖"。

此次安装的防山火系统的现场监测数据和视频通过3G无线方式进行传输，平时在现场没有林火等异常情况时，监测装置定时向后台发送现场的视频；当系统传感器监测到现场发生异常时，系统立即发出报警信息，同时通过网络将现场情况传送到信息监控中心，使运维人员能第一时间采取必要的措施。另外，运维人员除了线路特巡及重点地段值守等常规内容，还根据线路负荷上升情况，利用红外测温仪、光学经纬仪等先进仪器，着重做好红外测温、交叉跨越及导线安全距离观测工作。

直升机空中巡视，是特高压线路运维的又一利器。借助直升机，可检查3条特高压直流线路通道治理情况，并能及时将缺陷信息反馈给运维单位进行处理。

7月17日，锦苏线大负荷试验中，线路额定满功率720万千瓦运行，顺利完成 1.05 倍过负荷试验。湖南电力检修公司通过技术支撑，为特高压满功率运行提供了坚实保障。

（原载于《国家电网报》2014 年 8 月 29 日要闻版）

三、讲求时效性与品质

大型稿件一定要讲时效、有品质，一定要及早报送，因为有一话叫作"完成比完美更重要"。

事件通讯《属地化"大考"的优异答卷》，是 2013 年刊载在《中国电业》杂志的一篇通讯，也是一篇立足高端视野的主题报道。

它的重要意义在于，鹅城换流站是国家电网向南方电网供电的唯一枢纽落点站，该站原属国家电网公司运行分公司运行管理，2012 年开始由国家电网湖南公司负责运维管理。此次年度检修，作为鹅城换流站属地化国家电网湖南公司后开展的首次全站集中停电检修，是湖南检修公司对直流换流站的首次自主年度检修。

我们将此次大规模的跨省作战作为对鹅城站接管一周年的"大考"，此次检修的安全、优质、高效完成成为成功接管该站的关键，因此，对这样一次年度检修进行深度报道是很有必要的。因此，采取通讯的形式对此次年度检修进行全景式的报道，是写作这篇稿件的基本背景。

在这次检修中，通过广泛动员新闻人员现场报道、各参检基层单位踊跃投稿，积累了比较丰富的一手现场资料，为形成这篇通讯稿打下坚实基础。在这篇稿件中，穿插了一定的人物语言和小场景，进一步丰富了稿件的主题叙述。稿件在工作完成后迅速成稿并在《中国电业》杂志刊发，也体现了报道效率，而报道效率则影响稿件可读性。这些，都与平常的素材积累和稿件的先期准备密不可分。

从某种意义上来讲，如果我们选择的主题确实是权威媒体所密切关注的，甚至是独一无二的，只要讲究了时效性和稿件品质，上稿其实并不是一件很难的事。

高端主题报道是高端视野报道的一个重要组成部分，作为基层单位很少有高端工作在本地开展或者举办，这也容易造成我们一旦遇到这种事件时报道敏感性的麻木和缺失。因此，对于这种报道机遇，一定要切实把握。

稿例 32：重大事件主题事件通讯

属地化"大考"的优异答卷

三月的岭南粤东，春意盎然，一场如火如荼的大会战刚刚在这里结束。3月27日20时8分，随着鹅城站直流系统成功解锁，江城直流双极一次启动成功，交流场 500 千伏鹅博甲、乙线送电并带上负荷，来自三峡的强大电流源源不断注入南方电网，标志着 ±500 千伏鹅城换流站 2013 年年度检修完美落幕。

此次年度检修，作为鹅城换流站属地化国家电网湖南省电力公司后开展的首次全站集中停电检修，是湖南检修公司对直流换流站的首次自主年度检修。湖南检修公司将此次大规模的跨省作战作为对鹅城站接管一周年的"大考"，此次检修的安全、优质、高效完成，用湖南检修公司总经理的话说，是"成功接管的关键"。

周密部署 展开大会战

为打好这场大规模的跨省集团作战，湖南省电力公司召开 ±500 千伏鹅城换流站及江城线等线路年度停电检修准备会，对安全管理、质量管理、工程协调等工作进行了部署。3月18日凌晨1时，鹅城站运检人员有序高效完成了鹅城换流站极Ⅰ、极Ⅱ直流系统的正常闭锁、换流变和交流场设备停电操作。

对此次检修，湖南检修公司从交叉作业的协同作战、站用电轮停检修的方案优化、高空作业的风险管控等方面，对检修工艺、确保安全等进行了周密部署。在工作过程中，克服梅雨、湿热等恶劣天气影响，严格遵守公司相关规程规章制度，确保及时发现设备缺陷和隐患，及时提出解决方案并及时处理，保证检修后设备处于健康备用状态。

此次鹅城年度检修工作时间紧、任务重，为确保检修任务的顺利完成，各参检单位按照"整合资源，化整为零，相互协作，齐头并进"的原则开展。各分部指定专人担任安全监察员，负责现场安全及劳动纪律的监督，切实做到"三无"：人员无一起行为性违章，现场无一个烟头、一颗槟榔渣，进、出场地无人不列队。每位工作负责人及时对当天工作任务完成情况、发现的隐患、处理的缺陷、存在的问题逐项总结。每天晚饭后组织召开一、二次专业工作碰头会，对存在的问题统一协调，对次日工作提前布置。

拼抢进度　与时间赛跑

鹅城换流站检修会战的8天，是与时间赛跑的8天。检修公司狠抓进度，建立项目目标导向机制，制订每日工作计划，合理调配工程车辆、厂家人员，做到"当日事当日毕"。

3月18日，变电检修中心电气试验二班接到命令，要求晚上将阀厅所有套管进行气体分析，为检修决策提供依据。进入阀厅，由于停电不久，阀厅内的温度很高，四面封闭，且为了防止飞虫进入，阀厅一直保持微正压状态，人一跨进大门就能感觉强烈的闷热窒息。但大家立刻进入工作状态，爬上爬下接设备、连回路、测压力，为确保试验数据准确，每一个试验数据都反复测试、比对、分析，汗水刚冒出来就被蒸干。经过近5个小时的奋战，终于在午夜12时完成了26组套管的六氟化硫分析工作。

3月20日，直流场双极4座滤波塔设备的电气试验工作展开。直流场滤波塔是鹅城换流站的最高点，电容器组层数多，高空作业车活动空间小，司机操作难度大。为准确掌握设备状态，需对每台电容器进行试验。变电检修中心通过项目部协调，抽调两台28米高空作业车用于试验。中心组织精干力量，两组人马同时进行。天空中断断续续下起了雨，为了不影响进度，大家穿上雨衣，抢着停雨的间隙试验。下午4时30分，4座滤波塔设备的电气试验工作全部结束。

3月20日晚20时，正当忙碌了一整天的二分部员工拖着疲惫的身躯返回驻地休息的时候，接到了紧急更换站用电411断路器备件的命令。站用电总负责人肖卫二话没说，立刻带领人员投入工作中。23点25分，411断路器备份更换工作顺利结束，站用电恢复送电工作如期进行。次日早上6点，410、420开关检修工作顺利结束，站用电系统第一阶段工作随之顺利完成。

此次鹅城换流站年度检修历时162小时，比预计工期提前30小时。

注重质量　闯技术新域

"继电保护工作具有一通百通的特点，只要基本功扎实，就能学得快、融合快，更何况我们可以积极调用身边的优势资源，向惠州分部的同志学习直流控制保护经验。"3月19日，二分部检修二班在承担鹅城换流站直流保护检修工作的第二天，边工作边学习。他们说到的惠州直流分部，前不久在国家电网公司举办的首次直流换流站运维技能竞赛中，取得了团体三等奖以及专业第一、三、四名各一个的好成绩。

作为首次对换流站年度集中检修，相关单位积极应对新的挑战。年前，变电检修中心全面策划鹅城全站停电检修方案，针对陌生的直流换流设备，分析设备工作原理，熟悉相关试验规程，翻阅历史试验数据，从理论学习到实地考察，从集中培训到分组讨论，最终制订详尽可行的试验方案，并严格按照国家电网标准化作业要求，编写作业指导书和风险辨识卡。将所有工作分配到小组，细化到每天甚至每小时，并针对特殊试验购置相应仪器设备。

二分部提早完成换流变的全部电量保护校验、非电量保护绝缘遥测及信号核对，10千伏站用变开关柜保护校验及弧光探测器更换工作，积累了第一手的直流检修工作经验。直流场设备众多，面对阀厅、水冷、平抗、换流变等这些刚接触不久的新设备，二分部员工边工作边学习、边总结、边思考，巩固交流保护知识和检修经验，填补空白。面对全英文的厂家资料和接线图纸，分部的技术人员采取"拿来，消化，应用，反思"的"四步走"学习方式，手把手翻译，点对点找回路，很快将整套换流变保护技术资料各个击破。

一分部"以战促学"，培养、提升设备主人的专业水平与管理能力。本次鹅城会战，分部派遣人员以大学生为主，任用年轻的组长担任检修项目负责人，为将来鹅城检修的人才储备打下坚实的基础。要求工作负责人熟练掌握设备特性及专用工具，如变电检修专业要熟悉 ABB 断路器的动作特性及机构内的重要回路，继电保护专业要学会运用专用的识图工具开展回路查找工作。

检修中，各单位严格执行双重验收把关制，每完成一道工序，工作负责人先期自行验收，合格后由分部领导会同项目负责人逐一进行核查，确保设备检修全面彻底，不留死角。检修中，公司还认真履行"设备主人制"，收集整理历年来设备运行、检修的相关数据、资料，对本次检修发现的设备问题、缺陷处置、隐患排查分专业进行总结分析，收集、核实设备技术参数、备品备件，进行图实相符及重要回路图的绘制工作。

统筹兼顾　显集约优势

鹅城站属地化的首次年度集中检修期间，公司多方协调各方力量，凸显了"大检修"的优势。惠州直流分部不仅认真做好检修后勤保障工作，为确保操作全过程及时、准确、无误，还采取多种措施进行预控。此次鹅城站集中检修，除惠州直流分部外，公司还派出 5 个单位参加，留守长沙本部的三、四、五分部则在公司统一协调下,作为省网安全保障部队,除完成本分部的工作外,还援助一、二分部进行了220千伏树木岭变等站的检修工作。援战工作经过详细策划、细致分工,做到了人员安排合理、设备材料准备、施工方案符合现场实际,现场把关到位,工作有序开展。

湖南检修公司目前负责500千伏及以上超高压交流输电线路44回、超特高压直流输电线路3回的资产管理,输变电一体化管理逐步融合。其中,此次同步开展输电线路检修的±500千伏江城线作为北电南送的重要通道,承担着向长三角地区跨区输送电能的重任。公司密切协同统筹输、变两条线的检修工作,先后3次组织相关单位召开停电检修协调会,对施工三措、监理大纲、物资招投标、进度安排等项目启动工作进行严格管控,对线路运行环境、运维质量等进行深度摸排,共实地查看沿线施工现场5个,遍及4个县,总长630.2千米。公司以此次施工信息"日发布"为抓手,提升项目管理精益化水平,及时掌握施工进度。公司还综合考虑线路防山火应急需求,专门制订相关超特高压线路检修期间的防山火专项工作方案,合理调配人员,并组织开展现场稽查。3月25日15时,随着最后一基防雷先导侧针安装到位,±500千伏江城线全线14项大修技改项目、7个常规性检修项目检修任务完美收官,进一步提高了输电线路防雷击、防冰冻、防污闪能力。

3月27日凌晨2时28分,随着江城直流系统的试验成功,±500千伏鹅城换流站2013年年度检修操作任务圆满完成。此次检修做到了前期准备充分细致、现场组织协调顺畅、检修现场管控有力、整体工作推进顺利,安全、优质、高效地完成了所有既定任务。通过此次检修,进一步提高了设备健康水平和直流系统运行稳定性,为鹅城换流站迎峰度夏及电网安全生产奠定了坚实基础。

（原载于《中国电业》杂志2013年6月刊）

四、多元化的高端报道

高端视野，其实不仅仅是安全生产类的，也有遵纪守法类等其他方面的。

2015 年，国家电网公司将依法治企列为主要工作，我们在年初结合实际工作，及早推出《湖南电力检修公司大力推进依法治企》一稿，以开展"无违章"和"五个三"活动为工作特色进行报道，同样在《国家电网报》得到刊载。

这篇稿件在报道开展活动的具体措施时，对公司所保持的长周期遵纪守法纪录进行了叙述，提高了这篇稿件的说服力，也使这篇稿件所反映的事实具有代表性和典型性。

作为高端媒体来讲，往往会根据时事来决定和影响对稿件的需求，譬如全国两会或重大活动举办、重要展会召开，就需要及时报道相关保电工作的稿件；譬如全国两会或者相关会议对能源企业提出了什么样的要求，及时报道适应这种要求的工作就比较"应景"；譬如"五一"前夕或者期间，做好历届高级别劳动模范的报道，特别是老劳模的新贡献的报道就很有价值；等等。

关注高端媒体的视野，其实也就是关注时事的视野；把握高端媒体的动态，其实也就是把握时事的动态。

如果我们每天只顾着自己写稿，却不知道外面究竟是什么样的情况和形势，那就如同闭门造车，造出来的并不是可以使用的车。如果你想要造一辆可以在门前小路上跑的车，你就要去看看小路上的情况；如果你还想造一辆可以在更远的大路上跑的车，那你也必须到大路上去实地观察、调查一下情况，否则这个车跑不了，是废品。

高端视野的主题报道，关键就在于把握准高端视野是怎样的视野，这就一方面需要按照"内行看门道"的套路去仔细观察和认真研判，看版面、看稿件、看主题、看写法；另一方面需要换位思考，把自己当作高端媒体的编辑，去感觉作为媒体究竟在当下需要什么样的稿件，与媒体自身的层面甚至党和国家层面的报道需要去对接，对接准了，稿件就可量身定做，可以取得事半功倍的效果。

稿例 33：行业重点主题消息

湖南电力检修公司大力推进依法治企

1 月 9 日，为深化落实协同监督，大力提升依法治企水平和经营风险防范能力，湖南电力检修公司决定在全企业范围内开展"无违章企业"建设和"五个三"治理行动，即以"三严"（严格制度、严肃态度、严抓管理）为抓手，以"三基"（基础、基层、基本功）为重点，以"三大"（大扫除、大检查、大治理）为保障，花"三年"（2015-2017 年）时间，全面构建"三全"（全员守法、全面覆盖、全程管控）的依法治企运行机制，全面形成依法治企工作新常态。

多年来，该公司深入推进法治企业建设，严抓严管制度执行，基本形成依法治企新常态，已保持干部员工连续 37 年零违纪、22 年零犯罪纪录。

此次活动，该公司成立活动领导小组，严格落实依法治企"党政同责，一岗双责，主体保证，监督保障，齐抓共管"总要求，以严抓严管统领依法治企，以标准制度管控依法治企，以审计监督支撑依法治企。该公司各专业部门下达三年具体目标任务，从细化责任、梳理问题、报告情况、整改落实四方面入手，深入开展"大扫除"；坚持以常态化开展为主、专项活动为辅，协调开展"大检查"；打破部门壁垒和专业束缚，从体制、机制、制度、流程等方面深层次开展"大治理"。该公司还将建立依法治企年度目标责任机制、月度专业通报和会议通报机制等，实现管理制度标准化、流程规范化、手段信息化，提升企业依法治企整体水平。

（原载于《国家电网报》2015年1月14日综合版）

第二节　确保重大题材的传播效应

一、精准策划与高质量投放

对于一个单位来讲，有的重大报道题材可谓"百年一遇"，遇到这样的题材一定不能错过，往往这个时候也是最能体现基层新闻工作者和通讯员报道水平的时候。

2018年1月下旬，湖南等地经历了一轮大范围雨雪冰冻天气，湖南检修公司以"十年，建起坚强抗冰体系"为主题的湖南电网防冻融冰建设成效纪实通讯稿在主流网络媒体发布后，"湖南电网十年抗冰"这一传播主题"一石激起千层浪"。

国网湖南电力随即提出"宣传好科学防冻融冰"的报道思路，不仅《国家电网报》《中国电力报》《中国能源报》等行业权威媒体，还带动了《人民日报》《工人日报》《湖南日报》等中央媒体或党报对该稿迅速做出积极反应。"湖南电网十年抗冰"传播效应辐射全国，及时回应社会关切，引领了电网抗冰、社会抗冰报道的新思路，主题传播取得重大成功。

重点题材做到重点传播，首先要做到提前策划，迅速推出。除了个别突发性的工作外，绝大多数重点题材都是可以提前策划的，也是必须提前策划的，否则就不可能取得好的传播效果。

十年，作为一个非常敏感的整数，是新闻传播中一个非常重要的时间点和"新闻眼",而"十年"因为历时长久,显然也是一个容易被人忘怀和忽略的重要时间节点。湖南检修公司历来重视电网建设和检修维护中的"整数效应",曾在对外传播中成功推出过多篇"整数报道","十年抗冰"来临引起了新闻部门的特别重视。

2008年,湖南遭受严重冰雪灾害,电网覆冰受损严重,电力工人经历了抗冰保网的洗礼,在当年全国抗击冰雪灾害中具有重要典型意义。湖南电网经过十年的建设,电网融冰装置和融冰手段日益迈向高科技和高效能,"大量人工除冰""电网易损停电"成为历史,公司作为湖南主电网运维单位对此感受深刻,因此,在对"湖南电网十年抗冰"传播题材的超前感知上,于媒体和受众而言更加敏锐和强烈。

数年来,电网遭受冰雪程度较小,相关报道相应较少,为此次报道的迸发积累了能量。早在2018年初,公司新闻部门就开始策划"湖南电网十年抗冰"传播选题,并初步成稿。一次成功的主题传播,需要"天时、地利、人和",一篇好稿也需要在最佳时间点推出才能发挥其功效。

2018年1月初,一场冰雪在湖南降临,但范围和规模较小,特别是媒体集中的省会长沙城区没有降雪,难以引起媒体关注,因此,报道的推出没有选取"第一场雪"这一时间点,而是密切关注天气预报,静待更佳的报道节点。1月24日,湖南等地迎来一轮大范围雨雪冰冻天气,当日,国网湖南电力启动电网覆冰黄色预警,长沙城区开始降雪,此时距离类似雪情的2008年抗冰保网的"冰雪历史"已过去整整十年,报道推出时机来了!

当日,公司结合最新冰雪动态和上一轮抗冰情况,迅速对已准备的稿件进行补充完善并定稿,在门户网站头条新闻及时推出《十年,建起坚强抗冰体系——湖南电网防冻融冰建设成效纪实》的通讯稿,并同步投往各主流媒体,次日,人民网在"湖南要闻"第一时间刊发,红网、人民论坛网也迅速刊发。

　　"十年抗冰""大范围冰雪来临""黄色预警发布当天"等3个时间节点的准确选取，把握了决定新闻传播效果的时效性，使后续成功传播水到渠成。

　　重点题材的报道要取得最大化的传播效果，需要及时有效地向媒体投放，必要的时候还应该及时与媒体沟通。在内部媒体发布的同时，同步向媒体投送，为此次报道随着冰雪范围和强度的扩大宣传影响力持续不断扩大提供了足够的时间。同时，企业长期以来与媒体间建立的沟通合作关系，使此稿在最短时间内引起媒体高度关注。

　　行业媒体高度关注。1月30日，《中国电力报》专刊头版头条刊载了《十年建起坚强抗冰体系》这一通讯；《中国电业》杂志也迅速在2月刊以"多措并举　融冰有方"为题刊发了这篇通讯。

　　以此为基础素材，2月1日，《中国电力报》再次在头版刊发了记者跟踪报道《从容应对　有"冰"无"灾"——国网湖南电力科学防冻融冰侧记》；2月5日，《中国能源报》以"电网抗冰融冰体系"为主题发表通讯《电网"黑科技"抗冰保电显身手》；2月7日出版的《国家电网报》在头版和二版显著位置，推出重大选题策划报道、2018年抗冰保网总结性纪实通讯《面对冰雪灾害，电网多了一分从容》，该报道唯一配图（题图）为"湖南电力检修公司在220千伏丛塘变电站利用直流融冰装置除冰"图；当天，国家电网公司网站要闻转发了这一以"科技融冰"为核心内容的长篇通讯。

　　湖南科学抗冰引起持续关注，《国家电网报》2月2日再次在要闻版刊载公司报送通讯《冰雪中的坚守——韶山换流站防冻融冰应急掠影》。湖南科学抗冰稿件社会传播效应也持续发酵扩大，1月25日，《人民日报》客户端、光明网均全文转发，平面媒体、电视媒体也随即跟进；1月26日，《湖南日报》记者看到该稿件后，冒雪专赴湖南检修公司对该重点稿件进行跟踪报道，并采写通讯《从容应对　有"冰"无"灾"——湖南电网科学防冻融冰纪实》在28日《湖南日报》要闻版头条刊载，在湖南省"两会"期间引起强烈反响；2月8日，《湖南日报》再次以"科学抗冰"为主题，刊发记者后续报道的通讯《"冰"封大地　三湘为何用电无忧——看国网湖南电力有限公司如何保障全省电力供应》；湖南卫视也派出记者前往公司采访，在1月29日《湖南新闻联播》播出《祁韶特高压韶山换流站：科技手段给力融冰》。

2月10日，《工人日报》以"湖南电网十年抗冰"入题并作为主要内容，刊发社会题材长篇报道《湖南十年抗冰》。

好的题材一定要从专业的角度进行策划和组织写作，否则就不能达到理想的传播效果。湖南电网十年防冻融冰建设成效纪实稿《多措并举　融冰有方》，在选题上不仅关注了"十年"这个时间点，更准确把握了"科技融冰""科学抗冰"的主题，在冰雪来临而电力有序供应的同时回应社会关切，确保社会稳定，显得尤其具有价值。

十年前，电网几乎没有科技融冰手段，人工除冰耗力费时没效率，因此冰雪来临之时，电网有灾，较大面积停电在所难免。十年后，经过坚强智能电网的建设投入，电网应对冰雪是个怎样的情形呢？是不是还是依靠人工除冰？是不是还会大面积停电？这是社会民众关心之焦点，对电网企业对外传播也是个重要的考量。

此稿及时回答了社会各界尤其是老百姓关切的问题，"坚强电网""科学融冰""有冰无灾"成为此次报道中的关键词，也造就了新闻传播中的核心亮点。稿件从"融冰方式互补充""融冰装置全覆盖""融冰措施更成熟"三个方面，从整个湖南电网十年融冰建设的高度组织材料进行报道，强化了稿件的说服力和新闻价值，同时，凸显了"科技融冰"的重要主题，在冰雪到来之际及时推送，受到社会极大关注和媒体青睐显然在情理之中。

此稿延续了长期以来"高质量投放"的传播思路，从行文高度、条理、节奏等方面进行了专业化的严格把控，多方面搜集素材，全方位精准阐述，既有消息内容又有深度剖析，以新闻大稿应有的格局，在冰雪来临时让读者"心里有了底"，也让高端媒体眼前一亮。

国网湖南电力召开的抗冰保电新闻应急工作电视电话会对"科学抗冰"传播思路给予高度肯定，并在国网湖南电力门户网站多次转载相关报道，总结其成效。

抢抓报道时机，精准选取题材，从严把控质量，此稿得以被多家主流媒体采用，并提供第一手的有效素材推动媒体持续采访关注，产生社会良好反响，为关系国计民生的新闻主题传播提供了新的方向和思路。

稿例 34：全景概貌主题事件通讯

多措并举　融冰有方

2018 年 1 月 24 日，湖南等地迎来新一轮大范围雨雪冰冻天气，国网湖南电力已启动电网覆冰黄色预警。此时，距离 2008 年那场冰灾已过去整整十年。十年的记忆，十年的建设，湖南电网构建起融冰方式、融冰装置、融冰措施齐备的坚强抗冰体系，在新的冰雪灾害来临时得以从容应对。

融冰方式互补充

在此次雨雪冰冻期间，湖南电力检修公司在 500 千伏民丰变电站，运用固定式直流融冰装置，完成 2018 年首次 500 千伏线路融冰。翻开湖南电网近几年的融冰方案可以发现，方案中的融冰方式和手段正发生着显著变化，相比以前仅依靠单一的融冰方式，通过交流、直流融冰互补已成为目前最有效、可靠的融冰方式。

随着融冰技术的不断发展，2008 年初冰灾期那种大范围耗时费力、危险系数高的人工电网除冰场景已成为"过去式",目前,电力线路融冰主要通过大电流融冰法实现,这种方法利用交流电或直流电的电流热效应对输电线路进行融冰,成为目前最为广泛采用的除冰方式。

近几年,大电流融冰方式也在不断完善。"早期主要以高压交流融冰方式进行融冰,"湖南电力检修公司融冰专责介绍道,"但这种方式对电网影响较大,需要进行一系列操作,还要进行负荷转移,实施起来比较复杂,现在线路除冰主要以低压交流和直流融冰两种方式为主。"

在交流和直流两种主要方法中,又以直流融冰方式技术上更为领先。"直流融冰速度快,效果好,技术要求高。"湖南电力检修公司生产技术负责人介绍道。由于输电线路的电阻远小于交流阻抗,对相同的线路进行融冰,直流融冰耗能方面远小于交流融冰,对电网的影响较小;同时直流融冰由于输出电压、电流可灵活调节,适应性强,因此可满足不同线径、不同长度输电线路的融冰需求,适用范围也更广。

直流融冰优点多,但融冰成本较高,出于经济性和必要性考虑,并未全部使用该方式进行融冰,目前,采用交流融冰与直流融冰互补的方式,最大限度地对两种融冰方式取长补短,实现"1+1>2"的效果。以交直流互补的融冰方案作为保障,湖南电网的除冰可靠性得到大大提高,融冰的平均效率较以前的融冰方式缩短近一半的时间。

融冰装置全覆盖

新一轮冰雪来临前,湖南电网11套主网固定式直流融冰装置全部完好可用,20套主网、4套农网移动式及46套农网便携式直流融冰装置全部就位。

近年来,湖南电网输电线路融冰装置在固定式交流及直流融冰设施的基础上,引入了移动式直流融冰新型装置,在提高融冰效果的同时,大大提高了融冰的灵活性。"固定式装置由于构造原因仅能对大型变电站有限的相关线路进行融冰，局限性大。"湖南电力检修公司技术人员说道，"移动式装置使用灵活，与站内固定装置配合，可实现对多条线路同时进行融冰。"

目前，湖南电网220千伏以上变电站均配备交流融冰设施，并已分别在长沙、株洲、邵阳、怀化、娄底、岳阳、湘西、张家界、郴州、永州等地区设置了移动融冰装置，通过这些装置，辐射覆盖到整个湖南电网输电线路，实现输电线路融冰无死角、无遗漏。

除了输电线路需要融冰外，在严重覆冰的情况下，高压隔离开关等变电设备会出现无法正常操作等情况，影响线路融冰等工作的开展，而变电设备在覆冰状态下带电运行也会影响电网的安全稳定，因此变电设备融冰同样不能忽视。带电热力除冰装置作为主要变电设备融冰装置，使用其可解决变电设备在严重覆冰情况下无法正常使用的难题，该除冰装置利用站内380伏电源作为供电电源，无须其他辅助设备即可对500千伏及以下电压等级设备进行热力除冰，通过高温、高压空气对变电站设备进行非接触式融冰，安全可靠性高，且使用方便快捷。

此外，还有便携性更强的蒸汽除冰工具、除冰范围更广的涡轮除冰车等，这些种类繁多的装置可根据不同情况，为变电站内的设备融冰进行"私人定制"，以满足不同的融冰要求。这些装置可以在不停电的情况下，实现融冰与供电的两不误。

融冰措施更成熟

在1月底的雨雪冰冻天气来临之前，国网湖南电力组织召开湖南电网2018年首轮冰冻过程防冻融冰操作经验总结会，提升新一轮融冰能效，力保电网结构完整。

这次会议是充分发挥专业协同优势的结晶，相关部门分别从人身安全、操作安全、融冰设备运维等方面提出相关要求，灾害防治单位及相关供电公司、电厂做了经验交流发言，会议重点从融冰方案编制、融冰准备、融冰实施、融冰管理系统等不同维度提出 30 余项议题。

国网湖南电力针对新一轮防冻融冰工作,加强防冻融冰规程、输电线路电流融冰技术导则等文件的学习和培训;根据冰情预测,配备人员、设备、车辆,做好防冻融冰准备;加强防冻融冰期间重要交叉跨越地带的巡视巡查工作;针对农配网树竹倾倒导致倒杆压线等问题,提前做好隐患排查;做好融冰策略编制,融冰操作把关到位,防范、杜绝误操作,保证人身、电网、设备安全。

而在灾害防治单位内部,也开展天气形势、覆冰、舞动、融冰措施联合会商,从本次覆冰过程的主要天气形势、覆冰范围和覆冰强度、覆雪预测、舞动预测、与 2008 年覆冰过程对比、预警发布、建议措施、融冰队伍安排等多个方面进行沟通、协调和布置。根据本次会商的主要结论,结合此前开展的防冰值班专项培训,还积极部署防冻融冰预警值班,支持各项防冰工作的顺利开展。

湖南电力检修公司作为湖南电网应急抢修中心,年初以来未雨绸缪,400 人的抗冰应急队伍随时待命;进入防冻融冰警戒期后,所辖主电网变电站立即采取行动,针对有融冰装置的变电站恢复有人值班,应急抢修队伍随时待命。在输电线路方面,由运维单位做好覆冰监测预警,结合覆冰监测系统及人工观冰,第一时间掌握好冰情,并及时汇报信息。"针对湖南独特的地形,我们还将高寒山区和微地形区域等线路覆冰监视作为工作重点,加强舞动巡视力度、提前做好应对措施。"国网湖南电力有关技术人员介绍道。

(原载于《中国电业》杂志 2018 年 2 月刊)

二、关键在于超前策划

重点题材的重点策划，关键在超前策划。重点题材的报道时间与匹配的重点事件的发生时间是对应的、可预知的，因此，必须倒计时进行相应题材资料的准备，对稿件要提前向通讯员约稿或组织写稿，并提出写作要求。

稿件基本成型后，要结合该事件接近报道时间的尾声部分的变化进行完善，等到报道时机一到就及时投送，而不是等到要报道了甚至新闻事件已经发生了再去组织报道，那样就会耽误报道时机。从新闻传播的真实需求来讲，要做到新闻事件一发生就第一时间向高端媒体投放，甚至要提前联系相关媒体和编辑。

近年来，通过重点策划的有形之手，我们还进行了大量的其他重大题材报道，取得了良好的传播效果。《中国电力报》于2013年8月23日要闻版刊发的《湖南主电网大型变电站突破60座》，就是一篇典型的超前策划的重大题材稿件。经过多年发展，主电网大型变电站突破60座是一个值得纪念的历史性事件，稿件完全可以提早写好，只等第60座变电站投产送电即可发稿。这篇稿件还在人民网等媒体刊发。

又如，《国家电网报》于2016年12月29日刊发了通讯《我们准备好了——±800千伏韶山换流站生产准备纪实》，其从精建队伍强能力、严格把关固基底、建章立制促规范等三个方面，对该站如何做好充分的生产准备工作进行了报道。

又如，《国家电网报》于2018年1月12日在要闻版刊发了通讯《特高压再添"保护神"——世界首台双水内冷300兆乏调相机组成功并网》，这一设备并网投运长期受到瞩目，稿件也是经由多方组织；于2018年9月12日在要闻版头条刊发了配图消息《高空线路机器人自动上下线装置

试验成功 为检修机器人上下线提供服务 填补电网线路机器人检修技术世界空白》，这是单位新闻部门在与《国家电网报》编辑多次沟通后取得的传播效果，稿件还由国家电网公司向上报送后在国资委网站首页的"央企播报"中转载；等等。

可以说，通过有效地组织重点报道和精准投放、沟通媒体，近年来，凡是本单位的重大事件、重要题材都通过《国家电网报》《中国电力报》等重点行业报刊报道出去了，这些重点题材都被充分利用，没有浪费，实现了传播效果的最大化。

稿例35：历史性突破主题消息

湖南主电网大型变电站突破60座

8月18日，随着湘潭220千伏景源智能化变电站投产送电，湖南主电网500千伏及220千伏变电站数量，已达到60座。

近两年，湖南电网规模不断扩大，结构逐渐完善。2011年，湖南电力检修公司负责维护的变电站数量达到50座，今年这一数量增加到了60座，主变压器数量和变电总容量分别提高到173台和38599兆伏安。

60座变电站中，有500千伏交流变电站17座、广东惠州±500千伏鹅城直流换流站1座、长株潭负荷中心全部220千伏交流变电站42座。目前的湖南电网已基本形成覆盖全省的"三横""两纵""两环网"500千伏主体网架结构，初步建成"结构优化，技术先进，安全可靠，运行灵活"的220千伏电网，电网输送能力和吞吐能力显著提高，电网抵御自然灾害能力、经济运行水平及供电可靠性均得到明显提升。

（原载于《中国电力报》2013年8月23日第二版）

第三节 重要荣誉的立体式报道

一、失而复得的报道机会

从本质上讲，重大荣誉的取得属于重点题材，但是它又不是一般的重点题材，因为总的来讲，它是具有不可预见性的。

重点工作，如防冻融冰、工程投产、运维接管等工作都是可预见的，都是必然会发生的，只是时间不确定而已。但是当企业获得重大荣誉特别是重要奖项的时候，这种"准突发"的事件如何报道，是企业新闻工作者必须认真对待的一个课题。因为，作为重大荣誉的获得，是即刻发生的政治性比较强的新闻事件，新闻人员必须迅速做出反应，并写出有分量的稿件来及时投送出去，产生良好的报道效应，这既是对通讯员新闻敏感性的考验，也是对通讯员专业报道水平的考量。

之所以说重大荣誉的取得是"准突发"，是因为它还是具有一定的前提背景和发生可能性的，因此事先还是可以进行一定的准备的。

作为能源企业，我们有时会遇到荣获省部级甚至国家级荣誉的情况，这个时候迅速做出反应进行深度报道是有必要的，这是因为通过深度报道，可以进一步扩大和提升荣誉获得的外部效应，同时也只有通过深度报道，才能使整个荣誉和奖项获得的过程全景式地展现在读者面前。

2014年10月25日，第九届全国电力行业职业技能竞赛500千伏变电站值班员决赛在湖南长沙闭幕，湖南检修公司组成的国网湖南电力代表队荣获团体第一名，囊括个人前四名，这项重大荣誉的获得对于整个企业和国网湖南电力来讲都是非常重要的事情，我们及时跟进，迅速采写出团体第一名和个人第一名的通讯，消息及总通讯稿两天后即 2014 年 10 月 27 日迅速在国家电网公司网站刊登，后经过加工，团体夺冠通讯稿最终得以在《国家电网报》刊登，个人冠军通讯稿更是半个月后在《中国电业》杂志刊登，成功形成了整个荣誉获得的立体式报道，成为集中报道重大荣誉的典型案例。

应该说，虽然我们对这次比赛获得佳绩是有信心的，但是取得这种"大满贯"式的比赛成绩还是出乎意料的，特别是荣获个人第一名是必须出个人通讯的，但我们的前期准备材料中根本没有个人素材，所以出稿压力可想而知。

在前期部分赛事阶段性消息稿的基础上，我们进行了及时的搜集整理，应该说，获得竞赛佳绩的总通讯是平常各种报道资源的总汇，但是在总汇的基础上我们会进行再加工处理。

这种处理大概分为三个步骤，一是补充整个稿件需要但是既有材料缺乏的内容；二是根据整个报道的字数、篇幅和主题内容需要对补充的稿件进行删减和精简；三是对经过前两个步骤的稿件进行一定的文学性打磨和提升。经过这样三个步骤，一篇比较像样的大的事件通讯稿就出来了。

这种稿件，时效性是非常强的，时效性往往决定着稿件投出去的"命运"，因此及时将稿件投出去比刻意追求稿件的完美更加重要，毕竟时间是绝对的，而质量是相对的。

因此，可以看到，这次获奖是在 10 月 25 日也就是比赛结束之时揭晓，而这么大一个通讯稿是在比赛结束的第三天，也就是 10 月 27 日就在国家电网公司网站刊发出来，成为一篇时效和质量完美结合的新闻作品。这篇大的通讯稿在国家电网公司网站刊载后，全面总结了参赛队的成功经验，及时回答了读者关切的问题，是对该项赛事比赛成绩消息稿在国家电网公司网站第一时间发布的有效补充和延伸。

在这篇大的通讯稿在国家电网公司网站刊登后，我们面临的一个问题就是，稿件怎样才能上《国家电网报》？

我们将这个版本的稿件投到《国家电网报》后，并没被及时采用。我们考虑，这应该是因为该报的版面和篇幅所限。但是，我们不希望这样一个重大题材稿件在《国家电网报》的宣传报道是一个空白。

此时，由于稿件没有被及时采用，时效性已经被削弱，在时效性比较强的要闻版刊登出来几乎已经是不可能的事了，于是，我们将目光投向了《国家电网报》的专版。但是作为《国家电网报》的专版来讲，相对于要闻版面，我们进行了研判，它的专业性更强，切入点有专一性，不会像要闻版那样大而全。

于是，我们又及时对稿件进行了再修改、再加工，主要是从"运维四人组"的人物角度着眼，而不再是从整个比赛的角度、大背景的角度着眼，主要是从参赛的角度来写，而不再是从比赛的举办和组织的材料来组织，同时对稿件篇幅进行了有效删减，这样，一篇适合于《国家电网报》专版的稿件又"新鲜出炉"了。

经过努力，终于，一个月以后，在大通讯《扬威同业竞技场——湖南电力囊括全国电力行业技能竞赛佳绩纪实》基础上提炼而成的小通讯《"运维四人组"夺冠记》，经过"量身定做"后在《国家电网报》"特色实践"专版以较大的篇幅刊登出来。

这篇稿件的刊登，是我们对《国家电网报》媒体和版面多年来成功研判的结晶，使一篇重要稿件在几乎不再有在行业权威报纸刊登机会的情况下，再次获得新生，成功获得刊登。

可以说，如果没有多年的经验积累，我们不可能把这篇稿件的命运逆转，稿件很可能会被抛弃，成为一个重大赛事重要荣誉报道的"历史性遗憾"，所以，确实是"功夫在平时"，这使我们有足够的信心和办法来改变稿件的命运。

稿例36：大型赛事荣誉主题事件通讯

"运维四人组"夺冠记

11月18日，走进湖南省电力公司检修公司荣誉室，一座崭新的、金灿灿的奖杯引人注目，奖杯上方是一张合影：在写有"2014年中国技能大赛——第九届全国电力行业职业技能竞赛500千伏变电站值班员决赛"字样的背景板前，4个朝气蓬勃的湖南伢子手握奖牌，捧起金杯，一脸自豪。

时间回到10月25日，由湖南电力检修公司四名员工代表国网湖南省电力公司组成的参赛队，在此次决赛中荣获团体第一名并囊括个人前四名。喜讯传来，所有为参赛队员训练备考付出过努力的人，无不欢欣鼓舞。

分获此次决赛前四名的李海燕、杨帅雄、张华东、王启盛，均是湖南电力检修公司500千伏运维分部生产班组的骨干力量。他们平均年龄二十多岁，都拥有硕士研究生学历。

他们介绍说，500千伏变电站值班员作为大型变电站的"主人"，原本对一次、二次、变压器、通信等各专业的知识要求就很高，而本次竞赛理论考试涉及电力职业道德、法律法规、电工基础、电力系统基础知识、变电一二次设备知识、安全生产、管理规范、运行规定等内容，仅参考书就达13本。"这么多参考书，光靠死记硬背是很难记住的。"有7年变电站值班经验、6年值长经历的李海燕说，"这些书上的内容都与日常工作息息相关，只有与平时的工作结合起来进行记忆，才能将书上的内容真正掌握透彻。"

在集训阶段，湖南电力检修公司邀请湖南电力科学研究院有关专家及该公司各专业技术骨干为参赛队员们授课。教练组根据参考范围编制了

1000 多道题目的题库和各类试卷 30 多套，并以"每日一考"的形式不断巩固。"反复学习调考题库，为我们熟练掌握理论知识带来了很大的便利。"队员张华东说。

水桶能盛多少水，取决于它最短的那块板。在竞赛冲刺阶段，湖南电力检修公司针对每个队员的不足，有针对性地开展强化辅导。"针对性辅导效果明显，最后阶段的考试，我的分数看着就上去了。"提起"私人订制"培训，队员王启盛赞不绝口。

本次竞赛技能操作团队项目为倒闸操作、六氟化硫密度继电器更换、隔离开关二次回路故障查找三项。"这些项目并不算难，比赛比的就是谁完成得更细致更标准。"负责这次实操培训的曹景亮说。

为此，教练组实施了大量优化细节的工作，首先是制订了循序渐进的训练计划，不断优化操作流程，固化行为规范。整个比赛过程，每个人的分工都很明确，当一个人在操作时，另一名队员就为下一步工序做好准备，这样就确保了整个作业过程流畅有序。

"对比赛的规范性，我们也做了严格要求。"队员杨帅雄回忆道，"虎钳怎么用、松螺丝时扳手怎么拿，我们都请专家进行了严格规范。"

教练组甚至对选手的肢体语言也进行了细致规范，每一句应答、每一个动作都有明确要求。"所有的措辞都反复修改，仅倒闸操作时的受令审令就修改了不下十次，直到大家一致认为完美为止。"曹景亮说。

作为个人赛的重点，计算机仿真故障处理实操同样考验着队员们的细致水平。"仿真操作由于没有那么直观，一个不留神就容易遗漏一些关键环节，所以要特别小心。"李海燕在谈到仿真时说，他们在训练时一方面反复对竞赛内容进行练习，一方面努力寻找仿真操作需要注意的关键点，常常一研究就是一晚上。

参赛队员们普遍认为，实施运维一体后，故障异常应急处置反应速度有了显著提高。在实施运维一体模式前，变电站现场设备发生的事故异常情况，哪怕只是一个很小的缺陷，检修人员也必须从长沙赶往现场，最远的 500 千伏变电站平均耗时 5 个小时，而现在，运维人员缺陷处理效率提高达 90% 以上。"这背后，是我们公司运检双能人才培养和成长通道、激励措施等配套体系在发挥积极作用。"张华东说。

杨帅雄接过话茬说："拿这次决赛中的隔离开关二次回路故障处理实操项目来说吧，就是我们平常运维一体倒闸操作中经常进行的工作。因为在平时积累了丰富的实操经验，所以在比赛中我们既不感到紧张，也不感到陌生，能够自如地应对。"

（原载于《国家电网报》2014 年 11 月 26 日"特色实践"版）

二、"急就章"的人物报道

不仅是"运维四人组"夺冠的报道，作为这么重要的一个赛事，取得这么好的比赛成绩，我们觉得还应该有一个比较大的、对以比赛第一名为代表的优异成绩获得者的深度报道，这样才能形成在报道题材和报道体裁上的一个完整组合。

但是，对于第一名获得者李海燕来讲，我们除了事件大通讯中获得的在平时报道中积累的极少数素材外，几乎没有别的素材可用，平常也没有过对其本人的报道。我们是在组织获奖事件通讯的同时，组织对第一名获得者人物通讯的报道的，所以工作难度很大。怎么办？

这个时候，同样又是经验帮了我们的忙。短时间采写一篇人物通讯并要投往高端媒体，这需要极大的技巧。

于是，我们直接联系李海燕本人，一方面向他提出了一些人物通讯稿件中有关内容的相关问题，请他及时作答并形成稿件的基础素材资料；另一方面，我们通过网络搜索等方式，向他提供了类似获奖者人物通讯的写作参照稿件，以激发他的表达灵感。这样，在非常短的时间内，我们获得了被报道人提供给我们的第一手"准新闻"资料。

　　但是，这还远远不够，毕竟作为一名非通讯员来讲，获奖者在这种情况下能提供给我们的东西，一方面在质量上还远远不能达到新闻稿件的要求，另一方面在很多素材方面不能完全提供我们所需要、所要求的东西。

　　这个时候，我们对稿件边加工边再次与获奖者本人沟通，及时补充稿件所需材料，从"爱吃苦""爱钻研""爱团结"等三个方面，对获奖者的个人情况进行了细致描写。经过反复加工和立意的提升，一篇《搏击浪尖的海燕》几乎在获奖事件通讯完成的同时就新鲜出炉。

　　也许有人会问：这么迅速，有必要吗？这么迅速，有好的质量吗？在这里，我们要再次强调的是，新闻背景报道、深度报道、延伸阅读和新闻即时消息一样，都是以时效性为第一位的，这是媒体的要求，也是对基层新闻工作者的要求，我们必须在兼顾质量的同时，以最快速度成稿并及时精准地投送出去，在"击鼓传花"中将手中的"花"尽快送出去，而不是抓在手中。

　　这从《中国电业》杂志对这篇带有事件性的人物通讯的迅速反应也可以看出。获奖是10月下旬的事，但是《中国电业》杂志在次月中旬出版的11月刊就刊登了这篇人物通讯，反应速度绝不亚于报纸。

　　快快快，一定要快，如果不快，再好的稿件也会烂在自己手中。

　　至于这篇人物通讯为什么要向《中国电业》杂志投送，而不是向其他报纸或杂志投送，这也是我们长期对能源报刊研判得出的判断，我们认为，《中国电业》杂志比报纸、其他杂志更适合刊登这样的人物通讯稿件，当然，这也是长期以来我们和《中国电业》杂志形成的编作关系的必然结果，因为，这篇稿件已经是我们单位2013年至2014年间第5次在《中国电业》杂志刊登通讯了。

　　所以，我们投送一篇稿件出去绝不是存在侥幸心理的，而是有一定的把握才会投送。

　　这样，我们就成功形成了整个重大荣誉获奖事件的立体式报道，即消息与通讯相结合、事件通讯与人物通讯相结合、大通讯与小通讯相结合，以及网站与纸媒相结合、报纸与杂志相结合、企业与行业相结合。

从这次完美的报道中可以看出，一定要平时多积累，关键时刻快速反应，才能确保在获得重大荣誉后及时跟进报道，为新闻大事件留下新闻大报道的历史篇章。

稿例 37：大型赛事荣誉主题人物通讯

搏击浪尖的海燕

海燕，总是在风雨中搏击浪尖，历练自己的意志与品格。

李海燕，湖南电力检修公司常德运维分部的一名值长，以一种从不服输、不甘落后的精神，从 7 年前初出校园时的茫然求索，到 2014 年 10 月勇夺第九届全国电力行业职业技能竞赛 500 千伏变电站值班员决赛团体第一名、个人第一名。而今，被授予"全国技术能手"称号并有望荣获"全国五一劳动奖章"的他满是感慨："在搏击中，我的成长道路正越走越宽。"

爱吃苦的海燕

"刚来公司的时候，我就像一张白纸，花了一个星期才分清避雷器和电压互感器。"回忆起刚踏出校门时的迷茫和困惑，李海燕依然历历在目。刚进入公司的时候，正是公司 500 千伏变电运行业务起步之时，这给李海燕带来了成长和锻炼的极好机会。

2008 年，全国首家省级 500 千伏电网集中监控中心在湖南电力检修公司建立，李海燕成为公司培养的第一批值长，参与了公司第一个运维一体 500 千伏变电站——永州 500 千伏宗元变电站的运行接管。为配合运维一体，公司成立了运行分局，在这个新的集体里，他从一线做起，从基层做起，和团队一起成长，一起成熟。他不断学习，在运维的道路上从零开始，慢慢地从陌生到熟悉，再到熟练。

在此之前，他刚刚结束 1 年的实习期，仅仅进行了 3 个月的变电站跟班实习，在变电运行专业上还只是一个刚刚起步的新手。为了能够成为一名合格的运行人员，自 2008 年 6 月进站熟悉设备开始，李海燕长期驻守在现场，每个月才休息两天。文质彬彬的他，白天对照设备图纸，爬变压器、互感器、操动断路器、隔离开关，钻保护屏、电缆沟，弄懂每个设备的位置和它的功能，搞清楚每一根电缆的来龙去脉。

李海燕说："成长是辛苦的历程，必须吃得苦！"这段时间里，在烈日炎炎下，他好几次险些中暑晕倒。晚上，在工棚里，总结当天的学习成果，对照教科书，掌握设备的原理。正因为他的吃苦耐劳，在不到半年的时间里，他已完全掌握变电站设备情况，并从 20 个人中脱颖而出，成长为公司第一批值长。

6 年来，李海燕已经先后在 500 千伏宗元、艳山红、紫霞、云田、古亭等变电站担任值长，参与 3 个 500 千伏新建变电站的投运、2 条 500 千伏线路间隔扩建、4 条 220 千伏线路扩建、1 组主变压器的扩建工作。作为一名运维工作者，他让自己成为一个耐得住寂寞的人，在万家团圆之时，守护在冰冷的电力设备旁，苦中有乐，苦中求进，守卫着光明。

"对于工作，我是抱着一种享受的心态去做的。只要将工作当作自己的一部分，当作自己的乐趣，那么，工作起来就会非常轻松和顺利。"这就是李海燕"特别"的心得。

爱钻研的海燕

"新模式、新设备是对我们最好的锻炼！"作为一名技术骨干，李海燕不断挑战新的领域，提升个人综合技术能力。

李海燕爱钻爱拼。他主动要求负责公司第一个 500 千伏无人值班变电站信息点表核实工作，确保所有信息均能准确地反映在监控中心，推动了 500 千伏变电站无人值班模式的实现。他积极参与湖南电网第一个 500 千伏运维中心的运作，编写各类规章制度，制定作业标准流程，完善现场应急处置方案，规范班组建设。他认真研究湖南 500 千伏电网目前在运静止无功补偿装置设备，从阀控系统到控制逻辑，都进行深入研究，两次提出有关控制逻辑的合理化建议。他完成的科研项目"GIS 故障诊断技术研究及故障诊断系统开发"项目，获得两项专利，并获国网湖南电力科技进步奖。

"运维工作就像万金油，什么都要懂，不能轻易被表象忽悠过去。"李海燕深有感触地说。作为 500 千伏变电站设备的"主人"，他不断将书本学习与实践学习结合，充分了解设备状态，以保证自己有足够的业务素质深入了解设备的各种问题。"简单地说，就是要知道什么时候该做什么、不能做什么；要能够根据设备发出的细微信息，进行运行状况判断。"

"合抱之木，生于毫末；九层之台，起于垒土。"运维的过程就是如此，需要持之以恒，需要慢慢积累。在长期的业务过程中，李海燕就这样一步一步走来，在不断地钻研中越来越得心应手，在历练中得到成长，在成长中积累经验。在运维岗位上待得越久，遇到的问题就越多，钻研的机会、积累的经验也就越多。

"立足本职，认认真真做人，踏踏实实做事。"这是李海燕对待工作的态度，这样看似简短的一句话，却饱含着他对工作的热情与执着。到现在，他已经成功处理过 500 千伏母线跳闸、主变跳闸、线路跳闸、静止无功补偿装置跳闸、电压互感器故障等各种类型的故障，执行的操作票和工作票合格率均为 100%，事故异常正确处理率 100%。正如他自己所说："变电站教会了我很多，让我实现了自己的人生价值，也在这个平台上锻炼了自己，提高了能力，丰富了经验。"

爱团结的海燕

"这次行业技能竞赛，我们既得了团体第一，又包揽了个人前四，证明了团队的力量才是最强大的。"赛后，李海燕对"团队"这个词有了更深刻的认识。

一枝独秀不是春。这几年，李海燕不仅获得过公司"十佳新人成长奖""安全生产十佳"，而且在他负责过的 500 千伏变电站中，因为他和所在团队的齐心合力，紫霞、古亭变电站建设工程获得"国家优质工程银奖"，两个变电站获得"华中电网劳动竞赛金奖"，两个变电站被评为"五星级变电站"，他所负责的变电站年年在部门的同业对标中名列第一。

2013 年 8 月，株洲 500 千伏古亭变电站参加了华中电网 500 千伏变电站劳动竞赛。李海燕作为现场工作负责人，和班组成员一起连续 20 天待在现场，一起仔细研究评比细则，对照标准，细致严谨地梳理每一份运维记录，整改、消除现场设备每一处缺陷，完善站容站貌，不疏漏任何一张倒闸操作票和工作票。焕然一新的站容站貌、规范精细的运维记录，无不得到检查组专家的赞许。

"一个值的 3 个人就像是一个小家庭，团结和谐、相互帮助是搞好工作的基础。"李海燕和班组成员工作上是伙伴，生活上是朋友。在班组安全学习和技术学习中，他注重和大家一起探讨安全措施和设备原理、现场处理方法；在每天的早会上，他会和本值成员一起，认真讨论当天工作的各个细节；在具体的生产工作中，大家相互之间做好工作的衔接，作为值长，他还特别注意发挥好每个班组成员的专长，使工作效能最大化。

在这次行业技能竞赛中，李海燕和他的团队，既各自努力，又相互交流心得，取长补短，取得了团队和个人的双赢。这种团队精神，来自平常，得益于平常。

李海燕说："我觉得很幸运能来到湖南电力检修公司，如果没有这个好的发展平台，没有这个如同兄弟姐妹一样的团队，我无法在这条路上走得更远。我始终觉得无论我们从事什么职业，都要感恩他人，只有懂得感恩，才能收获回报。"

而今，在收获荣誉的同时，李海燕回头审视来时之路，思考接下来如何与运维这个团队一起发展壮大。他要让自己在渐行渐思中成长，以坚实的步履让未来的路走得更加精彩。

（原载于《中国电业》杂志 2014 年 11 月刊）

第四节　典型人物事迹的发现和传播

一、敏锐感知和思考

如果说重大荣誉的传播报道还有一定的可预见性，那么一些"隐藏"在"民间"的典型人物的新闻发现，则是完全没有可预见性的，而且还不那么明显，这就特别需要我们基层新闻工作者有一双慧眼，能够及时发现和捕捉到这些极具新闻报道价值的线索，及时跟进，迅速报道，产生反响。

其实新闻往往在不经意间显露出它的真容，就像很多通讯员写稿时在最后"补遗"式地带过一句，却正好是真正有价值的新闻线索一样，我们很多的基层新闻线索也是在和基层干部职工偶遇交谈时得到的。那么怎样去发现和传播它呢？这就需要我们在聆听时敏锐感知和思考。

2014 年的一天，我在单位电梯里遇到一位基层分部的党支部书记，他和我谈到他们分部近期有一位员工正准备捐献造血干细胞，而且他几年前就填写了《帮助白血病志愿书》，我当时就觉得这是个很好的报道内容，为什么呢？因为他的这个事情非常符合社会主义核心价值观，是一种很好的践行，这对于基层新闻报道来说，在报道生产工作的同时是一种很好的精神文明的报道。

于是，我们密切联系基层单位，对这一事件进行了有效的报道，相关报道不仅见诸《国家电网报》《中国电力报》，还在新华网、红网、《潇湘晨报》等媒体进行了报道，产生了良好的行业反响和社会反响。

这里要重点说的是，这样一件非常有报道价值的新闻事件、典型人物和典型事件，对一个企业来说是不常见的，甚至是难以遇到的，怎样确保这样的典型人物事件能在能源行业权威媒体报道，这是对我们基层新闻工作者的考验，因为，好的新闻线索没有被报道的例子太多了，都是因缺乏报道经验所致，这样会造成典型人物事件报道难以弥补的缺憾，因为，这样的典型人物事件可以说是报道时机一旦过去就无法再弥补了。

所以，在遇到这种新闻事件时，最重要的一点就是不要等，及时跟进，及时报道。当我们知道这件事的时候，公司员工谭宇洋捐献造血干细胞还没有正式开始，他在接到红十字会的电话后开始做造血干细胞捐献的一些前期工作。于是，我们紧抓这一新闻线索，在公司内部网站进行了一系列的跟踪报道，对前期的每一阶段及时跟进报道，这样也为后期积累新闻素材、进行高端报道、形成综合大稿打下了坚实基础。

2014年9月29日，《国家电网报》要闻版以《捐献造血干细胞 救助白血病患儿》一文，对这一事件进行了及时报道，这一报道的见报是在捐献干细胞完成后的第四天，可谓及时、迅速。

但是很少有人知道，这其实并不是我们就这一新闻事件第一次向《国家电网报》投稿。

早在捐献之前，我们就对"即将捐献造血干细胞"这一新闻点向《国家电网报》投稿，投稿后即受到该报编辑的关注，但是该报编辑提出最好在捐献造血干细胞后再进行正式报道，这样，虽然我们的第一次投稿没有获得刊登，但是就这一新闻事件来说已经通过首次投稿这一方式引起了编辑的注意，同时与编辑一起对这一新闻事件进行跟踪，这样，在造血干细胞捐献正式完成后，我们及时成稿并投送出去，很快就被刊登出来。

所以说，我们要确保一个特别有报道价值的典型人物事件被成功在高端媒体报道出去，有时候需要采取一些特别的方式，必须未雨绸缪，否则很可能由于各种不可预见的客观因素，造成新闻事件正式发生后并不能被报道出去，或不能产生应有的传播效果。

稿例38：公益事业主题消息

捐献造血干细胞　救助白血病患儿

9月25日上午，经历4个小时的采集，湖南电力检修公司员工谭宇洋在中南大学湘雅附一医院顺利完成造血干细胞捐献。采集到的造血干细胞混悬液第一时间空运至上海，为一位白血病患儿送去新生的希望。

造血干细胞是骨髓中的干细胞，因能分化并最终形成各种血细胞成分，被用于救助患有血液病的患者。当天，中华骨髓库湖南分库负责人来到病房，为谭宇洋颁发捐献造血干细胞荣誉证书。她介绍说，谭宇洋是湖南省第321例、全国第4483例造血干细胞捐献者。

谭宇洋是湖南电力检修公司常德运维分部紫霞运维班值长。2011年，他在无偿献血时填写了一份《帮助白血病志愿书》，成为一名造血干细胞无偿捐献志愿者。今年7月，谭宇洋接到红十字会的电话，通过配型、体检等一系列程序，他与一位白血病患儿的造血干细胞匹配成功，在顺利通过人类白细胞抗原高分检测后，将进行造血干细胞捐献采集手术。

在医院造血干细胞采集现场，血液分离机"嗡嗡"运转，红色的血液顺着透明的管子流进采集管。血液从谭宇洋的手臂静脉处采集后，通过血细胞分离机提取造血干细胞，同时将其他血液成分通过另一只手臂回输到他体内。

"当得知与我配型成功的是一个小孩时，我更加坚定了捐献的意愿。我自己也有小孩，为人父母的心情非常理解，这么做是应该的。"病床上的谭宇洋说，"我只是做了一件大家都会做的事，真的没什么特别的。"

（原载于《国家电网报》2014年9月29日要闻版）

二、延伸传播深化效果

"谭宇洋完成造血干细胞捐献"消息稿在《国家电网报》刊载后，《中国电力报》文化周刊又在头条以《血，总是热的》一文刊发通讯，对这一新闻事件进行了后续报道，全景式地对典型人物事迹进行了具有良好传播效应的报道。

这篇通讯按照事件的阶段性发展进程，开展深入采访报道，与我们前期进行大量跟踪报道、积累了大量新闻素材有密切关系。

所以，当捐献造血干细胞正式完成后，我们不仅第一时间推出了消息稿，还几乎同时推出了通讯稿。

这也就是说，不仅消息稿是应景的，通讯稿作为深度报道和延伸阅读同样是应景的，不是说等这样一个典型人物事件发生后才去着手报道，那你很可能会延误和失去报道时机。对于媒体来说，通讯和消息一样具有时效性，具有和消息稿等同时效性的通讯稿其实更能体现新闻工作者的水准，更能引起媒体编辑的瞩目和青睐，因为新闻事件发生后能迅速成稿的消息不少，但能迅速成稿并推出的通讯稿却不多，因为它的难度会更大，策划要求更高。

如果说确保消息稿的刊出更在于前期工作，通讯稿的迅速推出则更在于平常的新闻素材积累。一篇这样的通讯稿，往往在典型人物事件启动时就已经基本成稿，只需要在事件正式发生时，根据最新的实际情况对稿件做一些很细微的调整或补充。

所以说，做好典型人物事迹的报道，确保这种难得的新闻题材能被行业权威采用，一定要把工作做在前面，早积累素材，早成稿出稿，早联系媒体，这样才能全方位地保证稿件被采用。

在《血，总是热的》这篇通讯中，我们采用了全时段、全方位的报道方式，在保证稿件时效性的同时又保证了稿件质量，得到媒体认可。

通讯以主人公捐献造血干细胞时的最新场景为切入点，从几年前谭宇洋在无偿献血时填写《帮助白血病志愿书》说起，穿插对谭宇洋本人和造血干细胞等情况的介绍，深入采访谭宇洋本人、他的家人、他的同事等，全过程介绍了整个捐献过程，立体式地对谭宇洋捐献造血干细胞的全过程进行了深度的报道，使一个用实际行动践行社会主义核心价值观的典型人物事件得到了高质量的报道。在这种前提下，加上对时效性的准确把握，使得这篇稿件能及时在《中国电力报》重要位置刊登。

在整个典型人物事件的新闻事件报道中，我们还特别注重报刊媒体之间的互补、各种新闻体裁之间的互补。

为了做好公司员工谭宇洋捐献造血干细胞的全方位的报道，我们对能源报刊版面情况进行了分析，先期确定了《国家电网报》以消息报道为主、《中国电力报》以通讯报道为主的总体思路，这是我们根据平时对这两家行业报纸相关版面的投稿研判做出的判断，也就是说，《国家电网报》更适合进行消息报道，《中国电力报》如果是篇幅比较长的深度性通讯报道则更可能上稿，因为它有较多的版面提供支撑。当然，在《国家电网报》投送消息稿的同时，我们也试探性地投送了通讯稿，但是因为消息稿已刊登或其他因素，最终还是只有消息稿在《国家电网报》刊登。

不失全面而又重点突出地进行有的放矢的报道，使得我们在对典型人物事件进行报道时，有充分的信心去预知稿件的最终命运和结果。

谭宇洋捐献造血干细胞的系列报道只是典型人物事件的一个非常典型的案例，实际上，在我们的平常业余文化生活中，还有很多值得我们去挖掘的人物和事件，报道依靠专业性，发现则需要多接触。

俗话说："无心插柳柳成荫。"很多好的新闻线索和新闻素材都是在平常与基层干部职工的闲谈中得到的，因此，这种不经意的闲谈机会就显得特别珍贵，不仅要把握好，还要创造好，在各种与基层干部职工的接触中，不失时机地多问一句，往往就能获得宝贵的资讯，成为报道的素材。

而作为能源行业报刊，在大量报道生产营销等主营业务的同时，我们感觉其实也是非常欢迎这类非主营业务题材的精神文明类新闻的，所以抓好报道机会及时推送高质量的稿件，上稿概率还是会很高的。

稿例39：公益事业主题人物通讯

血，总是热的

——记湖南电力检修公司员工谭宇洋

在湖南电力系统目前为数极少的造血干细胞捐献者中，谭宇洋是最早填写志愿书，并成为造血干细胞无偿捐献志愿者的。新中国65周年华诞到来前夕，他了却了自己的夙愿，用行动诠释着社会主义核心价值观的"友善"大义。

血液分离机嗡嗡运转，暗红色的鲜血从手臂静脉处采集后顺着透明的管子流进采集管……谭宇洋眼中流露出欣慰的神情，他仿佛看到分离机提取造血干细胞后，那个千里之外接受捐赠的患有白血病的孩子又重新蹦蹦跳跳地投入充满希望的新生活中。

9月25日，中华骨髓库湖南分库主任何一平捧着鲜花来到中南大学湘雅附一医院病房，为谭宇洋颁发《捐献造血干细胞荣誉证书》。据她介绍，谭宇洋是湖南省第321例、全国第4483例造血干细胞捐献者。

"能帮一把，自己也会特别开心"

谭宇洋，这个看上去精瘦的小伙子是湖南电力检修公司常德运维分部紫霞运维班值长。大学和工作期间他曾多次献血，平常的各种募捐活动也踊跃参加。"在自己能力范围内，能帮一把就帮一把，自己也会特别开心。"谭宇洋一直热心公益并乐在其中。

2011年，谭宇洋参加无偿献血时填写了一份《帮助白血病志愿书》，正式成为一名造血干细胞无偿捐献志愿者。"之前我就听说过捐献造血干细胞，"谭宇洋在谈到成为捐献志愿者的初衷时说道，"能捐献造血干细胞挽救一名患者，我感到很有成就感，要知道，这不是想捐就能捐的。"

造血干细胞是骨髓中的干细胞，因能分化并最终形成各种血细胞成分，被用于救助血液病患者，特别是白血病患者。可是，造血干细胞配对成功的概率只有几十万分之一，对于受赠者而言是极大的幸运，对于捐赠者而言则是一份莫大的爱心。

谭宇洋性格开朗，爱唱歌，在同事眼里他一直热心助人。因此，得知谭宇洋无偿捐献造血干细胞的事情，同事们并不意外。

"只要真心怀着一腔热血，任何阻碍都不是事儿"

今年7月，谭宇洋接到红十字会的电话，告知其经过配型、体检等一系列程序，与一位白血病患者的造血干细胞匹配成功，征询其能否进行造血干细胞捐献采集手术。

为了挽救生命，谭宇洋没有丝毫犹豫，当即同意无偿捐献。"在得知配型成功后，我觉得非常幸运，因为很多人加入中华骨髓库这么多年都不一定能配型成功，这个概率太小了。自己的血液可以挽救一条生命，我觉得很值得，就像又多了一个亲人。"

当得知与自己配型成功的是一名儿童时，谭宇洋更加坚定了捐献的意愿："我自己也有小孩，为人父母的心情非常理解，这么做是应该的。"

当愿望即将成为现实，谭宇洋却面临着来自家人的不解和反对。

"本以为父母会同意我捐献，但一开始得到的回应却是反对，毕竟，大家对捐献干细胞普遍存在误解。"谭宇洋回忆当初的情形时仍难掩无奈之情，"由于对捐献造血干细胞缺乏认识，一提起它，大家自然而然会想到从脊柱中抽骨髓的场景，然后就认为有多么高的风险。"为了让父母改变这种"偏见"，谭宇洋始终耐心地与他们沟通，并尝试寻找说服的依据。

"我们之前不了解捐献过程，总担心出问题，大家都不想让他去，"谭宇洋的妻子刘小梅说，"你想，如果他出了问题，我们一家该怎么办啊？"

"那段时间，无论父母怎么不同意，他始终保持着积极的态度，"刘小梅依然记忆犹新，"他平时工作很忙，一有点儿时间就到网上搜集资料，然后就把捐献无害的科普知识和成功捐献的相关报道拿给父母看，打消他们的顾虑。"

那段时间，谭宇洋从网上找了很多关于捐献造血干细胞的资料给家人看，还咨询专家，终于说服了家人。"只要真心怀着一腔热血去做，就算遇到了任何阻碍，那也都不是事儿。"谭宇洋相信真情的力量。

浓情大爱久传递

在领导眼里，谭宇洋是个工作努力、热爱事业的生产骨干。同事介绍说，通过自己的努力，谭宇洋很快成长为公司第一批500千伏变电站运维值长，技术水平很高，对新员工经常是倾囊相授技能知识。

"我们9月10日才知道他要捐献造血干细胞这件事。"常德运维分部经理夏立说。为了不影响工作，谭宇洋一直没把要捐献造血干细胞的事情上报单位。一开始做捐献前的体检，他都是利用中午休息时间去医院。第一次打动员针的前两天，他还在岗位值班。

谭宇洋的孩子不足周岁，为了安心捐献，夫妻俩将孩子交给父母照顾。

9月21日，谭宇洋在医院进行捐献之前的最后一次体检。"他平时身体状况一直很好，所以血常规显示一切正常。但要说完全不担心也不可能，还是有点害怕他会不会有什么不良反应。"刘小梅的心中依旧带着疑虑。

在妻子的陪伴下，第一针动员剂被注射到谭宇洋体内。此后的3天里，为了保证细胞的活跃度，动员剂需要每天早晚各注射一次。"刚开始我以为是像打点滴那样，后来看了才知道就像咱们打的退烧针一样，一会就完事了。但是随后出现的腰部酸痛、轻微腹胀等药物反应还是让我有些紧张。"谭宇洋的母亲回忆道。

9月25日上午，在湘雅附一医院病房，造血干细胞采集正式开始，血液从谭宇洋的手臂静脉处采集后，通过血细胞分离机提取造血干细胞，同时将其他血液成分通过另一个手臂回输体内，整个过程历时4小时。采集到的造血干细胞混悬液第一时间空运至外地，为素未谋面的白血病患儿送去新生的希望。

血，总是热的。在一股浓浓的真情中，无私大爱久久传递。

（原载于《中国电力报》2014年10月31日文化周刊"电力撷英"版）

第五节　"小人物"也绽放"大风采"

一、人物选取是有讲究的

树立身边的典型榜样是基层新闻报道的一个重点。作为一个基层单位，获得省部级以上荣誉的员工其实是很少的，更多的是一些荣誉级别不那么高甚至根本就是名不见经传的"小人物"、普通员工，但是他们身上闪现出来的光彩同样值得我们学习和宣传。

　　然而，"小人物"的报道往往仅限于基层单位自己的媒体，这也往往限制了传播效应的拓展，同样是宣传报道，如果能让身边的"小人物"也能登上行业权威报刊的高端平台，则可以说是推动他们绽放出了"大风采"，这样能够最大化地提升典型人物的宣传效应，当然，也能使典型人物在争取更高荣誉的同时具备相关新闻报道资源，切实提高竞争力。

　　那么，怎样选取进行高端报道的典型人物呢？总的来说，不是凭空选取或者看到某个人有一定特点就去报道他，而是要在本单位及以上一定级别的荣誉获得者中产生，这是一个基本的、总体的原则。

　　为什么要确定这样一个原则？这是因为，新闻是为政治服务的，特别是典型人物的选树和宣传是代表一定的管理层意图的，否则，你宣传这个人干吗？新闻不是为新闻而新闻，典型人物的宣传也不是为宣传而宣传，他必须具有代表性，从被宣传的人身上的事迹，来弘扬某种时代和企业需要的精神。

　　事实上，通过新闻报道也可以看到，许多被报道和宣传的获得一定层面荣誉的典型人物，其事迹报道也的确是具有一定价值的，也就是比较有"料"。相反，如果我们在平常的人物报道中随意选取某个典型人物来报道，而不是根据宣传意图来进行人物宣传报道，那么，人物报道很可能就流于肤浅，所反映的人物精神可能就不集中。

　　更加重要的是，如果随意选取的宣传报道对象是领导平常批评的对象，而你作为通讯员和作者并不知情，那么，你这种人物报道延伸的典型人物宣传就不太正确，甚至政治方向是错误的。这就像领导批评了某件事而你却在正面报道这件事一样，正面报道产生的是负面效果，这是新闻报道的大忌。

　　报道对象选择的"起笔之误"，是在人物报道中最容易犯的错误，也是最大的错误，一定要认真而严肃地对待并避免犯这样的错误。

　　《能手之"能"》和《从硕士到"卫士"》，分别宣传报道的是荣获湖南省电力公司劳动模范的何权、荣获 2014 年湖南省电力职工电气试验员技能大赛个人第一名的刘要峰。

从标题就可以看出，这两篇人物通讯同样首先是在标题上出彩，《能手之"能"》重复了"能"字，《从硕士到"卫士"》重复了"士"字，但是在重复的前后这两个字分别有其意义，是对身份和工作特点的不同阐释。因为标题的特色，这两篇稿件在被《中国电力报》采用后使用的都是投稿时的原稿标题。

《能手之"能"》作为一篇篇幅不是很长的小通讯，从先进人物描写最常用的手法即选取最新的现场画面进行切入，通过截取"重创新"和"保安全"两个方面的事迹，把人物写实写活，把一个不负"能手"盛名的人物的"能"展现得淋漓尽致。

2014 年 8 月 9 日出版的《中国电力报》，推出了以湖南检修公司人物通讯《从硕士到"卫士"》为核心稿件的专版《年轻的电网卫士》。这篇稿件从人物刚进入电力系统工作时的迷惑写起，对人物如何融入现场实际工作、如何创新引领进行了深度的描述，同样，用生动实例写人物成长，用人物语言提群体精神，使稿件的质量上升到一定的档次。

《从硕士到"卫士"》作为一篇直投《中国电力报》的稿件，出稿后受到《中国电力报》高度重视，该报不仅第一时间对稿件给予肯定并决定采用，还专门联系我们新闻部门进行深度沟通，策划以《从硕士到"卫士"》为代表的专版稿件。《年轻的电网卫士》专版，除《从硕士到"卫士"》外，还联系山东、湖北、青海等公司同行单位，征集刊登了"年轻的电网卫士"群体稿件，《从硕士到"卫士"》的品牌传播的"同业引领"效应明显。

稿例 40：生产骨干主题人物通讯

能手之"能"
——记湖南电力检修公司技术能手何权

2012 年 9 月，湖南株洲 220 千伏白马垅变电站里，铁架林立，机器轰鸣，湖南省电力公司重点生产技改工程项目——白马垅变整体改造工程，正热火朝天地进行着。对于何权来说，已经记不清自己是多少次来这里了。此次分部指派他参与这项工程，用分部领导的话说："他有丰富的工程经验，责无旁贷！"

何权，湖南省电力公司劳动模范，湖南电力检修公司检修二分部配电班长，参加工作已经 20 多年，前不久被授予"2011—2012 年度电力行业技术能手"称号。

有创新才能显威风

他不墨守成规，搞技术创新有激情，他研制出的"轻型升降悬臂式起重机"2012 年获国家级专利。中航变 110 千伏 GIS 安装时，室内没有行吊，吊车进不去，他连续熬了几个通宵，设计、核算，数易其稿，最终发明了轻型的移动吊具，顺利解决了工程难题，赢得了公司 2011 年度群众性创新优秀奖。昆山变 500 千伏跨母线高空放线，他开动脑筋，独辟蹊径，采用安全、高效的架空线放线方法，一举成功。

高空作业平台是何权根据现场实际牵头研发的，在 2012 年 500 千伏云田变电站、220 千伏白马垅变电站等作业现场的多次运用表明：它们质量轻、结构稳固，可分体拆卸，现场组装快捷，可供两人相向同时进行高空作业，而在平时，一般需要 2 台高空作业车来完成。平台上部设置了安全带专用挂接处，有效解决了电气设备安全带挂接难题，特别适用于作业环境狭小、特种作业车无法进入的作业现场，解决了现场升降高空作业车紧张的问题。

保安全措施少不得

电力生产有其特殊性，尤其何权所工作的范围内，电压等级动辄数十万伏。"稍有不慎，会出大事，"与之打交道这么多年，何权深刻体会到现场最重要，"没到位就是没到位，不能含糊。"

"保命的措施，少不得。"看到现场个别同事的违章行为，他往往会不留情面，大发雷霆。相处久了，同事们也都熟悉他的脾气，形容他发起火来，"脸一沉，两眼圆睁"，"快要瞪出火来"。谈及同事的评价，他不好意思，但他说："弟兄们跟着我一起出去，我就要一个不少地带回来，我有责任！"

宁愿得罪人，也不要出事，安全方面他不当"好好先生"，这是他的信条。虽然大家都畏惧他，但都信服他，有他在的工地，就有了主心骨、带头人。他所维护的500千伏云田变电站20余年无强停、未发生一起责任性人身事故，很好地证明了这一点。

（原载于《中国电力报》2013年3月16日"供电人生"版）

稿例41：高学历员工主题人物通讯

从硕士到"卫士"
——记湖南电力检修公司变电检修中心刘要峰

4年前，他是西安交通大学高电压绝缘技术系的一名硕士研究生，毕业后成为国家电网湖南电力检修公司变电检修中心的一员。

4年后，他成长为一名坚强的"电网卫士"，理论及实操成绩优异，荣获2014年湖南省电力职工电气试验员技能大赛个人第一名。

对于自己4年来"从硕士到卫士"的蜕变历程，刘要峰感慨道："投身电网事业，就要扎根基层，耐住寂寞，在平凡的岗位做出不凡，系好人生和事业的第一粒扣子。"

"这里是我的土壤"

2009年刚参加工作时，刘要峰发现自己突然进入了一个完全陌生的环境。

当他第一次跟着老师傅去生产现场，设备都认不全，更不用说从事现场工作，书本上讲的理论知识基本用不上，所有的试验方法和规程标准都要重新来学。加上方言不通、饮食不便等生活上的困难，他一度怀疑自己是否能适应和坚持下去。

然而，班组同事们的热情，很快让他打消了自己的疑虑。刘要峰所在的电气试验一班是一个有着优良传统的先进班组，作为"全国工人先锋号"，团队进取风气甚浓，在他之前从班组走出去的优秀代表，成为他学习的榜样和扎根一线的动力。

这里既有博士毕业生，也有班组自己培养的"草根专家"；既有工作已三四十年的老师傅，也有工作才两三年的年轻人。不管是老师傅还是新员工，他们在生产现场挥洒汗水的身影深深感染着刘要峰，他向他们谦虚求教生产现场遇到的各种问题，无论是简单的试验接线、数据分析到设备故障的诊断，还是现场安全的把控"诀窍"，都让他深刻领悟了"实践出真知"的道理。

老师傅的榜样、同事们的帮助，使刘要峰迅速适应了一线的环境和自己的工作，毅然拿起负重的仪器设备，坚定了扎根班组的决心，完成了从一名学子到技术工人的状态转变。他把"努力超越，追求卓越"的企业精神当作自己的行为准则，每年出差变电站的天数在300天以上，长时间的现场工作，使他扎根于湖南主电网变电站这片土壤，迅速提升。

"我喜欢尝试创新"

刘要峰在新技术、新知识的学习上不甘人后，成为他迅速成长的推动力。

"不仅要苦干，更要懂得巧干！"作为一名高学历的技术工人，刘要峰深知不能满足于"做他人的工作"，更要"做他人所不能"。每当在工作过程中遇到新技术、新项目的应用，他从来都是主动参与。

2011年，为适应带电检测新技术的发展需求、健全设备全寿命管理体系，公司决定在变电检修中心成立"设备健康管理中心"。刘要峰积极要求参加，作为设备健康管理中心首批工作人员，他参与了带电检测管理制度的制定，拓展开关柜局放等带电检测技术的应用，跟踪带电检测技术的发展。面对如今公司带电检测技术硕果累累的应用态势，他为自己成为带电检测的排头兵而自豪。

2012年，公司接管了广东惠州±500千伏鹅城换流站的运维管理工作，而此时，公司尚无从事直流设备试验的经验。刘要峰主动请缨，全面参与了鹅城站属地化后首次带电检测、首次备品备件清理、首次全站年度检修等一系列工作，以边学边用的劲头，通过精心试验，促进了鹅城换流站穿墙套管、电容器组等设备安全稳定水平的提高。

不仅边学边用，而且边用边研究。他牵头的"交流滤波电容器组不平衡电流调整方法研究"获得湖南电力2013年度技术监督优秀项目，多篇论文在核心期刊上发表。2014年，他又全程负责了鹅城站年度检修试验工作，并圆满完成该站精益化评价相关工作。

对于全省电力职工电气试验员技能大赛"摘桂"的新成绩，刘要峰一脸的平静："虽然是个人赛，可考试准备还是靠团体，没有单位的支持和同事们的配合，我不可能取得什么成绩。"离开赛场，他继续融入自己的优秀团队，坚持"吃苦耐劳＋勤学苦思"的法则，以专业技能立足，为电网增光添彩。

（原载于《中国电力报》2014年8月9日"人生网事"版）

二、小人物写出了"大稿"

对典型人物的宣传怎样才能上行业权威媒体？全国那么多荣誉级别高的员工代表，占据了权威报刊的绝大多数人物宣传版面，而作为荣誉级别并不高的员工的宣传稿件，怎样才能受到权威媒体的青睐而被采用？

《小马识途》是刊登在《国家电网报》的一篇小人物特写，写的是一位"90后"的继电保护二级工作负责人，他获得了省公司级的青年类荣誉，也就成为宣传报道的对象。这篇稿件的亮点在于其标题，标题套用成语"老马识途"，显得非常有新意而耐人寻味，主人公本姓马，稿件也是写的他的"识途"成长过程，所以好的标题已经成功了一半。

其实以人物姓名"做文章"并不是我们所倡导的，但这篇稿件虽然以人物姓名作为切入并做标题，却没有刻意，也没有过于夸大，反而显得自然而俏皮。

这篇稿件作为一篇写普通人物的"小通讯"，篇幅不长，但是写得非常简练，紧紧抓住标题也就是主题，通过"成长"这条主线，紧扣人物所从事的二次专业的特点，将概述与实例相结合、语言与场景相结合、本人与他人相结合，把一名青年员工的成长之路用紧凑而简洁的文字表述出来。

从这篇稿件可以看出，写人物一定要写"实"，只有写"实"才能写"活"，切忌用"高""大""空"的话来拼凑篇幅和堆砌文字。语言的节奏也很重要，这种稿件写完后一定要自己先读读，如果读起来没有行云流水般的感觉，反而拖拖沓沓，有"接不上气"的感觉，那这样的稿件就不会有吸引力。

《一名换流站值班员的抉择》是《国家电网报》"我与三集五大"征文的一篇应征稿件，是以较快速度投稿并以较快速度上稿的一篇人物通讯，在《国家电网报》要闻版头条刊发。

　　文章所叙述的人物是企业"最美检修人"荣誉获得者，也是国家电网公司首届直流换流站运维竞赛团体第三名和运行专业个人第四名的获得者，具有一定的代表性。从人物身份来看，稿件中的"按照国家电网公司'三集五大'体系建设要求，鹅城换流站由湖南省电力公司检修公司实行属地化管理"，体现了稿件中的主人公所在单位、所从事工作与"三集五大"的关系。

　　特别是鹅城换流站是国家电网在南方电网唯一的供电枢纽和落点站，而稿件中的主人公作为换流站的老员工面临着去留的抉择，具有代表性，从这个稿件来看，人物的独特性决定了稿件的独特性，就像《小马识途》一样，是标题的独特性决定了稿件的独特性，从一开始就决定了稿件的意义和价值。

　　这篇稿件同《小马识途》一样交叉了人物语言与场景、人物本人与同事、概述与事例相结合的方法，选取了准确判断直流故障、参加国网技能竞赛、提出快速抢修方案等几个事例，使人物的性格精神显得非常鲜活。

　　在这篇稿件中，还注意通过人物语言的设计，将所要反映的人物精神提升到更高层面并使之更加具体化："大检修体系给我的职业生涯带来了新活力，感谢运维一体新模式让我在自己的岗位上实现价值。"这种方式在《小马识途》里也有一定体现，即："湖南人都说要霸得蛮，我要争当'蛮中蛮'！"

　　所以，从两篇看似不同的小人物通讯中可以看出，两篇稿件的成功之处，各有其门道，两篇稿件所写的人物和人物事件是不同的，甚至篇幅有长有短、事例有多有少，但殊途同归，在取胜之道和具体写法上都有异曲同工之妙。

稿例 42: 年轻员工主题人物通讯

小马识途

1990 年出生的马志雄是湖南电力检修公司永州运维分部的一名继电保护二级负责人。从大学主修的高电压技术专业到入职后完全陌生的继电保护工作，两年时间里，马志雄靠着自己的勤奋、钻研和周围师傅的鼓励、帮助，一步步成长起来。

由于不具备熟练的继电保护技能，刚上班时，马志雄只能从挖电缆沟、拖电缆、掀盖板、破电缆、包电缆等工作做起。他一边做这些粗活脏活，一边观察老师傅们如何处理一些关键步骤和棘手的问题。

"因为连问题都听不懂，也不好意思多问，只能自己一个劲地默默学习二次回路。"马志雄说。

师父曹岚看出了他的困惑，强调空有一腔热情是不行的，遇到问题要多思考，思考不出来可以随时找她。师父的话给了马志雄很大的鼓励。每天在做好日常工作之余，他就一头扎进继电保护的基础原理、施工图纸等材料的学习中。

"我就一个信念，只要每天能掌握点新知识，不断积累，这些零散的知识点总有一天会连接成片。"说起那段苦学的日子，马志雄依然很有斗志。

功夫不负有心人，2014 年年底，马志雄参加了湖南电力检修公司继电保护二级负责人的考试，他以工作票和二次安措票 100% 正确率的好成绩，正式成了一名继电保护二级负责人。

随后的时间里，马志雄参与了牌楼变托牌线、艳牌线电流互感器更换、保护装置 C 类检修保护校验及民丰变五民线、金民线以及即将要进行的 1 号主变保护更换等大型工程的查勘，并参与作业指导书及施工方案的编写，逐步增强了对工作安排和工程进度的把控能力。

"回路一定要检查清楚，为保证电网安全，我们的每一步工作都必须精益求精。"为防止电气寄生回路给今后的工作埋下隐患，成为工作负责人后，马志雄每次带队干活都把安全挂在嘴边、放在心中。

"小马，你是属猫的吧？现在你对继电保护工作的熟练程度，可就像猫捉老鼠一样灵活哪！"在一次500千伏变电站线路扩建工程现场，马志雄拿着图纸，带着工作班成员仔细查勘，他的摸、爬、趴、跳、钻等各种灵活的动作赢得了同事们一致称赞。师父曹岚也向他伸出了大拇指："小马，不错，好好干！"

"继电保护工作不像我之前想的那么简单，有时忙得身心俱疲，但一想到千家万户的灯火通明，就觉得自己的工作是有意义的，立马就有了精神！"马志雄说，"湖南人都说要霸得蛮，我要争当'蛮中蛮'！"

（原载于《国家电网报》2015年5月20日基层视点周刊"基层连线"版）

稿例43：值班员主题人物通讯

一名换流站值班员的抉择

"大检修体系给我的职业生涯带来了新活力，感谢运维一体新模式让我在自己的岗位上实现价值。"2014年12月18日，在广东惠州±500千伏鹅城换流站属地化管理1000天座谈会上，值长郑映斌感慨地说。

2012年的春天，对郑映斌来说是一个重要的抉择时刻。按照国家电网公司"三集五大"体系建设要求，鹅城换流站由湖南省电力公司检修公司实行属地化管理，作为换流站的老员工，郑映斌面临着是去还是留的抉择。"鹅城站是国家三广直流输电工程的落点，我选择留下，就是觉得自己应该在这个舞台上做出更大贡献。"郑映斌回忆道，"属地化管理后，我被国网湖南电力严抓严管的工作要求深深吸引，更加认识到自己的责任就是要继续把站守好。"

2012年4月3日，正值鹅城站刚刚实行属地化管理、运维力量新老交替的薄弱时期。当天12时许，运维人员正在吃午餐，突然控制室一声铃响，惊动了留守值班的郑映斌。监控画面显示"极Ⅰ直流系统闭锁"红色最高级报警信号。面对困难，他忙而不乱，沉着应对，一边汇报一边查运行工况、事件记录、直流保护系统参数和故障录波图等信息，凭借在鹅城站8年的工作经验，他迅速而准确地将故障判断为极Ⅰ直流线路故障。"经过他的指挥和操作，仅用两小时，极Ⅰ直流系统就恢复运行，极大缩短了停运时间，保证了直流系统可靠可用。"鹅城站主要负责人对郑映斌的表现赞许不已。

实行属地化管理后，鹅城站实行运维一体化的"大检修"模式。郑映斌全面梳理鹅城站检修维护项目75项和部分D类检修工作，提出"先易后难，先培训后实施"的思路，精心编制《鹅城站运检一体管理方法》《典型维护作业指导书》和《专业培训计划书》，结合当前高效的运检工作体系，更加全面准确地分析、判断和处理故障。借助开创国内首个±500千伏换流站运维一体化模式的契机，郑映斌和同事们一道儿，抓住机遇，提高自身运维能力。

2012年11月，国家电网公司组织"大检修"后首次直流换流站运维技能竞赛。"让我参加吧！"郑映斌主动请缨。作为国网湖南电力运行专业的参赛选手，他放弃了陪伴家人和照顾刚出生女儿的机会，在8个月的封闭训练中，他克服重重困难，自习、出题、考试、实操，一轮接着一轮，无数次重复练习各种运行工况的操作技能，终于夺得了团体第三名和运行专业个人第四名的好成绩。

"郑映斌还抽出大量时间，练习更换换流阀组中可控硅的操作技能，直到熟练。"获得此次比赛换流阀专业第一名的同事张宏说。

与常规交流变电站独立装置式微机保护不同，鹅城站各控制系统及多个子系统都集成在一起，没有完整的信号回路开展图纸研判，这就是"软件黑匣子"。运维一体化后，郑映斌经常加班加点地钻研"软件黑匣子"，累计发现软件设计缺陷 10 余处。2014 年 7 月 13 日，他大胆提出了换流阀内冷却水主循环泵轴封漏水快速处理的"黄金 90 秒"，为解决换流站主泵轴封瞬间漏水问题提出了极具价值的快速抢修方案。

实行属地化管理后，郑映斌创新使用换流站自动功率升降功能。作为提高直流功率升降操作效率及正确率 QC 小组的组织协调者，他攻关研究、仿真模拟和验证，与中国电科院合作，顺利完成功率自动升降功能带负荷试验。目前，鹅城站已全面启用自动功率升降功能来执行功率升降任务，大大提高了运检人员功率调节效率，确保了功率升降任务百分之百的正确率。郑映斌自豪地说："这一功能已在国家电网公司系统直流换流站进行推广应用，并获得 2014 年国家电网公司优秀 QC 成果奖和国网湖南电力 2013 年优秀 QC 成果奖。"

历经了"大检修"的洗礼，郑映斌选择与鹅城换流站继续相伴，以更扎实的专业技能和"严、细、实"的作风，带领班组出色完成了江城直流系统日常值班及运维工作，以及多次单、双极启停重大操作任务，从未发生责任事故。2014 年，他又参与了 ±800 千伏换流站系列施工及验收规范修订工作，为特高压换流站落点湖南做好了充分的准备。

（原载于《国家电网报》2015 年 2 月 11 日要闻版"我与三集五大"征文）

三、女性先进人物的报道

女性先进人物有她们的特点，所以写起来也应该有特点。

　　《中国电业》杂志刊登的长篇通讯《芙蓉花开》，是该杂志在一年内多期多次刊登我们单位的通讯报道之一，讲述的是荣获省公司级"芙蓉标兵岗"的 52 名芙蓉标兵们。

　　"芙蓉"取意于"芙蓉国里尽朝晖"的名句，"芙蓉花开"有双重深意，一是宣传对象是湖南电力的女性，二是她们在实际工作岗位上取得了优异的成绩，标题既有美感也有深意，这是这篇稿件成功的重要因素。这篇稿件在"三八"期间推出并及时投送媒体，在时间点的"应景"上取得了应有的效果，得到及时刊登。

　　这篇集体人物通讯，所采取的则是稍不同于个人人物通讯的专有写法，采用诗意一般的白描方式，从学习到工作，从工作到生活，从集体到个体，从"老人"到新人，展现了一个热情高涨、关爱家庭的女性集体的风采。整篇通讯在写法上，如同描述的对象一样，柔中带刚，把电力女性的美充分展现在读者面前。

　　所以，这篇稿件的成功之处，不仅在于题美，也在于文美，做到了紧扣女性主题和集体特色，在诗情画意的描述中感动读者、感动编辑。

　　《耕耘档案管理　服务电网主业》是 2021 年刊发在《国家电网报》的一篇人物通讯。《国家电网报》每年都有一定的改版，我们选取《国家电网报》的"党员风采"版，借助这一专版载体，从党员尽职尽责的角度，撰写了获得"国家电网有限公司'兰台耕耘'20 年以上工作突出个人"称号的公司办公室档案专责周劲的人物通讯。

　　这也是不断适应报纸版面需要，科学调整报道侧重点的一个成功案例。因为，除了这个版面，没有其他合适的版面，而为了适应这个版面要求，我们要从"共产党员"的角度去挖掘人物特征。

　　而报道对象作为女性，我们也注重从女性主人公的特点去挖掘，如甘守寂寞不言苦、甘担重活不畏难、处事干练不误事等。

　　这篇较新的在《国家电网报》刊发的人物通讯，编辑联系我多次进行深度沟通和修改，对很多细节反复核实和推敲，这让我感觉，《国家电网报》对稿件质量的要求越来越高，所以，我们在撰写新闻稿时也要更加注重质量。

稿例 44：女性集体主题人物通讯

芙蓉花开

这是一支由众多女性组成并创造出卓著功勋的巾帼团队。

在这里，人们能够感受到她们对工作的勤奋与踏实，能够目睹到她们对事业的执着与钻研，能够聆听到她们对他人的默默关爱与扶助。她们平均出差 180 天，平均在外住宿 160 天；她们用无悔人生讲述着女性的柔情挚爱；她们用智慧与坚强，肩负起了湖南 500 千伏变电站的安全稳定运行。

她们，就是今年"三八"节前夕，刚刚荣获 2013 年国网湖南电力"芙蓉标兵岗"称号的湖南检修公司检修五分部的 52 位女员工。

建章立制　以标准练标兵

为了打造过硬队伍，创建一流班组，必须建立一套行之有效的科学标准。而在全面实施无人值守和运维一体新的管理模式以后，以往的一些标准与制度已不能指导与规范实际工作。

通过反复的修改、实践与建标，湖南检修公司一整套与变电运维一体化工作相适应的制度体系和工作标准相继建立，包括新编的 26 个管理制度、19 个岗位职责、27 个标准作业流程，以及针对变电站设备的 C、D 类检修和日常维护、应急抢修、设备巡视等 15 个典型运维一体工作流程图。

芙蓉标兵们深知规章标准对行为约束的重要性，她们将"规章标准""流程图"牢记于心，并灵活运用到生产实际。

每天，芙蓉标兵们按工作内容分为几个小组，各司其职，有中心值守组、巡视维护组、检修操作组和培训应急组，同时每人又不局限于一种职能，定期轮换，角色多变。在堆积如山、繁复缛杂的文案面前，她们充分发挥女性心思细腻的优势，变魔术般将各项资料分类归档得整整齐齐；巡视维护时，她们严格履行标准化作业流程，面面俱到，火眼金睛，不放过任何一个死角和隐患；面对重体力、强专业的检修操作任务，她们又巾帼不逊男儿，依照作业要求与标准，充分调动所学专业知识，漂漂亮亮将生产任务圆满完成。

此外，分部全面实施绩效管理。采用工作积分制，实现绩效全覆盖，指标全量化。同时实行能力定级，按照1～9级运维工共设置15档绩效系数，通过绩效差异激励员工自主上进，使得能者上，庸者下。所有这些都促使她们工作责任心和积极性大大提高。

体制是熔炉。在严格的标准面前，湖南检修公司造就了一批果敢、细致、有责任感的电网安全运行守护战士。其中，芙蓉标兵们便是一支能征善战的娘子军。

技术比武　巾帼不逊男儿

俗话说：安全是天，生死攸关。对于电网企业来说，安全就是生命，安全就是效益。安全生产，得之于严，失之于宽；安全工作只有起点，没有终点。

为了确保供电的安全平稳运行，保证公司生产经营的顺利进行，芙蓉标兵们苦练岗位技术。她们不仅各自努力，学习岗位理论知识，而且注重在平时工作中相互学习、相互钻研，讨论岗位实践知识，共同提高业务水平。在班组里，她们经常为探讨某个技术问题而争论不休，整个班组比、学、赶、超的气氛相当浓厚。

此外，芙蓉标兵们还定期开展"找差距，提需求"活动，签订师徒合同，开展"一帮一，一带一"活动。并且，有针对性地进行应急处置与缺陷处理的事故预想、反事故演习，以及开展快餐式培训等多种形式的岗位练兵，使得班组整体业务操作水平不断提高，分析和处理事故的应变能力不断增强。

随着运维一体化的推进，公司对运维人员也提出了新的要求，不光要懂运行，还要会检修。这对于一直以来仅从事运行工作甚至是辅业的芙蓉标兵们来讲，无异于一切从零开始，难度可想而知！但喜欢挑战自我、超越自我的她们却无所畏惧，迎难而上，不管是年轻刚入职的新手还是人到中年、日久打拼的老员工，都铆足一股劲儿，开始学习新知识，努力争当"运检双能"的运维工，以适应时代和公司的需求。

女员工中现有值长、工作负责人10人，具有工程师和技师资格人员达25人，2人在省公司培训竞赛中获奖。芙蓉标兵们用勤奋踏实耕耘着承担的事业，用骄人的业绩证明了巾帼不让须眉！

克己奉公　胸怀事业大局

事业是基石，家庭是港湾。作为检修公司的女员工，如何平衡家庭与事业的关系，则是她们面临的一个重要课题。

吕振梅，2009年硕士毕业进入检修公司。2012年她出差227天，到2013年10月出差206天。2011年孩子出生，产假一结束她就开始了在变电站连续工作7天的值班模式。因为站内有倒母线的操作，她缺席了孩子的周岁生日；因为备战省公司变电运维现场培训竞赛，她缺席了孩子的两周岁生日；还曾忍别高烧40度的孩子到站内加班，以至于孩子甚至叫姑姑为"妈妈"。

刘可可，2009年7月从继电保护专业转岗运行，刻苦钻研，拜师父、跑图书馆查资料，不懂就问。2010年成长为正值，2012年取得变电运行技师资格，2013年成为值长，是转岗人员成才的典范。技能提升的背后是每年平均250天的出差，是每年平均6000项的正确操作，是对电网、对设备全身心的牵挂和责任。5 年的运行工作，她经历了孩子幼儿园受伤只能在电话中陪着孩子的心痛，经历了丈夫在外地工作选择将孩子全托寄宿的不舍，经历了无法陪伴、无法回馈父母的愧疚，却依然选择坚守。

王朋，公司唯一的双值长家庭，与丈夫龚盛一起守护着电网的安全，营造着家庭温馨的港湾；洪晓敏，曾经的女军人，大家熟悉的英姿飒爽的队列指挥员，2009 年从概预算专业转岗运行，面对全新的领域，她没有退缩，掌握设备状况，认真落实现场安全生产制度，在倒闸操作中严肃认真、一丝不苟，2011 年出差 201 天，2012 年出差 227 天，2013 年出差 223 天，没有任何违章违纪，是她平凡中最简单的坚守，也是她平凡中不平凡的答卷……

她们个个都是好妻子、好母亲、好女儿，可是却要比一般人更多地承受与家人聚少离多的痛楚，比一般人更多地面临如何平衡家庭与事业的双重考验。对于生活，她们有些许遗憾，对于家人，她们常怀愧疚，但她们深谙大局于心，把工作始终摆在第一位，热爱工作，用心工作，虽渺小却默默地为电网安全稳定运营奉献着自己。

春风化雨，润物无声；芙蓉花开，年年岁岁。

（原载于《中国电业》杂志 2014 年 3 月刊）

稿例 45：档案工作者主题人物通讯

耕耘档案管理　服务电网主业

3 月 23 日，湖南电力检修公司办公室档案专责周劲和国网湖南省电力有限公司有关人员一道儿，来到国家电网有限公司档案馆了解档案移交流程，为即将开展的特高压档案属地化保管移交工作做好准备。

工作 25 年，周劲坚守共产党员的初心，在平凡的档案管理工作中尽职履责，见证了湖南超特高压电网档案管理工作从起步到飞速发展的过程。2020 年 11 月，她获得"国家电网有限公司'兰台耕耘'20 年以上工作突出个人"称号。

从零基础到档案管理专家

周劲于 1996 年大学毕业后进入湖南省变电修试安装公司（湖南电力检修公司前身），负责档案管理工作。大学时，她所学的专业与档案管理并不相关。半路出家管理档案，周劲缺乏档案管理知识和经验，感到压力很大。

但周劲没有气馁，自购大量专业书籍强化理论知识，虚心向前辈请教，不错过任何一次档案工作培训和现场学习的机会。她还主动到业务部门了解业务流程及工作内容，翻阅研究各项规章制度。几年下来，周劲成长为档案管理方面的专家。

工程项目档案是电网企业档案管理的核心业务。由于涉及工期长、专业多、数量大、工序烦琐，这类档案的收集整理一直是难题。

为解决这一难题，周劲针对档案收集内容、流程、方式，总结出一套符合工作要求、具有本单位特点的档案工作方法。她先后 4 次参与编制国网湖南电力输变电工程档案管理标准化指导书。2013 年，这套指导书被湖南省档案局评为管理研究优秀成果。

近年来，周劲持续完善制度化建设，修订、完善档案管理制度共 10 项。2012 年至 2015 年，她先后主持完成湖南电力检修公司运行档案、检修档案、基建工程档案、输电线路档案的规范化管理达标工作。

在周劲和同事们的努力下，湖南电力检修公司的档案管理工作得到了各级单位的认可。该公司 1998 年获评"企业档案管理国家二级单位"，2011 年取得"湖南省档案工作规范化管理特级单位"称号，2015 年获"国家电网公司档案工作先进集体"荣誉。

尽己所能做好档案服务

档案的最终价值体现在服务上。作为档案专责，周劲尽己所能做好档案服务，为企业各项工作提供支持。

2020年10月24日，星期六，天刚蒙蒙亮，周劲的手机就响了起来。电话那头传来基层单位同事焦急的声音："劲姐，500千伏云田变电站2号主变压器应急更换工作急需查阅一份纸质图纸，麻烦您帮忙找一下。""好，我马上过去！"周劲匆匆赶往档案库房。她根据分类规律，熟练操作档案查询系统，迅速准确地在成千上万档案中调出纸质案卷，交给了基层单位。

周劲说："每次档案利用完成，看到小小的档案能帮助工程项目部的同事解决实际困难，我觉得特别满足，有成就感。这种感觉激励着我继续做好档案工作。"

近5年，湖南电力检修公司1400余人次使用各类档案，查阅档案5568卷次，复印资料上万张。档案室为各级单位提供各类资料20余万字。

周劲参与了湖南省内两座特高压换流站、79座变电站的新建、改扩建工程。在工程中，她负责督促、指导工程人员形成、收集、整理工程资料，完成工程项目档案移交、归档工作。她还配合工程项目部完成工程创优的档案整改、迎检工作，为多个工程项目获得国家工程建设奖项打下了基础，受到各工程项目部的好评。

致力提升档案管理水平

周劲乐于创新，不断探索运用先进技术进行档案信息化建设，提高档案现代化管理水平。

2010年年底，湖南电力检修公司开展库藏档案数字化工作，周劲担任项目总负责人。她在编制库藏档案数字化工作方案的同时，还负责整个项目的组织、协调以及档案进出库管理、核对、质检、验收等工作。尽管工作烦琐又辛苦，她却乐在其中。作为国网湖南电力第一批开展数字化工作的试点单位，湖南电力检修公司 2011 年顺利通过省公司的档案数字化验收。此后，经过不断技术改进，湖南电力检修公司档案室的库藏档案数字化率提高到 98% 以上。

为适应档案数字化、智能化发展要求，并配合企业整体布局，湖南电力检修公司于 2020 年 6 月 8 日到 8 月 18 日开展数字化档案室建设。

在档案室搬迁和建设期间，有部分工作需要在夜间进行。作为档案专责，周劲承担起档案库房搬迁工作的策划、组织工作。当年 6 月 8 日 23 时 30 分，数字化档案室的档案智能柜送到。伴随着"轰轰"的发动机声，明亮的车灯照亮了办公区大门。16 个车轮的厢式货车上，装载了满满一车铁制柜子组件。周劲指挥搬运工人按指定地点有序地摆放柜子组件，清点数量，一直忙到曙光微露。

此次数字化档案室建设共搬运各类档案 1619 箱 43390 卷档案，拆装利旧密集架 279 立方米，拆除报废密集架 160 立方米。在周劲的细心安排下，所有档案均无遗失、无损伤、无乱序。

（原载于《国家电网报》2021 年 3 月 29 日"党员风采"版）

第六节 "小事情"写出了"大格局"

一、用好特殊表现形式

我们每天面对的，大多数都是"小人物""小事情"，就像"小人物"要登上高端媒体十分困难一样，"小事情"要登上高端媒体也是非常难，特别是对于特写和通讯来讲，你的"小事情"要占用报刊不短的篇幅，你怎样才能抓住编辑的眼球，让编辑想用你的稿、能用你的稿，这些都需要费思量，一定要把小小的事情和场面写出特色、写得吸引人才行。

《变电站改造现场素描》是刊登在《国家电网报》工程周刊"现场"版的一篇新闻特写，写的是在一次现场自动化专业工作中的场景。因为是特写，场面不能写得太大，怎样才做到这一点呢？这篇特写以工作负责人贺丁丁的工作过程为主线进行穿插，通过把人物事迹写活从而把整个事件和工作写活，这是一种有益的尝试。

稿件题目虽然是"变电站改造现场素描"，但是采用的是以小见大、以个体见整体的写法，素描的主要是主人公在改造过程中累倒并住院，然后重返工作岗位的过程，人物语言、人物动作、人物表情等细节描写相互穿插，传神到位。

我们写一篇稿件，一定要找准一个有特色、能反映主题的"点"，并从这个点进行切入，否则，以"面"带"面"等于没说，泛泛而谈也等于没说，事件的人物、主题都不能绘声绘色，语言抓不住人，想写点什么却又到处游离，没有核心、没有重点、没有细节，那这种事件通讯就是干巴巴的东西，不能很好地将事件的真实情况用吸引人的方式展现出来，得不到你的第一个读者——编辑的共鸣，也就不能得到其他读者的共鸣，因为你的稿件已失去和其他读者见面的机会。

在《变电站改造现场素描》这篇特写里，通过动人的事例讲述，不仅把工作负责人贺丁丁这个青年员工为工作奉献的精神展现得淋漓尽致而自然淳朴，还通过人物把整个变电站改造的工作辛苦、劳累展现了出来。

这篇特写的表现形式，其实我们应该结合在《"小人物"也绽放"大风采"》里所讲的一个道理来讲，作为人物通讯，宣传报道的对象是有一定的局限性的，也就是说，我们所宣传报道的这个人必须是获得一定荣誉、受到一定层面的肯定的，但是，在实际工作中我们也有一些工作中确实表现突出的普通员工需要报道，那怎么处理呢？

《变电站改造现场素描》这篇特写做了很好的示范，也就是以人物为核心、为线索来展开事件报道，从标题上、从整体上看是一篇特写，讲的是工作中的场景，但是从写作细节和报道效果来看，对穿插全文的主人公的宣传则显得更加重要和明显。

这种特写相较于人物小通讯的不同之处在于，前者以事件为标题，后者以人物为标题，前者以一个事件贯穿全文，而后者以人物多个实例来由总到分描述，这是在具体写作时必须要掌握的。此外，在素材上，作为稿件报道内容的整个事件必须是生动鲜活的，否则不足以展示核心人物在整个事件中作用的特质。

正因为这种特殊的情况，这种稿件在写作时要基于特殊的目的，也就需要有特殊的表现形式，因此对写作的具体要求是比较高的，如果没有掌握好写作技巧，则很可能像东施效颦，适得其反。

稿例46：改造任务主题新闻特写

变电站改造现场素描

夏日的攸县，骄阳似火。

湖南省电力公司检修公司220千伏大塘冲变电站全站综自系统改造工程现场，一片如火如荼的工作场景。该公司信通中心派出经验最丰富的工作负责人贺丁丁全程负责工程现场的自动化专业安装调试及信号联调工作。人称"霸得蛮，HOLD得住，对工作无比执着"的贺丁丁，是检修公司通信自动化专业的第一批技术人员，他已经参与了多个重点项目，连续三年蝉联信通中心出差之冠。这次，从5月进场开始，贺丁丁一直坚守在工地，与其他专业人员一起奋战了数个通宵。

6月29日晚上7点多，2号主变压器和110千伏北侧4个间隔的信号联调工作已接近尾声，大伙儿在等待仪表班校验主变油温表。有人注意到，平日高门亮嗓的贺丁丁已经沉默了好长一段时间。"不舒服？"把关人问。"哎，有点累，坐一下……"贺丁丁的声音有些疲惫。

一个小时后，校验完成，与调度核对数据正确。贺丁丁一手捂紧腰部，急匆匆地办理结票手续。"你是不是肾结石又犯了？我们去医院吧！"想起他在500千伏复兴变电站无人值改工地犯病的事，把关人关心地问道。"嗯，老毛病了，我带了药，休息一下就应该没问题了。"贺丁丁摆摆手说。

又过了半个小时，贺丁丁额头开始冒汗，苍白的面庞因痛苦而扭曲，捂着腰间的手陡然抓紧衣服。"今晚可能熬不住了，送我去医院吧……"

攸县人民医院急诊室里，一支黄体酮混合着镇痛剂注入贺丁丁体内。"我是不是马上就能回去了？"贺丁丁还不死心，一个劲儿地问。"别着急走啊，到病床上老实躺着，你这个情况必须观察一段时间。"医生严肃地交代道。迷糊了一个小时，贺丁丁又疼醒了。考虑再三，医生无奈之下只得又开了一针精神麻醉药品。这下子，贺丁丁全身彻底麻木了，昏昏睡去。

第二天早上，把关人联系车辆来接贺丁丁，并要求班里换个人过来接手他的活儿。

"不用了，我现在不疼了，没事！"

"那不行，你回去休息！"

"真没事！"贺丁丁一下子站起来，还显摆地跳了跳，"你看，老毛病，疼起来熬不住，疼过了就一点儿事都没有。今天就是陪送电，一般也没什么大事。再说了，这项工程一直都是我负责的，真的有问题，别人不熟悉，我还不放心呢！"在他的再三坚持下，大家都拗不过他，只好作罢，把他接回了工地。次日，送完电后，满身疲惫的贺丁丁才回到了长沙。

休息了两天，大塘冲变 10 千伏 I 段部分的改造又需要进场配合了。贺丁丁向班长主动请缨："10 千伏改造完，工程就全部结束了。这是我的任务，还是让我负责到底吧！"撂下掷地有声的话语，他带着药物又出发了。

（原载于《国家电网报》2013 年 7 月 18 日工程周刊"现场"版）

二、抓住一点寻求突破

与《变电站改造现场素描》这种特殊写法不同，事件通讯就是简单地对事件的报道，有对单一事件的报道，也有对同类事件的综合报道。

刊登在《中国电业》杂志上的《"最"是鄜湖湘检人》就是一篇单一事件的报道，讲述的是湖南衡阳 220 千伏鄜湖变电站整站改造工程的改造过程，其实也就是这个工程的纪实稿。这篇稿件的出彩之处其实我们可以看到，和前述的特写一样，也是在标题上花了很大的功夫，将"最"融入标题，也融入了整个通讯稿的报道，报道的几个组成部分都是讲工程"之最"，通过多个"最"的特色描述，从不同的侧面对工程进行了展示，对工程是如何保证质量、确保安全、提高速度乃至开展创新等方面进行了精彩的讲述。

作为这样一个满载着"最"的工程，用一个字在新闻标题中来概括它肯定就是"最"了，通过工程的"最"来展现鄜湖湘检人的风采，所以这篇稿件在整个报道的各个"最"的组成部分并不是平铺直叙，而是将人物融入了各个部分、各个篇章，通过人物来讲事情，通过事情来显人物，将人与事有机结合，有人物出现但不突出人物，以人物为基调但烘托事实。

这样的处理方法，使得整个事件报道虽然只是从一个"最"字切入，但也紧紧抓住了这个"最"字及其特色，虽然文字显得并不是那么讲究，布局谋篇也比较简单，但终归还是一篇质量不错的事件通讯，虽然简单而朴实，但终归还是受到了权威行业杂志的青睐，被采用和刊登。

在芸芸众"稿"中，我们的稿件一定要抓住一个足以引起编辑注意的"点"，没有这个点，我们的稿件也就失去了灵魂，失去了竞争力。

与《"最"是鄱湖湘检人》又有所不同，更多的事件通讯是立足于一个主题的综合报道，怎样找准这个主题继而抓住这个主题，是这类稿件的一个难点。

《检修现场科技秀》是刊登在《中国电力报》的一篇事件通讯，报道的是春季安全大检查期间，运用先进科技技术确保电网安全稳定运行的内容。春安检查有各种手段，但是高科技手段无疑是特别引人注目的一种新手段，这篇稿件搜集了几种具有代表性的高科技手段，反映其在春安检查中取得的效果，即高灵敏度监测仪效果好、高精红外热像仪应用广、视频监督"千里眼"覆盖全。

这是一则时事性的新闻报道，作为事件通讯，其实如何报道春安检查并不容易出新意，特别是春安检查并不是具有很大亮点和新意的季节性电力生产工作，而是安全检查类工作，泛泛而谈肯定不能产生好的报道效果。怎样报道安全检查才能产生好的效果，这也是新闻报道要认真思考的。

这篇稿件从劳动要素中的"劳动工具"入手，通过对几种先进"劳动工具"的具体阐述，有人物、有现场、有效果、有对比，对怎样搞好春安检查这个特殊的"劳动"进行了有价值的报道。

从这篇稿件可以看出，其实"劳动要素"角度是比较有利于我们寻找事件的综合报道的角度的，从"劳动要素"来看，不仅有劳动工具，还有人的劳动、劳动对象，选择任一要素进行有特色的报道，都足以支撑整个报道的亮点和核心内容。

以这篇稿件为例，它选择了以劳动工具的先进性为整个报道的核心，那么作为劳动工具，其实还可以从先进性以外的其他方面来写，从人的劳动来讲则可以选择如何精细化管理等，从劳动对象来讲则可以选择具体的不同类型的电网设备的安全性，等等。

这就是说，我们在对一项工作进行综合报道的时候，往往不知道从何入手，往往会落入"眉毛胡子一把抓"的困局，什么都写，但什么都写不好，故而等于什么都没写，这是我们缺乏对事件的理论性分析所致。反之，如果将事件看作特殊的"劳动"，则可以很快触及我们的写作灵感并和被采访对象产生共鸣，迅速找到报道的"新闻眼"，并进行有良好效果的报道。

稿例 47：特色工作主题事件通讯

"最"是鄱湖湘检人

2012 年 12 月 23 日，株洲 220 千伏白马垅变电站整站改造一次性顺利送电成功，"大检修"奋勇扬帆。

时隔整整一年，2013 年 12 月 23 日，衡阳 220 千伏鄱湖变电站整站改造工程较原计划提前 9 天顺利竣工投运。

365 天，凝聚了许多鄱湖之"最"，更凝聚了湖南检修人锐意进取的奋发精神。

最有效：作业方法

现场一次把关人彭劢对此解释道："精心策划、细心准备、全心作业、专心监护、用心总结，我们叫它'五心作业法'，每一步都要落实到位，这是检修二分部在集中检修中总结提炼出的精髓。"

负责工程建设的二分部早早行动。分部经理从 7 月份就安排人员对鄱湖变进行先期查勘，副经理陈四桥、主任师吴晓虎多次亲自带队深入现场了解情况，编制出了 3 套停电及工作内容安排都精确到天的备选方案，与相关单位开展了不下十次策划会；公司运检部副主任陈力耕作为项目总负责人，多次到场参与主持方案敲定。

9月28日，在兄弟单位衡阳公司的大力配合下，施工项目部提前顺利完成硬质围栏布置、生活场地整治等工程所有前期准备工作。30日，省公司运检部副主任李喜贵来到鄱湖变，主持召开整站改造施工安全技术交底会议，对工程精细策划、超前准备，提前出色地完成施工前期的不停电工作，给予了充分肯定。

最严格：例会制度

不管刮风下雨、电闪雷鸣，现场日早会、日总结和周例会从不间断。

日总结会也是落实现场安全文明管理规定、检修项目管理制度的总结执行大会。尽管大家一天加班加点劳作下来，都感到身心疲惫，但总结会必须参加。会上大家能看到领导在座、把关，和自己一起坚守岗位，能从中感受到上级的重视程度，感受到严细求实的氛围，让人觉得有主心骨。谁在一天施工中有什么瑕疵，都会在会上提出来加以分析，并得到纠正。同样的失误是不会有第二次的，否则将会受到严厉的考核，甚至丧失现场劳动竞赛的评先权利。日总结会着力于当天的事当天解决，起到了很好的工作促进作用。

最鼓舞：劳动竞赛

现场二次工作负责人宁智纲斗志昂扬，他和他的二次作业班在劳动竞赛中获得了优胜奖。落选的同事不服气，说要和他在下次劳动竞赛中再见高低，宁智纲毫不犹豫地应战。

当问他有什么夺魁的秘密武器时，他说："关键是做好现场管控，把现场文明施工和标准化作业做扎实、做到位，自己是作业班负责人，一要做好标杆，二要比其他人员要劳神费力得多，带领作业班尽量做到'本职安全'。"

正因为这种精神所在，鄱湖变工程获得了公司百日攻坚劳动竞赛优秀项目管理奖。

最自豪：赢得信赖

鄱湖变1号主变220千伏高压侧断路器601开关B相发生六氟化硫渗漏很长一段时间了，时不时发出六氟化硫告警信号，经常要给610开关补充昂贵的六氟化硫气体，这个缺陷一直困扰着甲方维护人员。

当省检修公司工作人员带着检漏仪处理该缺陷时，甲方很是怀疑，因为他们用检漏仪也查过很多次，就是找不出漏点。省检修公司工作人员用检漏仪给610开关"做体检"，一开始也没发现问题，后来采用试剂直接测试法检漏，也没发现问题，随后又给610开关增加气压，沙漏点终于"现出了原形"。

三招！三招让甲方维护人员竖起了大拇指，赢得了甲方的信赖，使他们相信变电检修专业的"王牌军"绝非浪得虚名。

最实用：创新项目

站在高空作业轻便绝缘平台上开展施工作业的工作人员介绍说，该平台是由电力行业技术能手何权设计制作的，国家电网公司2013年新技术研究应用立项项目，刚刚研制成功，正好在鄱湖变工地派上用场。

它由上下两节黄色绝缘树脂材料构成，通过遥控器控制其升降。空旷的场地上突然出现个高达6米的黄色"高个子"，回头率的确很高。按规定，这样的大型工程要配备4台高空作业车，现场显然不足。高空作业轻便绝缘平台的投入，有效缓解了现场高空作业车紧张的局面。

最不易：安全管理

鄱湖变集中检修分220千伏、110千伏、10千伏三大块，每完成一个节点就做一次很好的总结，开展一次评比，搞一次现场安全日活动，宣布一批考核事项，既鼓舞了士气，画出了红线，又起到了正确的引导、警示作用，每次安全日活动都以反骄傲、反松懈、反违章为主题，一次比一次强度高。

使全员对安全保持着适度的紧张，营造安全第一的实际氛围，是此次工程顺利实现"双零"安全目标，获得省公司级"无违章现场"和公司级"无违章现场"称号的有力措施。

鄌湖变1980年建成投运，服役已超过30年，有着一座老站可能有的所有缺陷，这些问题已严重威胁到鄌湖变的安全稳定运行，而想要从根本上解决，只能通过集中整站改造。然而，鄌湖变至今仍作为衡阳的东部枢纽变电站，承担着当地的重要供电任务。电该怎么停？繁重的任务该怎么去安排？这些都是摆在工程施工方眼前的难题。

19台断路器的大修，75组设备的更换，1350套铜铝线夹的整治，3000米导线的制作安装；全站综自系统改造更换保护40套，拆除综自系统改造后保护及自动化装置55套，新安装保护及综自系统66套，电缆敷设86千米；近600根基础构架的防腐处理，6000多片悬式绝缘子的更换，结合全站设备小修例试、二次装置校验、缺陷消除、隐患排查与治理工作等庞大的工程量，确定了鄌湖变的整站改造工程是省公司系统迎峰度冬的第一大工程。这在平时别说3个月完成，再加3个月工期也不是容易的事。

台风"海燕"的袭扰阻工让人如坐针毡，一次作业班负责人周艺林显然对此深有感触，他一面要按时完成施工节点保证施工进度，一面要和台风"海燕"周旋，一面还要在恶劣天气下监护现场施工安全。

最坚强：后援支持

此次施工与上次白马垅变集中检修相比不同，上次是本土维护站作战，依托后方后勤有保障。这次更难！是孤军深入作战，远离后方300余千米，120余人的后勤保障都要自给自足，生活条件十分艰苦，生产、生活、停电安排等都要依赖衡阳供电公司的支持和配合。刚到鄌湖变时，厕所都是两块木板搭建的简易茅坑，施工队伍进场后，建立了新的厕所等一系列生活设施，工程进度晴雨表和各项制度纷纷上墙，办公室、会议室也焕然一新。

现场把关人陈四桥在鄱湖的3个月，肩上压着整座鄱湖变改造工程项目的重担，与此同时，他对妻子、女儿、岳父岳母感到无比的歉疚，因为在他坚守在鄱湖变的日子里，家里的一切都由妻子和岳母打理。岳父心脏不好，住院做搭桥手术，岳母也正在做化疗和疾病顽强地斗争，在生产分部上班的妻子刘艳的艰难可想而知，既要上班，又要照顾6岁的女儿，还要照应住院的父母。当分部经理去医院探望四桥的岳父岳母时，他问刘艳："要不要找人把四桥替回来？"这个坚强的女同志却干脆地回答："不，四桥的工作要紧！"

集中停电整站检修的"鄱湖模式"，是白马垅变整站检修模式的升级版，是整站改造工程精神的发扬和提升，体现出集中检修模式已在三湘大地落地生根，开花结果。

（原载于《中国电业》杂志2014年1月刊）

稿例48：科技应用主题事件通讯

检修现场科技秀
——湖南电力检修公司运用新技术除隐患掠影

"这台新监测设备真管用，检测出来的数据经过分析就能给出缺陷类型，设备是什么缺陷一目了然！"3月22日，在湖南长沙220千伏林海变电站内，湖南电力检修公司试验人员看着屏幕上的数据，兴奋地告诉笔者。

自今年春季安全大检查开展以来，负责湖南主电网运维的湖南电力检修公司积极应用新技术，全方位确保春检优质高效完成，为全年电网安全稳定运行打下了坚实的基础。

高灵敏度监测仪效果好

六氟化硫设备内部的局部放电检测一直是春检的重点、难点，对此，湖南电力检修公司引入了新型的便携式超高频局部放电监测仪，对封闭式组合电气进行局部放电监测及局部放电情况诊断。

"它的特点之一就是灵敏度高。"林海变电站内，现场试验人员对着设备介绍说。该监测仪有3个输入通道，加上该仪器发射超高频信号，与之前使用的高频和超声波检测仪相比，该仪器有更高的灵敏度，能及时发现变电站设备中一些细微的故障并发出预警信号，从而在设备被完全击穿之前对它们进行消缺，确保运行设备的可靠性。

与之前使用的检测仪相比，它更专业。该局部放电监测设备的显示方式与专业的固式在线局部放电监测系统的显示方式相似，内置了拥有数据庞大的数据库的"专家系统"，能够采集和显示大量数据，并将数据与数据库比对，进而罗列出可能的缺陷类型。

"以前我们做局放试验，要根据经验，对一系列数据分析出设备可能出现的缺陷，费时费力。"现场负责人说，"有了这种仪器，就可以自动地对检测数据进行分析，并按顺序识别出缺陷不同的类型，大大减少了我们现场对缺陷的判断时间。"

目前，湖南电力检修公司已运用该仪器在220千伏封闭式组合电气变电站进行了成功检测。

高精红外热像仪应用广

"发现一处红外缺陷，发热类型为电压导热型。"3月23日，永州500千伏宗元变电站内，现场工作人员正运用新引进的高精红外热像仪对站内设备进行红外测温。

春检中，电网设备的红外缺陷一直是重点项目，而红外缺陷中的电压致热型缺陷具有一定的隐蔽性，使用普通红外检测仪一般难以发现，从而容易成为电网安全运行的隐患。今年春检中，为提高红外测温精度，湖南电力检修公司使用了新型红外热像仪。"比一般的成像仪有更高的精度、更大的检测视角、更智能的检测方式。"现场工作人员说。

由于高精红外热像仪为首次配备，工作人员对设备的实际应用、数据分析及日常维护存在一定的困难。为了使大家切实掌握红外热像仪的使用方法，该公司积极组织红外热像仪校验技术的相关培训，培训由厂家专业人员亲自授课，并深入变电站现场进行实际应用，员工们轮流操作，同时还针对得出的数据展开讨论，对存在的疑问及时向厂家求教。

视频监督"千里眼"覆盖全

3月22日，在株洲500千伏云田变电站内，除了现场进行春检的工作人员外，还有一个特别的成员，大家称它为"千里眼"。

"622断路器压力值一直在缓慢下降，目前还找不到压力泄露点。"现场工作人员对着"千里眼"说道。"好的，我来看看。"通过"监督者"现场传来的视频，远在公司办公楼的安全监督及技术人员，对现场断路器压力组件进行了逐一检查，并及时指导现场人员消除了泄压缺陷。

这个"千里眼"就是该公司刚引进的远程视频监督系统。往年春检中，会出现个别缺陷现场人员无法独立消除的情况；今年春检，现场人员借助该系统具备的实时信息传递功能，将现场遇到的问题及时向公司本部管理者及技术能手进行求助，提高了春检应急处置能力。

"以前我们在现场遇到难题只能打电话求助，遇到难以说清的问题就只能自己摸索，非常烦琐。"现场工作人员说道，"有了这个系统，通过现场视频，技术骨干仿佛都在现场一样，及时帮助我们消除难题，大大提高了春检效率。目前，该系统已全面在春检现场铺开，同时监督现场可达

60 余个，完全满足春检现场要求。"

（原载于《中国电力报》2014 年 3 月 29 日 "电网发展" 版）

三、写好不同角度和侧面

看完以上的阐释，我们再来看看《强筋壮骨迎战高负荷》这篇刊登在《中国电力报》头条的综合性事件通讯。

这篇稿件不同于《检修现场科技秀》，写的是季节性电力安全生产工作，稿件的各个组成部分也就是各个小标题的组成，分别是日常工作、小型改造、大型施工，共同组成了整个迎峰度夏工作。从这篇稿件可以看出，其选取的报道角度是 "劳动要素" 中的劳动对象。

我们在写一篇篇幅比较长的通讯时往往不知道怎样入手，不知道怎样拟写写作提纲，这篇稿件从 "劳动对象" 这一要素出发，告诉通讯员怎样选取不同的角度和报道侧面，如果实在不知道怎样入题去分割内容，那就实实在在地从工作的不同属性分类来写，也不失为一种方法，关键是怎样才能写好。

其实，在一篇事件通讯的不同组成部分中，还有其内部的细分组成部分。如这篇稿件的第一部分 "保电措施到位"，就写了应急演练、"健康体检"、带电清洗、设备特巡等不同的内容；在第二部分 "改造完成及时" 中，写了软件改造、硬件改造、功能性改造等几个方面的内容；在第三部分 "扩建工程提速" 中，写了变电站扩建、线路施工、电厂工程等几个方面的内容。

所以，写一篇篇幅比较长的通讯稿，首先要在心里写好提纲，有时候也可以根据写作的思路和素材的完善不断调整写作提纲，但是写作提纲的重要核心部分就是如何对要写的东西进行分割、再分割，然后把分割出来的不同内容组合起来，再用适当的文字将这些 "珍珠" 连起来，而后对 "珍珠" 的大小等进行调整，最终制作出一条价值翻倍的 "珍珠项链"。

稿例 49：季节性工作主题事件通讯

<h1 style="text-align:center">强筋壮骨迎战高负荷</h1>
<h2 style="text-align:center">——湖南电力开展主网设备改造扫描</h2>

6月25日，湖南湘潭500千伏鹤岭变电站内，国网湖南电力检修公司试验人员顶着炎热天气，按照与相应生产标准、相邻的设备及其他类似设备比对的"三比"原则，紧张开展设备检测数据比对，以期更加精准地掌握电网设备状况。随着夏季用电高峰即将到来，湖南主电网未雨绸缪，多措并举，从容做好各项迎峰度夏应对准备。

保电措施到位

"星城变35千伏438电容器保护动作，请组织抢修人员、车辆、工器具、备品备件进行抢修……"6月19日15时，湖南电力检修公司调度中心拨通永州运维分部、变电检修基地的电话，启动湖南主电网2014年迎峰度夏应急演练。

"突击式"演练，在湖南电力检修公司成为惯例。为检验紧急情况下检修人员、车辆、工器具、备品的集结速度和处置能力，这次应急演练采取"突击式"，以临时紧急通知的形式，共设置4个典型常见突发的设备事件，不到15分钟，应急队伍及车辆均已集结完毕，体现了高保密性、高仿真度，以及人员安排、集结速度、物资准备等方面准备充分。

迎峰度夏，是对电网一年一度的"大考"。湖南电力公司及早开展迎峰度夏常规性工作，加强设备红外测温、超声波及暂态地电压局放等带电检测，及时掌握设备的健康状态；加强变电站设备巡视、通信设备巡视和保护维护工作，保证变电设备、二次系统和通信设备的正常运行；加强隐患排查治理，建立"一患一档一措施"的隐患管控机制，进行周跟踪、月分析考核，确保安全可控。

6月17日，湖南主电网全面完成2万多台套设备迎峰度夏前"健康体检"。这次体检，对全省17座500千伏变电站和长沙、湘潭、株洲42座220千伏变电站内的设备，进行了地毯式的排查和带电检测，对发现问题的设备及时进行整治，抢在高温、高负荷之前，在负荷低谷时段完成了全部设备的隐患整治和缺陷消除。

"最近负荷越来越高，得给我们电网的'心脏'降降温啊。"6月9日，长沙500千伏沙坪变电站内，工作人员对主变压器进行了带电水冲洗。在迎峰度夏中，公司注重突出工作重点，针对湖南持续30摄氏度以上高温，500千伏变电站主变压器保持负荷较高的运行状态，对主变压器进行了各种降温处理，及时清除影响散热的污物，使运行温度控制在合格范围内；同时，根据对主变压器运行状态进行循环追踪管控，对各接线部位红外跟踪测温。

改造完成及时

6月22日，株洲500千伏古亭变电站保护小室内，运维人员正在对被称为"雷达"的故障信息子站系统进行改造前的排查。夏季用电高峰期来临，湖南电力检修公司全面开展各项电网技术改造工作，为电网安全"强身健体"。

由故障录波装置及保护信息系统构成的故障信息子站系统，作为主电网的故障检测保护"雷达"系统，对迅速发现电网故障、定位故障方位起着至关重要的作用。这次改造，对主电网故障"侦测雷达"系统进行专项改造，通过采用双通道传输、两套故障信息系统设备配置等方式，提高故障查找可靠性及准确性，缩短故障处理时间和效率。

不仅"软件"改造，"硬件"改造也在同步进行。6月14日凌晨，怀化500千伏牌楼变电站牌长Ⅱ回线合环成功，标志着该公司对该站1号主变电流互感器更换等工作全部完成。牌楼变电站作为湘西南水电外送枢纽，今年迎峰度夏期间外送负荷很大，此次工作的顺利完成，为西电东送及湘西北地区迎峰度夏提供了能源保障。工作中，运维人员严格按照作业流程进行检修作业，运行工作时则严格按照规程要求进行倒闸操作和验收，协同确保工作圆满完成。

更重要的，还是整体职能和功能的"改造"。6月11日，株洲500千伏云田变电站完成信息内外网网络、行政电话及电视电话会议改造工作，具备现场办公应急条件，这是湖南提升主网500千伏片区现场办公应急能力，确保迎峰度夏期间应急处置更迅速有效的一项重要措施。

改造后，云田变电站由只能与生产调度进行简单通信，实现了行政办公、现场电网应急电视电话会议、内外网通信等多种通信方式。这一改造，通过在相关500千伏变电站实现运维现场办公能力，使相关500千伏变电站能及时与公司主办公生产楼进行高效可靠的通信，确保湖南主电网应急布置迅速传达落实到位。

扩建施工提速

6月23日，长沙星城变电站500千伏沙星Ⅱ线扩建工程顺利通过竣工验收，这是湖南今年竣工的首个500千伏迎峰度夏扩建项目。随着迎峰度夏封网运行期临近，湖南电力检修公司加快扩建工程项目进度，加强相关项目的质量验收管理，规范内部流程，强化各级责任，确保迎峰度夏前高质量完成各项主网扩建工程。

今年立夏以来，湖南多个地方普降大雨，给长沙、湘潭、娄底、怀化、邵阳等地区的主网迎峰度夏扩建施工带来了困难。为确保扩建工程顺利完成，公司加快了工程进度，各工程项目部严格执行现场管控，将工程任务分解到以"天"为单位，对每日工作流程进行优化，按照施工的标准化作业要求，严把施工进度；统筹协调各项目施工进度，对工程的整体协调及工作安排、施工工艺流程都严格落实把关，通过多项措施克服工期短、任务重和炎热天气的影响。

怀化500千伏牌楼变电站、湘潭500千伏鹤岭变电站、长沙220千伏泉塘变电站、湘潭 220 千伏肖家湾变电站、娄底 220 千伏鹅塘变电站、湘潭 220 千伏九华变电站、邵阳 220 千伏平溪变电站……迎峰度夏来临，为改善电网结构、提升供电能力，湖南电力还紧张同步实施了涉及多个变电站的 17 条 220 千伏线路扩建工程。

　　此外，湖南电力还为湖南发电骨干电厂提供支撑。金竹山电厂作为湖南最大的火力发电厂之一，其装机容量可达近 200 万千瓦，公司通过完成金竹山发电厂 220 千伏间隔扩建工程，增强这一湖南工农业发展重要支柱的产电能力，在今年迎峰度夏期间为长株潭地区的电能供应提供保证。

（原载于《中国电力报》2014 年 6 月 28 日"电网发展"版）

第七节　全方位多类型的报道支撑

一、构建"五全"的报道格局

　　在对《国家电网报》等行业报刊的投稿中，我们的整体策略是"全版面、全题材、全体裁、全篇幅、全通道"的全方位报道，特别注重全方位的小报道支撑，以形成整个报道的大格局。

　　所谓"全版面"，就是对报纸的所有版面进行研究和稿件参与。《国家电网报》不仅有我们的生产类稿件上稿的要闻版，还有比较难上稿的头版和综合版、专业版、周刊版等，虽然我们立足于要闻版上稿，但偶尔也能有好的稿件在头版上稿，非生产类的稿件则多在综合版上稿，而产经类等专业版以及电网建设周刊、班组周刊及后来的党建周刊等，也是我们经常上稿的版面。

　　在要闻版供稿的基础上，我们会选择更高层面的头版进行投稿，事实上我们也的确有很多题材比较特殊，或者具有特殊价值意义的稿件能在头版发表，这是我们绝不拘泥于一般性要闻发稿的投稿思路。

同时，对于非生产类的稿件，我们会选择在综合版投稿发表；对于专业版面我们更多地会根据它的版面设计和栏目设置，进行针对性的投稿；而对于周刊版，我们会根据自身现有题材并结合版面量身定做一定的稿件。

所谓"全题材"，就是根据不同版面的需要，提供符合相应版面要求的稿件。对于要闻版，我们根据公司的主营业务主要提供安全生产类的稿件；对于综合版，我们会提供该版面针对性比较强的培训、党建、人资、法制等管理方面的稿件；对于专业版，我们会根据该版面的定位和版面名称提供经营（产经版）、依法治企（法治版）、信息通信（e电网版）等方面的稿件，且随着报纸对专业版面的调整而调整；对于周刊版，我们会根据"电网建设周刊""班组建设周刊""党建周刊""亮周刊"（文化周刊）等周刊的各个版面的具体定位及其相应的栏目设置，提供本单位有特色、有时效性的稿件。

题材是根据版面的需要确定的，报纸有什么样的版面我们就打造什么样题材的稿件，针对报纸尽量多参与版面，针对版面尽量多参与栏目，针对栏目尽量多参与题材，在题材涉及上做到应有尽有，全面提高对外综合报道能力，做到"不偏科"。

所谓"全体裁"，就是以有自身优势的新闻体裁为基础，打造全面涉及的"全体裁矩阵"。一是消息。作为一家以安全生产为核心的单位，我们主要以消息为体裁开展相关报道，但是我们也注意到，体裁是与题材密切相关的，我们的生产题材因工作层面局限性而受限，同时也因版面消息稿数量所限，我们以消息为题材的生产类报道数量其实是受到一定程度限制的，而其他经营类、管理类等消息报道只是作为"插曲"，没办法在"量"上取得优势。

二是特写。正因为以上原因，我们在做好消息报道的同时，还着眼于多发稿，大力拓宽新闻特写的供稿。这是因为，新闻特写涉及的题材可以不仅是生产方面的，还可以是其他，包括培训、文化、管理等方面的任何题材，所以相应地在版面涉及上更广，而且基本上每个版面都需要一两篇特写作为支撑和配合。最重要的是，新闻特写涉及的题材、适用的题材不一定是非常重要的题材，更多的是基层一线工作中的一些小事情、小细节。新闻特写的写作要求相对于其他新闻体裁来讲，也比较容易达到，这样一来，我们就会有更多的基层通讯员能够更多地参与到新闻特写的写作中来，也就有更多的通讯员参与到我们对行业权威媒体供稿的队伍中来，形成我们对外报道的坚强后盾。

三是通讯。作为通讯来讲，我们也会努力去涉及。记得有一位此前没有打过交道的《国家电网报》的编辑在向我们约稿时说："看你们发过那么多稿，写一篇通讯应该也没有问题。"是的，只有量产才会产生信任度的增加及质上的新突破和新飞跃。作为通讯，其实也是最能体现报道实力的一种新闻体裁，它其实是兼具消息的严谨性和特写的灵活性的一种报道方式，能写好消息和特写的通讯员也能够更好地把握通讯的报道。

四是其他体裁。虽然不一定具有很强的相应能力，但是我们还是会根据手头掌握的新闻素材和报纸版面的需要，去努力打造如图片新闻、言论等体裁的新闻表达方式。这种稿件的意义并不在于催生了多大的上稿量，而在于在上稿过程中提高了我们对媒体研判把握的整体能力和报道能力。这其中，媒体甚至还会有一些根据版面需求自创的"新体裁"，如《国家电网报》班组周刊开设的"班组 V 博"栏目，就是汇集多个单位新闻内容的小栏目，我们根据它的形式，将自身相关新闻转换形式之后，形成这个栏目需要的稿件《开展艰苦创业教育》，同样能获得刊登。

所谓"全篇幅"，就是我们不会去刻意追求稿件的篇幅，一方面版面需要多长的稿件我们就提供适合版面的稿件，不会凭着自己的意愿去写作和供稿，不会为了凑字数去刻意拉长稿件，而是根据题材和内容去确定字数，像《湖南电力检修公司举办专业培训》篇幅仅百字。

另一方面，我们不会只中意和偏爱篇幅长的稿件，短稿件我们也写，也提供。因为报纸的版面原因，它同样需要短篇幅的小稿件、小报道来支撑，像《供电员工当选湖南最美班组长》，字数甚少，整个稿件就一句话，但前提是这样的稿件是有核心内容的，是不需要用更多的字数去阐述的。简而言之，再短的稿件，它也是一篇稿件，它短小精悍，所以能上稿，它短但有价值。

所谓"全通道"，就是投稿通道不能单一。与编辑直接联系的邮箱和微信，当然是最直接的通道，但我们也会兼顾其他投稿通道。譬如说《中国电力报》，我们也可以采用报纸的投稿系统投稿；譬如说《国家电网报》的图片稿，我们也可以采用英大图片库投稿，不仅如此，我们还会兼顾通讯配图的方式上图片等。

稿例50：思想教育主题消息

班组Ｖ博：开展艰苦创业教育

湖南电力检修公司——

开展"道德讲堂"系列活动，目的是通过身边人讲身边事、身边人讲自己事、身边事教身边人，实现道德传承，全面提升员工特别是青年员工的思想道德修养和文明素质。

新闻追踪：8月29日，湖南省电力公司检修公司"道德讲堂"开讲，对青年员工开展"艰苦创业，实干兴业"主题教育。三位离退休老领导、老专家结合自己的革命和工作经历，讲述了一个个艰苦创业的励志故事。

（原载于《国家电网报》2013年9月5日班组周刊"和谐家园"版）

稿例 51：行政管理主题消息

湖南电力检修公司举办专业培训

6 月 10 日，湖南电力检修公司举办行政管理工作培训班，就公文管理、规章制度管理及合同管理等工作的制度、规范进行了培训，重点讲解了新版公文处理及评价办法、国家电网公司各类公文模板、公文处理中常见的问题等。

（原载于《国家电网报》2015 年 6 月 15 日要闻版）

稿例 52：班组建设主题消息

供电员工当选湖南最美班组长

9 月 30 日，从湖南省总工会传来消息，湖南电力检修公司株洲运维分部变电检修一班班长沈忠伟当选湖南省最美班组长。

（原载于《国家电网报》2014 年 10 月 10 日要闻版）

二、形成惯性才能提升实力

正所谓"一枝独秀不是春"，对于一家媒体、一家报刊及其版面是这样，对于一名通讯员、一个向上级报刊投稿的单位来讲，同样是这个道理。如果总是想在报刊上稿，又只想上大稿，那是行不通的。因为作为通讯员来讲，没有只上大稿的优秀通讯员，也没有那么多大稿给你上。优秀通讯员是既讲"质"又走"量"的，是在保"质"的同时兼顾"量"，在

"量"的基础上讲求"质",两者相辅相成。

可以说,一个基层单位通过多年的稿件靠质量取胜,在权威报刊媒体上占有了一席之地,与媒体编辑之间建立了比较稳定的经常性的联系,但是完全依靠很多题材很好的稿件来延续在媒体的"人气"其实是不够的,也不现实。

毕竟,作为一家行业基层单位,更多的是同质化的题材、日常性的工作,如果没有对这种题材和工作进行挖掘和报道,也就不能产生量产的稿件,就不能在没有好稿件的时候填补上稿的空白,就不能实现报道上稿总量的提高,也就会失去长期上稿的"惯性"。相反,必须保持和保证这种"惯性",才能保证整体报道能力的提升。

再来重点看看上稿实例。

《湖南 500 千伏星城变断路器开始安装》《株洲 220 千伏竹园变电站竣工》都是《国家电网报》电网建设周刊刊发的篇幅较小的消息稿,且工程重要性其实并不是非常大的题材稿件,有的是工程竣工,有的还只是工程开工,但是作为电网建设周刊来讲,同样需要这样的稿件来作为大稿的有益补充,而这种稿件之所以能够上稿,我们认为其实还是在长期的有质量的"量产"稿件基础上,与报纸和版面、编辑长期联系的结果,否则,一篇这样普通的稿件,在平常没有任何接触,且报刊对你这个单位通讯员完全不熟悉、不信任的情况下,几乎是不可能发表的。

《湖南电力检修公司加强财务决算管理》《湖南电力检修公司专项管理抢修物资》《湖南电力检修公司举办合同管理培训》都是刊发在《国家电网报》产经版的稿件,稿件虽短小,但是广泛涉及财务、物资、合同等经营范畴,这些稿件都是我们针对产经版,结合公司平常基层单位的投稿,进行加工处理和包装后投往高端媒体的,在取材上,我们不仅仅拘泥于某一专业、某一方面的工作,而是多专业、多种类地进行报道,这样就能形成一种繁花似锦的新闻报道格局。

《湖南电力检修公司开展审计约谈》则是《国家电网报》法治版开设不久我们进行的投稿,该版面在当时是《国家电网报》针对国家电网公司依法从严治企的工作重点新设置的一个版面，既宣传上级的相关精神和有关知识，也报道国家电网公司系统各个层面的法治工作动态。我们在该版面设置后就认真研读每期版面稿件，策划做好相关报道，正好公司当时开展了审计约谈这项工作，于是我们结合该版面的需要，撰写了这样一篇稿件投往《国家电网报》并被采用。这篇稿件虽然比较短小，但是通过短短的文字对这项工作开展的意义、内容和下一步做法都进行了简要阐述，做到了内容新颖全面。

《湖南电力检修公司强化岗位管理》《湖南电力检修公司一项目获省级企业管理创新奖》，都是刊登在《国家电网报》非生产类要闻版的稿件，对岗位管理、管理创新等方面工作进行了多方面的报道。

稿例53：工作启动主题消息

湖南500千伏星城变断路器开始安装

4月底，湖南长沙500千伏星城变电站单相沙星Ⅱ线5053断路器成功就位，标志着该工程断路器进入安装阶段。

500千伏星城变沙星Ⅱ线扩建工程是湖南首个500千伏复合式组合电器（HGIS）新型高压开关设备扩建工程，技术难度大，安全风险高。工程开工前，该公司制订了相应的施工方案，分析风险，确保扩建工作做到施工安全、工期合理、策划科学。该公司株洲运维分部以"一抢二精三积累"为指导策划全过程，为今后大规模开展500千伏HGIS安装奠定了基础。

（原载于《国家电网报》2014年5月15日电网建设周刊创新版）

稿例 54：任务完成主题消息

株洲 220 千伏竹园变电站竣工

1月6日，湖南株洲 220 千伏竹园变电站顺利竣工，该站将在春节前让革命老区用上"智能电"。

220 千伏竹园变电站是炎陵县首个采用封闭式组合电器的 220 千伏智能变电站。该站由湖南省电力公司检修公司负责维护，站内安装了固定式直流融冰装置，具备中长距离线路融冰能力，使该站成为湘东南地区融冰的重要电源点和枢纽。

（原载于《国家电网报》2014 年 1 月 16 日电网建设周刊创新版）

稿例 55：财务管理主题消息

湖南电力检修公司加强财务决算管理

1月12日，从湖南电力检修公司获悉，该公司连续 10 年获得国网湖南省电力公司财务专业先进单位称号。

湖南电力检修公司对各业务部门加强专业督导管控，抓紧落实保障措施，确保完成预算分解目标任务，督促各部门在规定的时点将费用及时入账；加大往来款项的清理力度，做好物资的盘点、核对工作；把握好时间节点，从项目、薪酬、成本、资产等方面进行全面管控。此外，该公司认真分析各项财务指标数据，根据异常提出解决措施及优化建议，为科学决策提供经营管理决策支撑；所属各单位主动配合财务部门提供关键业务参数，动态预测各项效益指标的全年完成情况，及早做好预调预控，进一步加强财务决算管理。

（原载于《国家电网报》2015 年 1 月 19 日产经版）

稿例 56：物资管理主题消息

湖南电力检修公司专项管理抢修物资

12 月 10 日，湖南电力检修公司组织防冻融冰物资储备存放情况专项检查。该公司对湖南主电网防冻融冰物资实行专项管理，确保应急抢修需要。

进入冬季，湖南电力检修公司抓好防冻融冰设备、工器具、备品备件等物资供应及存放专项管理。该公司通过物资调配室实现对全省系统内二级单位库存防冻融冰物资的调配；进一步完善协议应急物资供应商网络，做好协议储备物资管理，确保应急物资高效、快捷调用，安全及时运抵需求现场。

（原载于《国家电网报》2014 年 12 月 23 日产经版）

稿例 57：合同管理主题消息

湖南电力检修公司举办合同管理培训

6 月 15 日，国网湖南省电力公司检修公司举办了合同管理系统培训班。该公司各部门相关负责人和专责参加了此次培训。

湖南电力检修公司举办此次培训，旨在推进合同信息一体化管理工作，全面落实系统内合同网上流转会签要求。授课专家从合同管理和授权委托书管理两方面，讲述了应用系统的合同管理操作流程、常见问题以及处理方法。通过此次培训，切实提高了该公司合同管理人员的规范意识，有利于规避因合同不规范而引发的风险。

（原载于《国家电网报》2015年6月22日产经版）

稿例58：审计管理主题消息

湖南电力检修公司开展审计约谈

4月16日，湖南电力检修公司组织对两家被审计基层单位负责人进行约谈，这是该公司首次实行审计约谈。该公司将通过审计约谈机制的建立，有效强化法治氛围，实现警示威慑，推动依法治企。

湖南电力检修公司通过审计约谈，推动所属单位落实"一岗双责"、履行"两个主体"责任，督促限期按要求整改，达到有效防控风险的目的。据了解，该公司要求，对审计整改不到位、依法治企不严、党风廉政建设不力的责任单位及部门，今后都要进行约谈，强化责任追究，推动依法治企各项任务目标落实。

（原载于《国家电网报》2015年4月27日法治版）

稿例59：人才培养主题消息

湖南电力检修公司强化岗位管理

4月10日，随着2015年度岗位资格考评及对应岗位岗级调整工作的结束，湖南电力检修公司顺利实现百名中高级运检双能人才培养目标。

湖南电力检修公司根据岗位动态管理机制和考评工作方案，对全体申报运维双能岗位资格和需调整检修岗位资格的人员进行了考评。148名员工参加了运维双能岗位资格重新认定，2人突破性取得八级运维工资格，高级运维工增加4人，达到9人；中级运维工增加11人，达到101人。

此次考评包括绩效考核、安全考试、岗位资格考试（含操作及综合表现、技能笔试两部分）。还有53人参加了检修单专业岗位资格认定。

湖南电力检修公司通过坚持每年开展岗位资格考评，及时科学判断员工对现岗位的胜任度，为员工岗位调整提供依据，使"能上能下"的岗位动态管理机制得到有效落实，激励员工不断学习，持续提升素质能力，为建设坚强智能电网提供人力资源支撑。

（原载于《国家电网报》2015年4月16日要闻版）

稿例60：管理创新主题消息

湖南电力检修公司一项目获省级企业管理创新奖

11月8日获悉，湖南电力检修公司管理创新项目"促进全领域效能提升的基层减负赋能管理"获第二十二届湖南省企业管理现代化创新成果二等奖。今年，湖南电力检修公司为适应外部市场竞争和企业发展需要，在安全生产、财务经营、人力资源、行政管理、后勤保障五大领域创新管理方法和技术手段，为员工减负提供支撑。

（原载于《国家电网报》2021年11月11日综合版）

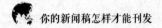

第八节 文体生活题材增辉添彩

一、成功的全景式报道

作为一家企业来说，除了对主营业务进行报道，对文化文体活动进行报道也是一种重要的补充，而且这种题材的报道特别能引起干部职工的兴趣和关注。同样，作为能源报刊来说，在利用大量版面和篇幅对主营业务进行报道的同时，也需要设置相应的版面来对文体活动进行报道，以丰富职工文化生活，促进企业文化建设。对此，《国家电网报》设置了每周四版的"亮周刊"，《中国电力报》则设置了每周四版的"文化周刊"，来加强对企业文化的报道。

但报纸设置了版面，有了供稿需求，并不是说就容易上稿。和生产营销类稿件一样，如果我们的稿件没有特色，那就很难在能源报刊上稿，毕竟，企业文体活动和生产营销工作一样，每个单位都经常有，而且很多都是一般性的活动，真正可供报道的新闻线索、新闻题材并不很多，怎样去发现甚至挖掘可供报道的新闻题材尤为关键。

对于好的题材要及时报道，对于隐性的题材要及时发现，对于重要的题材要深入策划，形成全方位的文体题材的报道，成为企业主营业务报道的有益补充，使得整个新闻报道体系构架得以健全完善，这样也才能充分展示一个单位新闻报道的真正实力。反之，如果在新闻报道题材上偏废某一方面，不仅是意识的缺乏，也是一种能力的缺乏，更是一种对各种新闻题材融会贯通能力的缺乏。

《文体做纽带 员工聚家园》是我们刊登在《国家电网报》"亮周刊"

头条的一篇策划性非常强的配图通讯稿。

2015年，公司兴趣活动小组的活动方兴未艾，我们听说有位刚进公司不久的新员工，大学期间甚至在大连实德队踢过职业足球。我们对《国家电网报》《中国电力报》相关版面和一段时间的稿件进行了分析，发现关于文体活动兴趣小组的大稿并没有，所以，这是一个空白，可以去填补，于是，我们组织策划了《文体做纽带　员工聚家园》这篇比较大的通讯稿。所以，这篇稿件是我们长期以来对媒体版面研判后经验积累的一个成功案例，它说明，不仅生产类稿件需要研判和策划，文化类稿件也需要研判和策划。

在策划这篇稿件时，其实我们手中所掌握的关于文体兴趣活动小组的相关资料并不多，有的也只是一些零星的小报道，想要策划一篇较长的通讯稿，还需要很多素材和做很多工作。

对此，一方面，我们对各种兴趣活动小组分门别类地进行新闻素材的搜集，对典型的人与事加以关注；另一方面，我们对活动小组活动开展及对职工生活、精神等方面带来的影响等多方面进行报道，里面有的内容来自大家的读后感或者朋友圈等，这就形成了整个通讯的布局谋篇。

作为通讯稿，我们还对兴趣活动小组活动的配图进行了搜集，这也是通讯稿的一个重要组成部分，来自"民间"的原始配图与通讯稿的文字相得益彰，不仅提升了通讯的整体可读性和直观性，也使稿件得到编辑的青睐。

考虑到搜集图片在内容和质量方面可能会有所欠缺，作为对搜集图片的补充，我们还专门组织了对兴趣活动小组的图片拍摄。这样，通过搜集图片和组织拍摄两种方法，比较全面地提供了图片，最终，在刊登通讯文稿的同时，《国家电网报》还配发了两幅图，这两幅图中的一幅是搜集的，另一幅是专门组织拍摄的。这说明，我们采取的"组合式"供图的策略是正确的。

稿例 61：文体活动主题事件消息

文体做纽带　员工聚家园

"6 点半，老地方集合！"每周一下午，在湖南电力检修公司篮球兴趣小组的微信群里，都会弹出这样一条消息。平常忙于生产工作的同事们，通过兴趣小组聚集在一起，放松身心，强健体魄。

湖南电力检修公司作为电网检修单位，员工经常出差在外，以前的文体活动时常会出现无人问津的窘境。近年来，该公司通过搭建丰富多彩的兴趣活动小组自助平台，为员工打造个性化文体活动，使广大员工可以各取所需，投入文体活动中，丰富业余生活，打造精神家园。

在这里挥洒汗水

"下班后，在这里打上几个回合就是爽！"5 月 27 日 20 时，在附近的一处羽毛球馆内，湖南电力检修公司羽毛球兴趣小组的成员们，正轮流上场享受运动的乐趣。

对于一个男员工居多的企业，运动类兴趣小组自然都是大热门。"单位特别设立了足球、篮球、羽毛球、自行车等兴趣小组，以满足各类体育迷的需求。"该公司工会负责人介绍道。

运球、妙传、远投，一招一式都做得有模有样。此时在场上活跃的篮球兴趣小组成员，工作中以各自的职务相称，换上球服则成了亲密的球友。"下班后能和球友一起痛快地打场球，特别开心，"新入职的屠振宇饶有兴致地说，"文体活动也能让我更快地融入企业当中。"

"来一个！""好嘞！"伴随着清脆的入网声，大家尽情欢呼着，此刻，他们获得的是最简单的快乐，也是最真挚的交流。

2014 年底，该公司自行车兴趣小组举行了一场以"健康生活，快乐骑行"为主题的员工自行车比赛。此次比赛，吸引了该公司各年龄段的自行车爱好者。兴趣小组成员范璐介绍说:"我们经常开展这样的活动,宣传'每天锻炼一阵子,健康生活一辈子'的理念。"

足球兴趣小组负责人介绍说:"下半年,我们这支兴趣小组将代表我们单位参加国网湖南省电力公司的足球赛。现在伙伴们正摩拳擦掌,准备在比赛场上一展英姿!"

在这里品味生活

"放松全身,放下一天的疲惫与压力……"4月30日,在洋湖湿地公园内,十几名瑜伽爱好者随着轻柔的音乐和老师温柔的引导声,沉浸在瑜伽舒缓的氛围中。每周一和周四晚上,该公司瑜伽兴趣小组都会聚在一起感受瑜伽带来的快乐。

并非所有人都喜欢剧烈的运动,于是,读书、摄影、瑜伽、登山等休闲活动兴趣小组应运而生,同样受到了员工们的欢迎。

中午,在该公司职工书屋内,时常可以看到读书兴趣小组的书友们围坐在一起,津津有味地读着喜欢的书,读到精彩之处还小声分享。一杯清茶、一段美文,成了他们午后最好的休闲方式。读书小组还会定期推荐好书,相互赠阅。

各兴趣小组还积极参与该公司组织的各项文体活动,带动了单位浓厚文化氛围的形成。在该公司工会组织举行的庆三八诗歌吟诵比赛中,读书兴趣小组成员齐齐亮相,以一首经典古诗《春江花月夜》为比赛拉开帷幕。

近期,该公司摄影兴趣小组还举办了摄影培训班,邀请专业老师答疑解惑,丰富的内容让大家大呼过瘾。"这样的培训班让我们特别有收获。"一名刚加入的小组成员兴奋地说道。

在这里释放自我

柳翔锐是刚工作不久的新员工。大学期间曾踢过职业足球的他,入职前曾有过担忧：早就听说检修公司是个工作要求很高的地方，自己这个爱好可能要无限期搁置了。然而没过多久，他就和足球兴趣小组成员们一起活跃在绿茵场上了。

摄影兴趣小组的组长杨凡说起兴趣小组的成立："以前喜欢摄影的同事老是凑在一起，后来大家一讨论何不搞个摄影小组，让志同道合的人都参与进来呢？"节假日，天气合适，他就会组织大家到处采风。"大家在兴趣小组的论坛和微信朋友圈里相互点评作品，挺有意思的。"他说。

读书兴趣小组的张果鹃说："记得小时候我曾被《狄仁杰断案传奇》扣人心弦的情节吸引，举着电筒躲在被子里看通宵。长大后虽然没了年少时的痴狂，但对书籍的热爱和阅读的习惯一直保持着。我喜欢在空闲时间捧起一本书，享受那份难得的心境。也许，至真至简才是阅读的本质。"

像很多员工同时参加多个兴趣小组一样，张果鹃还参加了瑜伽兴趣小组。"蓝天白云，清风绿草，我们的瑜伽活动为这一切增添了一分和谐、一分柔美、一分灵动。"她参加完瑜伽活动后感叹道。

目前，该公司已有近 500 人享受到兴趣小组带来的乐趣。有了这些兴趣小组，成员们也能有机会聚在一起，并利用这些平台"结识新朋友，不忘老朋友"，汇聚成一股向上的生活热情和工作激情。

（原载于《国家电网报》2015 年 6 月 19 日"亮周刊""亮文化"版）

二、文化题材的特色报道

选取有特色的文化活动进行报道，也是我们新闻的着眼点之一。

2014 年 8 月 1 日《国家电网报》"亮周刊"刊登了我们的图片新闻《举行变电站厨艺比赛》。当时，我们公司举办了一次"我是锅手"变电站厨艺比赛，10 名变电站生活管理员分 5 组进行了现场 PK，这次活动有几个特点我们认为是比较有报道价值的，一是它取名"我是锅手"，仿效于当时很受欢迎的电视综艺节目"我是歌手"；二是它是并不多见的厨艺比赛；三是它的参赛选手比较特殊，是变电站为职工做饭的生活管理员。

　　鉴于这三个特色，我们组织了专门的新闻图片拍摄，并添加了图片说明报送出去，受到了编辑的青睐。

　　此外，我们还于 2014 年 3 月 24 日在《中国电力报》刊登了《湖南电力检修送文化到基层》的消息，于 2013 年 6 月 21 日在《中国电力报》刊登了《湖南电力检修公司惠州分部主题朗诵会》的图片新闻等，这些都是对文化活动的及时报道。

　　这些报道的刊登，说明我们在报道电力生产主营业务的同时，也有积极地报道电力员工生活的一面，将整个电力员工的风采全面地展示和呈现出来。

　　这些报道，有的是活动本身有特色，有的是拍摄的画面比较有特色，通过消息或图片新闻报道出来，在平常大量进行生产类报道的背景下，还是能够给人焕然一新、赏心悦目的感觉的。

　　2014 年 10 月 17 日，《国家电网报》刊登了公司新闻工作者的记者手记《在 28 米高空拍摄》，这是一篇对青年新闻工作者进行"循循善诱"后产生的文字作品。

　　当时，我们公司新来的一位新闻专责接到拍摄任务后到湖南株洲 220 千伏团山变电站改造生产现场进行采访拍摄，因为现场场面和拍摄角度的需要，他乘坐高空作业车对生产现场施工场面进行拍摄，高空作业的惊险感给他留下了深刻印象。完成拍摄任务回来后，他和大家聊起这段对他职业生涯来说可谓印象深刻的不平凡的经历，说得绘声绘色。

　　这时，新闻人的职业敏感性告诉我，这是一个很好的报道题材，于是我提醒他，作为新闻工作者要敏于、善于把自己的所见所感写成文字，不仅要会拍摄，还要会写作；不仅要会写他人，也要会写自己。

　　于是，他把自己的这段拍摄经历写成文字，我修改后投往《国家电网报》，果真编辑十分喜爱，并希望提供相关照片作为配图。最终，这篇配发作者现场拍摄的高空作业镜头的记者手记在《国家电网报》"亮周刊"的"我的故事"栏目刊载，给人以耳目一新的感觉。

这篇手记中，有作者对现场高空拍摄的直接感观感受："上升，上升，再上升，旋转，调整角度，固定……随着高空作业车臂杆的不断调整，我已经被升到了高空。""虽然系了安全带、戴了安全帽，但是在作业平台内的我，双腿还是不由自主地发抖。高空中风很大，我老是感觉整个臂杆在晃动。举起相机准备拍摄时，必须要把身体靠在作业平台的护栏上才能保持平衡。对于我来说，从来没有觉得摁快门竟这么困难。"

也有现场老师傅跟作者本人的交谈交流："'手抓着两边的栏杆，不要看底下，放心！'湖南电力检修公司株洲运维分部一次检修班班长沈忠伟大声对我说。'怎么样，吓不吓人？'下到地面后，沈忠伟问我。"还有作者完成拍摄镜头时颇为自豪的心声："我觉得作为一名新闻工作者，应该用自己的镜头，尽力展现这些让人崇敬的'最美检修人'的风采。"

这些文字看着那么亲切，引起编辑和读者的共鸣也是自然而然的事。所以，作为基层新闻工作者要知道处处是新闻、时时有新闻，把自己摆进去，其实也是新闻。

生产营销是企业的硬实力，企业文化则是企业的软实力，两者相得益彰、互为补充。能不能把目光投射到文化领域中并产生出多姿多彩的新闻作品，是对基层新闻工作者的另一种能力考量，需要我们用心用力去做好"身边的文化报道"。

稿例 62：后勤服务图片新闻

　　7 月 25 日，湖南电力检修公司举行"我是锅手"变电站厨艺比赛决赛，10 名变电站生活管理员分 5 组进行了现场 PK。

（原载于《国家电网报》2014 年 8 月 1 日"亮周刊"）

第四章
处好媒体关系和写好稿同样重要

第一节　媒体约稿是一种信任和考验

一、指定报道对象约稿

和媒体打交道到一定程度，你的投稿上稿率达到较大的数量，你的稿件水平也就达到了一定层次，媒体对你的信任度也就会提高，对你的约稿也就会多起来。当然，有的约稿是通过上级部门来跟你约的，这是一种间接约稿；而前者，是直接约稿，会要求你直接跟媒体打交道。

毕竟，媒体在用稿时也不可能都是作者主动投的稿，还有一些是需要媒体根据本身一定时候的策划主题来约稿，也就是主动跟基层约稿，形成与媒体版面本身的对接。

应该说，能源报刊的约稿其实相对来说并不是很多，经常会在一定的节庆专版、季节性突发新闻等情况下向基层单位约稿。这是你多年来在向媒体投稿过程中形成的信任度和好印象的结晶，需要认真对待，这既是帮助媒体和编辑完成好其特定时期的报道任务，也是对基层新闻工作者的考验，也会影响今后你与媒体之间的关系，所以，一定要把握好媒体的报道意图，及时组织好约稿的写作和投送。

媒体约稿和我们的平时供稿在写作上有什么不同呢？简单地说，就是前者是要什么写什么，后者是有什么写什么。媒体约稿完全是命题作文，必须建立在平常对特定媒体的版面和稿件需求有一定研判的基础之上，这样才能准确把握媒体的约稿报道意图，及时高效地完成媒体约稿报道任务，进一步加强和媒体之间的联系。

一段时间以来，《国家电网报》《中国电力报》对我们的约稿较多，这些约稿大致分为几类：一是指定先进荣誉获奖者的约稿，如 2013 年 7 月 31 日，《中国电力报》"市场观察"版头条对荣获国家电网公司劳模创新工作室示范点"李晓武创新工作室"的通讯报道《传递创新正能量——记国网湖南检修公司"李晓武创新工作室"》。

二是班组建设等特定内容的约稿，如《国家电网报》"特色实践"版对 2013 年国家电网公司先进班组获奖者的报道《传道授业　蔚然成风》；2013 年 5 月 9 日，《国家电网报》"特色实践"版对班组创新工作的报道《抓创新　强团队》。

三是时事性比较强的约稿，如 2014 年 7 月 5 日，《中国电力报》"为高铁注入强劲动力"专版《沪昆高铁湖南段 220 千伏线路改造完成 90%》；2015 年 2 月 9 日，《中国电力报》通讯《赢了 2015 年的第一场雪》、特写《观冰日记》。

四是单位负责人访谈约稿，如 2017 年 3 月 16 日，《国家电网报》就"全力保障安全"主题邀请公司主要负责人进行了访谈；2017 年 4 月 18 日，《中国电力报》"供电周刊"第 100 期以《强化管控　实现三零》对公司主要负责人进行了访谈。

五是节庆特刊约稿，如 2014 年 1 月 27 日，《国家电网报》"服务周刊"《坚守惠州鹅城换流站》；2015 年 2 月 18 日，《国家电网报》"春节特刊"《变电值守　电网安全万户明》。

《传递创新正能量——记国网湖南检修公司"李晓武创新工作室"》这篇通讯稿，是该创新工作室在荣获国家电网公司劳模创新工作室示范点后《中国电力报》的指定性约稿。李晓武创新工作室作为多次获得省公司及省部级荣誉的工作室，平常已经有过相关的报道，这种情况下的约稿，我们一般在原有稿件的基础上进行修改。

这篇通讯稿，按照约稿要求，我们新增了开头部分，即走进李晓武创新工作室所展示的场景，并以"传递着孜孜以求、不断创新的正能量"与新闻标题相应合。同时，按照约稿要求，对全文的小标题进行了重新细致的制作，并增加了最新的内容，形成了新版本的约稿出稿。

稿例63：创新工作室主题人物通讯

传递创新正能量
——记国网湖南检修公司"李晓武创新工作室"

　　走进国网湖南省电力公司检修公司（简称"国网湖南检修公司"）"李晓武创新工作室"，二十几平方米的小屋内展示着丰富多样的创新成果，从成立之初，这里便吸引着各个专业的员工来参与学习、研究，传递着孜孜以求、不断创新的正能量。

　　李晓武，该工作室的创始人，在平时的工作中很喜欢琢磨问题，是位出了名的"草根"发明家。2005年，他的第一项国家知识产权项目——垂直连杆对中工具，便是通过自己不懈的"琢磨"而发明的，该工具获得了该公司历史上首个自主知识产权。也正是从那以后，李晓武认识到创新工作并非遥不可及，且自己对创新工作也是充满热情的，于是，2010年，在组织的关怀和鼓励下，他牵头成立了"李晓武创新工作室"，就此掀起了该公司技术创新的热潮。

好戏连篇　创新项目层出不穷

　　在李晓武的带领下，该创新工作室紧贴工作实际，先后完成了"GW5隔离开关防鸟害完善方案""小型变电设备更换专用装置研发""互感器二次接线端子专用工具"等技术创新项目，其中多项成果在国网湖南省电力公司系统内推广应用，提高了工作效率，为企业创造了效益。

该工作室提出的"GW5隔离开关防鸟害完善方案"有效杜绝了因鸟类进入变电站隔离开关内部引起故障的可能性，节省了大量故障检修成本，降低了设备缺陷率。"互感器二次接线端子专用工具"很好地解决了互感器二次接线端子检修时因接线端子结构特殊、所处空间狭小造成的检修工序复杂的难题，将检修平均耗时从以前的98分钟缩短到现在的26分钟，使工作效率提高了约4倍。曾获得2011年度国网湖南省电力公司群众性创新一等奖、国家电网公司职工技术创新优秀成果三等奖的"小型变电设备更换专用装置"项目借用叉车原理，解决了狭小作业区域大型设备无法吊装的问题，该专用装置能轻松地将200千克以内的设备吊升至6米的高度进行更换，不仅大幅缩短了设备停电检修的时间，而且相比使用吊车的传统作业方法，节省了大量的人工费和机械使用费，经推广应用后，每年可为国网湖南省电力公司节约资金40余万元。

勤勉躬耕　悉心培育桃李芬芳

虽然李晓武只是一个职高毕业生，可他的团队却堪称"藏龙卧虎"：1个博士、1个硕士、2个学士。

"师父工作经验丰富，技能水平过硬，光是他钻研新技术、探索新技能的执着精神，就值得我们学习一辈子。"谈到师傅李晓武，博士生李佐胜满是崇拜。在李晓武的帮助下，2009年才参加工作的他，2010年就通过了变电检修技师鉴定，2011年获得了超高压局变电检修技能竞赛二等奖，2012年被提升为一级工作负责人，现已成长为该公司运维检修部一名变电专责。

2008年硕士毕业的王立德参加工作后便开始跟随李晓武"学艺"，4年来，他在师傅的带领下参与了多项技术创新项目，多次获得国家电网公司和国网湖南省电力公司科技创新成果奖，并很快成长为国网湖南检修公司的技术骨干。

2009年6月至2010年5月，王立德和其他同事跟着李晓武开发了"一分局维护站变电设备图片档案"，即把所维护变电站的一次设备拍成图片，包括设备编号、出厂铭牌、设备外部结构及环境、内部的配件型号和形式等，再根据一次设备的电压等级、间隔编号、设备类型，对图片进行分类归档。该项目荣获了2010年度国网湖南省电力公司质量管理优秀成果三等奖和长沙市职工科技创新三等奖。

广授心得　满园春色扬名湘楚

"一枝独秀不是春"，李晓武深谙这句话的含义。在获得了多项科技成果奖后，"李晓武工作室"的同仁们开始思考如何帮助更多的人更好地学习、提高专业技能的问题。

2011年，该工作室完成了"电控回路故障诊断可视化手册"的研发工作。手册以可视设备为载体，将二次电控回路图纸编程为多媒体软件，用动画的形式表现出来，并提供可视化故障查询功能，直观清晰，互动性强，能有效加快现场人员处理故障的速度，教学效果十分明显。

目前，国网湖南省电力公司系统内共有200余人通过该创新工作室研发的"电控回路故障诊断可视化手册"进行了变电修试专业技能培训，学员们对这种新颖的教学模式的评价只有4个字："十分满意。"

如今，由"李晓武创新工作室"传递的这种饱含积极开拓精神的正能量，正激发着该公司员工们的工作主动性与创造力，提升着员工的工作乐趣，促进了该公司工作效率的大幅提高。

（原载于《中国电力报》2013年7月31日"市场观察"版头条）

二、高质量完成主题约稿

《传道授业　蔚然成风》与《抓创新　强团队》，是《国家电网报》的两篇班组主题的约稿。

这两篇约稿，与《传递创新正能量——记国网湖南检修公司"李晓武创新工作室"》是由媒体指定特定的报道对象不同，《国家电网报》要求我们选取符合要求的班组进行报道，前者是比较优秀而有特色的班组，后者是创新工作做得比较好的班组，对我们来说这类约稿比较少，因此我们也特别重视和珍惜这样的约稿机会。

但是，我们首先遇到的是报道对象怎么定的问题。在选择报道对象的时候，我们主要考虑几个方面的因素：一是优秀班组，公司有很多这样获得高级别荣誉的班组，报道的对象应该是在这些班组中产生，这样也比较符合在《国家电网报》这样的媒体和层次进行报道；二是"有料"，被报道的对象应该有比较丰富的可供报道的新闻素材，特别是针对报道主题的素材，因为是约稿，在时间上是有要求的，所以平时没有素材积累的对象是很难提供报道内容并完成报道的；三是配合良好，因为报道的重要性和时效性，必须是平常在新闻报道方面与其接触比较多、配合良好的班组所在基层单位，否则在约稿完成的配合上会比较困难，从而对整个稿件完成造成影响。

湖南检修公司株洲分部一次检修班是荣获"2013年国家电网公司先进班组"称号的班组，平常新闻报道也比较积极，在传承学习方面有较好的传统，因此，我们选择将其作为报道对象。

湖南检修公司变电检修中心电气试验一班则是获得"全国工人先锋号"的多次报道对象，是一个以技术监督为主要工作的技术性、创新性比较强的班组，平常新闻素材积累比较多，所在基层单位负责人也比较重视新闻，所以在《国家电网报》约稿班组创新主题稿件时我们选择将其作为报道对象。

事实证明，这两个约稿的完成都是比较成功的，与报纸编辑和基层单位的合作也是比较愉快的。

作为在《中国电力报》上稿比较多的单位，我们也经常会收到该报编辑的约稿；作为国网湖南电力的主电网运维单位，我们的一些稿件也直接代表国网湖南电力的核心业务进行报道，特别是一些时事性比较强的报道。

2014 年我们单位进行了沪昆高铁相关配套电源线路的施工，相应也进行了一些报道，7 月 5 日，《中国电力报》要出一期"为高铁注入强劲动力"专版，因为平时有过相关题材供稿，所以版面编辑向我们约稿。对这种约稿我们的难处在于，我们在供稿刊出的时候工程施工进度并没有达到一个特定的阶段，手头掌握的新闻素材也比较少。

为了做好这次约稿，我们一方面搜集前期和近期的内部新闻报道，同时联系负责沪昆高铁湖南段建设的相关基层单位，了解当时进度和建设情况，直接以改造任务进度完成率"沪昆高铁湖南段 220 千伏线路改造完成90%"为标题进行了报道，这种报道直观地反映了建设速度，回应了民众关切，而很大程度上，这种进度性的报道也更多地见于这种即时性约稿的专版。

2015 年 2 月 9 日，《中国电力报》通讯《赢了 2015 年的第一场雪》、特写《观冰日记》两篇稿件都是《中国电力报》要闻版编辑对我们的约稿。2015 年初，湖南地区迎来了一场一定程度的降雪，这引起了《中国电力报》编辑的注意，因为湖南电网在 2008 年初抗冰保网战役中给全国人民留下了深刻印象，所以该报直接向我们约稿，主要通过展示多年来的电网抗冰建设成效，体现湖南电网抗冰能力的提升，在大稿方面就是通讯《赢了 2015 年的第一场雪》，小稿方面就是我们在基层单位来稿中选取的一篇 500 千伏变电站值班员写的特写《观冰日记》。

在收到《赢了 2015 年的第一场雪》的约稿的时候，我们仔细研究了约稿编辑的约稿意图和稿件要求，及时联系运维部门对抗冰保网成效进行了多方面的原因分析，及时搜集多年来能够反映稿件立意的新闻素材，并进行最新数据和资料等方面的补充后成稿，迅速发给约稿编辑。

《中国电力报》编辑在收到稿件后对稿件质量非常满意，稿件未经二次修改很快在《中国电力报》要闻版刊发。这篇稿件的重要意义还在于，它为我们在 2018 年初出稿的重要通讯《十年，建起坚强抗冰体系——湖南电网防冻融冰建设成效纪实》提供了主体框架，打下了坚实基础，这也体现了"大新闻在于小积累"。

稿例 64：先进班组主题人物通讯

传道授业　蔚然成风

他们担负着湖南电网 22 座 220 千伏及以上变电站的检修、维护、技改任务，自建班以来，从未发生过任何人身、电网、设备事故。他们就是荣获"2013 年国家电网公司先进班组"称号的湖南省电力公司检修公司株洲分部一次检修班。

7 月 30 日，酷暑难耐，革命老区湖南省炎陵县 110 千伏深坑变电站内，几名检修人员正一丝不苟地进行隔离开关更换、断路器大修等操作。他们，就是湖南省电力公司检修公司株洲分部一次检修班成员。

检修班现有 36 人，担负着湖南主网变电站的检修、维护、技改任务，他们同时是湖南主网应急抢修基干小分队队员。班长沈忠伟，是有着 25 年丰富检修经历的湖南省"名师高徒"百佳技师、国家电网公司技能专家。这支小分队连续 6 年荣获湖南电力检修公司"安全特别奖"，成为该公司连续 6 年荣获国网湖南电力安全生产先进单位的中坚力量。

传承务实之风

"一次检修班是我们的王牌军，高难度工程有他们就一定没问题。"株洲分部经理宋兴荣自豪地说。

株洲分部一次检修班是一支出了名的专打硬仗的队伍，班员年平均出差天数都在 180 天以上。一次检修工作又是公认的脏、累、差的苦专业，一些新员工刚开始并不适应，经过多次现场作业，在老师傅们吃苦耐劳的工作作风感染下，才逐渐适应工作，融入团队。

2012 年的 220 千伏铁山变电站全站改造工程，计划停电 40 天，时间特别紧张。工程负责人袁汝沙一直坚守现场，实行"5+2""白＋黑"的连续施工。年轻的班员喊苦喊累，他就冲到最前线、最难处做表率。"搞一次检修确实很苦，不是一身污垢，就是浑身湿透，但再苦再累也得有人做啊。"袁汝沙说。在他的带动下，班员们顽强拼搏，仅用 36 天就完成了改造任务。

在现场生产管控上，班组实行准军事化管理，严格执行标准化作业。一次，在变电站进行电流互感器至刀闸导线更换时，有一相导线长度略短了一点，接线板受了一定的拉力，从表面看并没有什么不妥。现场的老师傅发现这一问题后，立即召集年轻的工作班成员，厉声说："这线受力了你们不知道？如果冬天因为热胀冷缩进一步受力，导致设备漏油怎么办？马上换掉！"从那以后，现场工作再也没有类似的情况出现。

不论是起吊作业、高空作业、焊接作业还是每一次的上下传递工具，班员们都严格按要求执行。在大家的共同努力下，检修班自建班以来，从未发生任何人身、电网、设备事故。

传承实战技能

株洲分部一次检修班本科以上学历人员占 80%，研究生 6 名，高学历人才比例较高。为了让这些高才生们能够将理论与实际结合起来，师父们常以生产现场为课堂，锻炼徒弟们的能力。

在现场，师父们时常会给徒弟出难题："这个刀闸电动操作不了，你根据图纸把缺陷消除了。"或者，把设备上换下来的部件拿回班组，让徒弟"把部件拆了，搞清楚里面的构造和原理"。

"用所学知识解决现场问题，学习积极性提高了，技术水平提高也更快了。"工作负责人曾自强深有感触地说。

在学习型班组的良好氛围中，班组成员成长迅速。在2013年国网湖南电力变电检修技能竞赛中，沈忠伟带队训练，班组选派的成员包揽了全省个人赛的前两名。目前，班组技师及以上人员占60%，其中省公司技能专家1人、高级技师2人，优秀人才密度居湖南电力检修公司所有班组前列。

"以前，班组高水平的老师傅就那么几个，现在，能独当一面的人才越来越多了。"带队打过多年硬仗的四组组长李敦感慨道，"这两年我们完成了220千伏玉潭、大塘冲变电站整站改造等重点工程项目，应对大型检修项目越来越得心应手了。"

传承创新意识

4月1日，在220千伏宝庆变电站整站改造中，株洲分部一次检修班利用本班组成员新创的"谭新军远距离双钩吊装法"，完成了110千伏母线支柱绝缘子更换，不仅节约了三分之一的吊装时间，还成功解决了因天气原因起吊场地不便进车的难题。

检修班的老师傅们在现场工作中特别爱琢磨，在220千伏宝庆变电站改造中就形成了"张罡绝缘子更换法""李敦母线支架校正法"等创新作业法，提高了现场工作效率。

"王智弘，现在纯手工装配GW5型隔离开关太费力了，你设计一个装配GW5型隔离开关的专用装置吧。"老师傅们还经常启发班组里的高才生们进行技术革新。在他们的影响和指导下，新进的大学生们也投入了新装置的设计，白天在现场根据疑难点想解决办法，晚上回到检修间查图纸、资料设计新装置。一段时间后，GW5隔离开关装配等专用装置就被用到了生产现场。"老师傅都能这样钻研，我们这些刚毕业的学生们又怎能示弱？"一名年轻的大学生说。

在这种创新氛围中，仅两年多时间，检修班已拥有8项实用型新专利，1个项目获国网湖南电力职工技术创新优秀成果一等奖，3个项目获国网湖南电力群众性创新奖。

（原载于《国家电网报》2014年8月13日"特色实践"版）

稿例65：创新团队主题人物通讯

抓创新 强团队

"师父，怎么确定频率已经调到谐振点呢？"

"一般当钳形电流表显示电流最小，功率因数接近1时就到谐振点了。"

"我觉得，我们可以设计一个自动选频功能，通过记录电压电流大小，自动找到谐振点。"

"嗯，回去后再研究怎么改进一下。"

5月2日，在长沙220千伏威灵变电站，湖南电力检修公司变电检修中心电气试验一班刚毕业的硕士研究生陈柯良正在高级技师毛学锋的指导下操作"电力变压器局放耐压试验平台"，对1台220千伏油浸式电力变压器进行局部放电试验。

在试验现场，这个大体积的银灰色"集装箱"平台特别打眼。"这可是班里的大宝贝，有了它就能轻松搞定大型电力变压器的局放耐压试验。"班长熊云逢人便一脸自豪地介绍。

过去做个主变局放耐压试验真是个苦差事，光是设备吊装和平台搭建都要花上 3 小时。为了解决这一难题，班里由博士和高级技师牵头成立了专门的技术攻关团队，将变频电源、励磁变压器、补偿电抗器、测压回路、控制回路、照明回路改造在同一个集装箱平台内，通过增加防水、防震功能部件和起吊设施组装成了"电力变压器局放耐压试验平台"，现场试验时只用接入电源和进行外部接线即可。

以前五六个小时才能完成的试验，现在只要 3 个小时就能轻松完成。在平台研制过程中，大家查找资料，不断调试改进，技术技能水平得到了明显提高。

班里针对生产工作中碰到的难题成立技术攻关团队，不仅有博士工作站和多个技术革新小组，还有技术革新工作室，抓创新、促技能蔚然成风，科技创新硕果累累。"变电站涡轮喷气除冰车""多功能常规试验车"……一大批创新成果在系统内得到广泛推广应用，"1200 千伏特高压串联谐振装置""大功率变频电源装置"等创新成果更是填补了国内空白。

"绝缘支柱干弧距离测量经常出现表面感光不够、信号不返回的问题，简单改造后测量成功率可以达到 98% 以上。"前几天，班里的高级技师曾勇给班员上周培训课，将自己的技术革新成果"如何提高干弧距离测量成功率"与大家分享。这是班里不成文的规矩，每人动手编写教材，将自己的小改小革项目、群众性创新项目自编成教材，轮流上讲台做技术讲座和交流。

近几年，电气试验一班紧随电网技术发展，通过员工讲坛、师徒结对子等形式，将创新成果的研发和应用融入班组培训，极大提升了科技创新的实效和技能型班组的建设。

（原载于《国家电网报》2013 年 5 月 9 日"特色实践"版）

三、及时完成专题约稿

访谈约稿和节庆约稿，都是媒体时间比较紧的专题约稿，既要注重质量，更要注重及时。

2017年，短短两个月内，《国家电网报》就"全力保障安全"主题、《中国电力报》就"强化管控，实现三零"主题分别通过我们进行了公司主要负责人访谈（论坛）约稿。

在收到约稿后，我们第一时间向公司主要负责人汇报，并根据领导要求联系相关负责人，根据访谈主题选定访谈内容，对两家报纸原有相关版面、相关访谈进行研究，完成约稿后迅速上稿刊出。在访谈问题的设置和回答上，我们请分管领导和职能部门进行把关，以使访谈内容既符合媒体的要求，也符合领导层面的意图。

2014年、2015年初我们都收到了《国家电网报》的春节特刊约稿，稿件完成后刊发出来分别是特写《坚守惠州鹅城换流站》和特写《变电值守　电网安全万户明》。

《坚守惠州鹅城换流站》是这样开头的："这里没有喧嚣的繁华，唯有寂寞相伴。这里是湖南省电力公司检修公司运维管理的广东惠州 ±500千伏鹅城换流站，国家电网公司在南方电网供区唯一的换流站，该站担负着三峡电力外送广东的重任。春节将至，鹅城换流站如何做好保电工作？"

这篇特写以春节将至，计划性生产任务本应告一段落，但鹅城换流站"站内为何依然一片繁忙"为切入点，通过在主控室、创新工作室等场所与生产主管、值班员等的交谈，反映了该站员工为春节保电而坚守岗位忙碌不休的情况，体现了跨区电网员工不辞辛劳为人民服务的良好形象。

《变电值守　电网安全万户明》则以公司常德运维分部一位运行值长的语录"只有电网安宁，年才会过得安稳祥和"导入，描写了"2月16

日上午，羊年新春已进入倒计时，我带着两名值班员，来到长沙 500 千伏艾家冲变电站接班"的场景。她是一名女性值班员，通过与编辑沟通，我们选取这样一个特殊身份的员工进行春节报道，更能体现电网员工爱电网、护电网的情怀。

稿件中，"你一个女孩子，咋就不跟班里说说，换次班好好陪家人过年呢""每天三次全站设备正常巡视，外加增设的特巡、定期设备维护、PMS 记录填写整理等工作样样都不能马虎，特别是要认真检查消防灭火器材是否充足""去年春节，我就经历了一次'灭火大战'""新春的气氛渐浓，大家把带来的窗花贴到窗户上，桌上摆了寓意喜庆平安的富贵竹。吃晚饭的时候，我们在桌子上摆了热腾腾的饭菜"等内容交替呈现，较好地体现了春节守护万家灯火的主题。

在多次成功完成约稿任务的过程中，我们体会到，一是功夫在平时，平时如果没有大量好的稿件刊出以及和编辑之间的联系，那媒体在有约稿需要的时候也不会想起你，更不会联系你；二是一定要优质高效完成约稿，约稿对稿件出稿速度和质量都有较高的特殊要求，约稿是一种信任，如果不能优质高效完成约稿就会影响媒体的刊发，也会对你今后投稿造成信任影响，反之，则是正面积极的促进效果；三是要准确把握编辑意图，约稿必须最大限度符合版面报道和编辑意图要求，把握不准就会产生偏差，从而影响稿件质量。

稿例 66：总公司报约稿主题访谈

《国家电网报》"全力保障安全"主题访谈

安全生产是国家电网公司发展的基础和前提，关系着经济发展和社会稳定。公司制定 2017 年安全生产工作意见，明确了今年安全生产工作总的思路、目标和任务，请嘉宾结合所在企业具体情况和电网特点，谈谈如何做好安全生产工作。

嘉宾：湖南电力检修公司主要负责运维湖南电网 220 千伏及以上变电（换流）站 68 座，变电（换流）容量 4884.76 万千伏安，500 千伏超特高压交直流输电线路 58 条，线路总长 8476 千米，是国家电网公司在运特高压输电线路运维最为集中的单位，截至 3 月 10 日，连续安全生产 3688 天。

主持人：公司安全生产工作会议明确，深入推进本质安全建设，要准确把握科学内涵，持之以恒抓 30 条落地。请嘉宾结合具体情况，谈谈 2017 年将如何深入推进本质安全建设。

嘉宾：湖南电力检修公司一是建设以"提升精益安全穿透力"为重点的本部安全生产指挥体系，建设安全生产管控指挥平台，出台《本质安全落实要点》。二是建设以提升"电网安全掌控力"为重点的电网安全风险预防管控体系，深化带电检测技术应用，建立《设备 C 类检修质量管控标准》。三是建设以提升"精益生产管控力"为重点的分部安全生产执行体系，建设优秀分部，提升安全执行能力。四是建设以提升"现场安全精准力"为重点的班组标准化作业管控体系，推进变电运检移动作业平台建设。

主持人：在安全生产方面，各单位还有哪些风险点？

嘉宾：湖南电力检修公司面临的突出风险点，一是湖南主网架结构不强，500/220 千伏电磁环网复杂，电源与负荷分布不协调，电网抵御严重故障冲击能力不足，发生大面积停电风险始终存在；二是湖南电网体量小，水电比重大，负荷分布不均，电网结构不强，±800 千伏祁韶线在安全稳定运行、电量消纳、直流偏磁以及直流闭锁后电网潮流大幅度转移等方面面临着挑战；三是近年来，运维资产激增，人员素质参差不齐，精益化管理意识不强，仍然存在发生责任性事件的风险。

主持人：针对存在的风险及问题，将具体开展哪些工作保障电网安全稳定运行？

嘉宾：湖南电力检修公司一是排查电网设备薄弱环节，整治断路器及主变套管抗短路能力不足等隐患；严格运检质量管控，建立专业监督型、清单管控型、指标考核型、专家验收型"四种模式"，分类制定质量验收和监督考核标准；推行"整站式"检修和"一站式"带电检测，最大限度压缩停电时间。二是制定《特高压换流站安全保障措施》，加大特高压人才储备，针对直流偏磁、调相机运维等难题组建研究团队技术攻关。三是健全"零裁判"绩效考评体系，完善监督体系反违章对标排名体系，鼓励保证体系自查自纠；设置年度300万元创新激励工资，高水平建设"湖南电网技师网络学院"，动态评价和考核人员适岗能力，将人才培养成效纳入基层单位绩效考核。

（原载于《国家电网报》2017年3月16日论坛版）

稿例67：行业报约稿主题访谈

《中国电力报》"强化管控，实现三零"主题访谈

国网湖南电力检修公司目前负责的检修设备广泛，除湖南主干电网超高压设备运维检修外，还负责跨区电网三广直流枢纽———鹅城换流站的检修。此外，湖南全省220千伏变电站的大型检修作业也由该公司承担。丰富的设备范围不断提升着该公司的检修技术和经验，其运检指标名列国网系统前列。近期，春检工作正如火如荼开展，记者针对春检管控、提升设备检修质效等，对该公司主要负责人进行了专访。

问：目前，湖南检修公司辖区内电网设备春检进度如何？最近几年春检工作有何特点？

答：截至目前，公司全面完成辖内2座换流站、20座500千伏交流变电站、46座220千伏交流变电站的春安现场排查，完成鹅城、集里等站的检修专项工作，执行停电检修计划180项，生产、基建任务138项。

问：近年来，贵公司在春检管理方面有哪些做法？

答：春检中，我们全面落实"提升设备状态管控力和运检管理穿透力"精益运检工作要求，精心谋划年度安全生产、精益管控春季检修、精准实施春季检查。

一是"大数据"强化春检生产计划管控。在连续3年开展"大数据"生产活动精益统计分析基础上，成功应用"人员、电网、工器具、环境"四种承载力分析控制策略，按照电网运行季节性特点，结合计划、招标等管理要求，确保年度生产任务的均衡安排。

二是强化"月计划、周安排、日管控"春检现场生产秩序。对现场工作的安排和管理，突出月计划的工作统筹，专业协同，任务均衡，责任分解。突出周计划的全覆盖、全闭环、全策划。对工作安排的合理性、措施的可靠性、安全的可控性进行全面评估。严格落实公司、分部、班组三级"日管控"，执行"日早会，中稽查，晚抽查"硬约束。现场生产指挥体系每日分专业管控小组召开日早会，深入分析现场安全风险，对不满足承载力要求的工作安排"一票否决"。

三是固化"常态化组织，标准化执行，成效化引领"春检排查工作模式。常态组织"分部自查，交叉互查，公司评比"工作模式，强化标准化执行，发布10个专业30类设备设施专业化巡检标准要求，严格执行"正面取证，负面报道"排查机制，完成"一站一表，一专业一报告"排查成效，实现了检查责任全落实、项目全覆盖、记录全归档。

问：在春检工作中有何创新管理模式？效果如何？

答：一是推行集中检修管理模式。积极推行整站、整侧、整段母线停电的综合检修模式，统筹公司资源，提升检修效率与质量。从2011年开始，逐步规范变电站综合检修项目及现场管理，创新建立"集约化、标准化"的分级管控体系，明确以"领导小组＋现场指挥部"形式进行大型综合检修项目管理，并制定了项目分级标准、安全与质量管控机制、评价标准等。经过6年实践，综合检修项目分级管理模式已在湖南省范围内推广应用，各单位专业检修能力进一步增强，检修作业时间明显下降，设备可用系数大幅上升，有效缓解了公司结构性缺员与电网规模激增的矛盾，营造出公司长期安全稳定的生产局面。

二是典型经验法强化春检质量管理。持续提炼并推广应用典型作业法，通过开展质量提升方法研究、梳理设备结构差异信息、修编标准作业及验收卡等方式方法，完善各专业可靠性提升措施908项；加强质量策划与验收，严格施工方案质量策划审核与把关，明确质量管理的责任主体、控制标准及执行计划；全面落实现场作业三级质量验评，实施停工待检点质量验收和质量监督。通过持续加大检修质量管控力度，异常及以上状态设备数量逐年减少，迎峰度夏连续四年实现零障碍、零强停、零应急。

（原载于《中国电力报》2017年4月18日"供电周刊"）

第二节　怎样跟媒体编辑打交道

一、不需要刻意拉"关系"

经常会有人问我：你能发那么多稿件，是不是在某个媒体有关系？或者问：你是不是跟某个媒体的编辑很熟？非常遗憾，我给的回答都是否定的。

跟大家讲一个小故事。我认识的某位行业权威报纸的湘籍编辑有一次跟我诉苦，说她的手机号被在一定范围内公开了，她经常接到一些基层单位通讯员的电话，有的甚至在她回答"我不认识你"后对方会自作多情地跟她说"可是我认识你啊"诸如此类的，让她备受困扰，她跟我直言：我都想换手机号了！

再讲一个小故事。一位新闻专责在接到某位行业权威报纸编辑的工作联系电话后，向对方索要其他联系方式，被对方拒绝后他仍坚持索要，最后对方迅速挂断了电话。

其实这两件事说的都是一个道理：编辑们都不希望被打扰甚至骚扰。作为基层新闻工作者，我一直坚信用作品说话，往往是编辑在工作需要的时候会打我的电话，而我基本上不会主动去跟《国家电网报》等报纸的编辑打电话，说什么我投了一篇稿件请你看看、请你提意见、你看能不能用之类的话。

因为，这些都是废话，不仅是废话，而且是浪费对方时间和精力的废话，这些废话无异于对对方的骚扰，会影响对方的心情，甚至会中断人家编辑的工作思路，给对方留下不好的印象。因为我在做网站新闻编辑工作时就很反感接这种电话。

我常跟专责说，虽然你非常谦虚地在电话中或者在邮件中向编辑说"请您批评指正"之类的话，可是你有没有想过，对于行业权威媒体那个层次的编辑来说，并没有时间和义务来对你的稿件进行"批评指正"，除了编稿，人家还有会要开，还有其他的工作，就是编稿之前还要看很多的稿件，哪有时间来跟你过多交流？对你的稿件，媒体编辑的结论只有两个：用或者不用，能用的稿件如果需要小的修改或补充，编辑会跟你联系，让你进行加工完善；不能用的稿件或者不符合新闻基本要求的稿件就直接不用了，不会"邀请"你再修改甚至跟你就稿件进行反复沟通。所以，你也不需要一厢情愿地去联系对方。

至于稿件你发给对方了，不要担心人家看不到而去提醒，你发给对方了人家自然会看到，如果是"视而不见"，那基本上不会是对方看漏了、看走眼了，而是你的稿件甚至你的新闻标题没能吸引住对方，甚至，你的姓名让对方没有感觉或者感到没有可信度。

为什么呢？因为你以前没有向媒体编辑提供过优质的稿件，或者在媒体编辑眼里，你爱打电话联系但是稿件质量实在不好。对于基层优秀通讯员（这不仅是媒体给你的一种荣誉，更是编辑对你的印象）的稿件，编辑自然会多看一眼，甚至会高看一眼，这种前提下（注意，这个前提一定需要），如果你觉得是特别好的稿件或者特别需要发的稿件，给编辑去个电话或者通过其他方式提醒一下也未尝不可，但是不可多用。注意，只有特殊情况才需要去电话提醒，一般情况下是不需要的，也没必要。

正所谓"桃李不言，下自成蹊"，其实也就是这个道理。好的稿件你不用多说，人家很快会用。不好的稿件，你说得越多越容易产生负面效应。

又所谓"酒香不怕巷子深"，虽然你只是个基层单位的通讯员，但如果你的稿件确实有报道价值，你要相信编辑是肯定会用的，编辑也喜欢好稿，编辑想用好稿的心情绝对不亚于稿件的作者，因为编辑的工作就是编出好稿。

总而言之，作为通讯员来讲，你一定要全心全意把精力放在写好稿件上，而不是放在其他的"路子"上，相对于走"路子"，其实写好稿件更容易、更实际、更长久。

如果说某某通讯员跟某某编辑"关系好"，那也是建立在通讯员长期提供高质量稿件的基础之上的，"铁打的稿件，流水的编辑"，编辑所负责的版面、工作岗位甚至工作单位经常是变动的，你盯着某个编辑和他保持熟络，一旦对方情况发生变化，那你的稿件不就不能再刊登了吗？只有专心致志把稿件写好，供给媒体需要的稿件，才能以不变应万变。

《华中电力报》是一家已根据上级精神停刊的报纸，这是一家有正式刊号和邮发代号的报纸，可以说我们在向《国家电网报》《中国电力报》

投稿前都在向《华中电力报》投稿,《华中电力报》成为我们向全国性行业报刊投稿的"试验田"。

《管理和文化的融与合》是我们 2012 年 5 月刊载在《华中电力报》"管理"版头条的一篇直投直发的稿件,直投就是未通过其他渠道力量投送,直发就是未按报纸要求做二次修改。这一稿件已经不是我们在该版头条发的第一篇通讯了,经过多次投稿,该版编辑在同我们电话联系的时候赞许"你们的稿件质量都很好",所以这篇稿件的刊登也比较顺利。这篇稿件中,我们紧紧抓住国家电网在南方电网供电的唯一枢纽站的属地化管理移交这一重要事件,采用有一点散文味道的通讯写作手法,融情于理、融事例于概述,甚至各部分小标题参照名篇《东方风来满眼春》采用数字,再次以较高的质量赢得了编辑的青睐。

这篇稿件的刊登,其实也说明了不管什么媒体,与媒体编辑最好的关系其实就是"没关系",把稿件写好了,满足了编辑的需要,也不需要编辑来来回回浪费时间和精力跟你沟通,此处无声胜有声。这样,不管什么报刊、什么媒体,不管情况怎样变化,有了好的稿件质量都不难上稿。

稿例 68:重大事件主题事件通讯

管理和文化的融与合
——湖南超高压局接管惠州鹅城换流站纪实

3 月 23 日,国家电网公司特高压交流变电站、直流换流站属地化运维交接仪式举行。当日 24 时起,广东惠州鹅城直流换流站运维管理移交湖南超高压管理局。

交接一个多月,鹅城直流换流站已成为湖南超高压局肌体的有机组成部分。

这是一次与时间的赛跑，这是一次向发展的迈进。

一

±500 千伏鹅城换流站，是国家西电东送重要项目——三峡—广东直流输电工程的重要组成部分，是三峡电力送往广东的唯一通道，是国家电网和南方电网唯一的非同期联络线。惠州管理处鹅城换流站位于惠州市博罗县响水镇，按照国网公司部分换流站属地化移交会议精神和要求，由湖南超高压局正式接管国网运行惠州管理处 ±500 千伏鹅城换流站。

国家电网公司和湖南省电力公司有关领导高度重视此次接管，强调要积极稳妥推进"大检修、大运行"体系建设，加强直流专业人员培训，认真做好惠州直流变电站的接管工作。

湖南超高压局积极投入此次接管。2 月 8 日、25 日，分别由相关局领导带队，及生技、人资、计划等部门和检修、运行、技术监督分局负责人，赴湖北省超高压公司团林换流站、哈尔滨超高压公司黑河换流站进行了学习调研。

他山之石，可以攻玉。通过广泛学习调研，超高压局对鹅城换流站的基本情况，以及直流换流站管理的机构设置、人力资源情况、换流站运行检修管理模式、移交接管培训经验、大修技改项目管理和技术监督等工作有了相应了解，成为顺利接管的前提和基础。

二

接管，进入实质性操作阶段。

培训，在实施。按照上级关于"加强直流专业人员培训"的要求，由局生产技术部牵头，"换流站检修试验技术"等技术培训有条不紊地组织进行。3 月 20 日，为充实鹅城站生产力量，超高压局选派至鹅城站工作的 10 名员工，开始进行为期 1 周的集中直流培训。

核查，在进行。2月22日至25日，由湖南公司生技部统一组织，超高压局相关部门及单位参加，建运公司、科研院参与，进驻500千伏惠州鹅城换流站进行接管移交前的现场核查。经过3天的清理，在惠州直流管理处举行了现场核查签字仪式，对核查项目和结果进行签字确认。

信息，在连通。3月20日，经过十多个小时的连续奋战，超高压局顺利完成了鹅城换流站信息广域网的安装、调试和业务应用系统切换工作，为正式接管该站提供了全新的信息办公平台。3月22日，经过3天的连续奋战，超高压局与鹅城站密切配合，顺利完成了鹅城换流站会议电视和行政电话系统的切换工作，为接管该站提供了必备的远程会议和电话条件。

交流，在开展。3月12日，惠州管理处应邀来到湖南超高压局进行工作交流。惠州管理处负责人说，来到超高压之后找到了"家"的感觉，看了超高压的企业文化，并对其产生了极大的兴趣，殷切希望尽快融入这支队伍之中。

三

鹅城换流站的接管，标志着湖南超高压局的主营业务范围向直流输变电领域扩展。这是新的任务，也是新的机遇，更是新的挑战。

技术正在融会，管理正在融合。鹅城换流站，正逐步纳入超高压局安全生产管理范畴。超高压局明确，要求鹅城换流站检修计划、缺陷管理、现场作业信息发布、信息汇报等按照局相关制度统一管理；周安全生产调度协调例会每周开一次，纪要及时上传到生产作业信息发布平台；通过视频参加局月度安全生产例会，并按照会议流程发言；按照生产作业信息发布相关要求发布现场作业信息，并满足及时性、准确性和完整性。对鹅城站的维护分工管理、分包队伍管理也明确了职责，进行了规定。

3月26日下午，鹅城换流站组织举行了"师徒协议"签订仪式，向每位赴站工作员工指定一名师傅。3月28日至29日，鹅城换流站进行了接管后的首次检修，该项工作按照超高压局生产管理流程要求，开展作业前一小时培训、站队"三交"和现场作业。4月5日，该站召开专题会议，动员部署启动"深入开展单双极闭锁因素隐患排查"工作，全力实现2012年"0次单极闭锁、0次双极闭锁"安全目标。

文化正在融入，情感正在融洽。接管后，惠州管理处主动迅速融入湖南公司和超高压局的管理和文化。

4月19日，经超高压局党委决定，设立惠州管理处党支部。一个新的战斗堡垒，在鹅城建立。

"鹅城换流站已经实现成功接管，但要实现接管成功还需要继续努力。"湖南超高压局这样理解。

（原载于《华中电力报》2012年5月4日"管理"版）

二、好的关系在投稿中逐步建立

我的"通讯员之旅"，时间跨度在30年以上，前溯至我的学生时代。16岁的时候，我还是一名中学生，被湖南人民广播电台聘为特约通讯员，当时台里负责办证的工作人员惊叹道："你是我们台里最年轻的通讯员了！"

当时作为一名中学生，我的稿件经常被湖南人民广播电台播发，没有什么关系可言，也不可能有什么关系，甚至于当时我们家里连电话都没有，想跟编辑打个电话都是通过学校传达室的公用电话打的，完全是靠稿件质量取得省级电台编辑的青睐。

在大学时期，我已经在《公共关系报》《公共关系导报》《羊城晚报·港澳海外版》这样的全国性权威报纸刊登自己的社会题材通讯了，素材完全来源于平常的搜集，至于"媒体关系"完全是零，因为这些报刊的主办地遍布全国各地，现在这样的报道和报纸我还留存着，也算是一种证明。之所以说这些，是想更有力地说明一点，就是通讯员只有依靠好的稿件，才能赢得媒体和编辑们的关注和青睐。如果说我现在在行业报刊发稿是没有所谓关系的还不够有说服力、不够让人信服，那么请看看我在参加工作前所发的通讯稿，我想这种说服力会更强。

作为通讯员，我们不能对自己的稿件在媒体发表有任何侥幸心理。通讯员在媒体编辑那里的印象是一篇篇稿件累积起来的，一篇好的稿件能形成好的印象，有助于以后发稿。反之，一篇质量不好的稿件则会形成不好的印象，影响以后的发稿。如果多次投送质量不好或者不符合媒体发稿要求和发稿需求的稿件，那编辑以后可能对你的稿件连看都不看。

所以，一定要对自己的稿件质量负责，不能抱着侥幸心理，说是我先投过去看看人家编辑觉得怎么样。试想，一篇连通讯员自己心里都没底、都不觉得好的稿件，还非得往权威媒体投送，那无异于自毁名声，久而久之，甚至会断送通讯员自身稿件在媒体发表的正常渠道。

那怎样的稿件才是符合编辑需要的稿件呢？抛开稿件本身的内容，有以下方面需要注意：首先，你的稿件字数应该接近于报刊刊发稿件的文字篇幅，不要期望编辑有很多时间来删减你的稿件，特别是向报纸投送的通讯稿件，受版面所限不会很长，所以不要投送那种动辄好几千字的稿件给报纸。至于精简文字这项工作，作者本人更了解稿件结构和哪些是重点内容，删减起来会更省时、更准确。

其次，你的投稿邮件的标题应该就是你的稿件的新闻标题，直接能让编辑知道你写的是什么，而不是什么"请××老师批评指正"之类的没意义的话，好的稿件可以直接用，不需要修改，也不需要批评指正。

再次，你的稿件打开后最佳的字号和字体是什么？个人推荐正文五号宋体，这样接近于报纸的字号，不大也不小。重要的是，编辑在计算机中打开你的稿件后可以在不移动屏幕情况下，直观地看到你的稿件大概的篇幅、结构和各段的分布情况，这对于编辑编稿是非常重要的。而标题，则考虑可一行放置的、略大于正文的四号或者小四号宋体加粗。

还有，你的稿件在投给编辑之前，请千万对稿件通读多遍，把那些错别字和病句改过来，把那些啰唆的可以删减的话尽量删除，保证稿件的最基本要求是符合的，一定不要把这种勘误的工作留给编辑去做，编辑不会乐意采用一篇错漏百出的稿件。稿件错漏百出，说明通讯员作者的态度是不端正的，而态度不端正的作者是不可能写出高质量的稿件的。

再有，你的稿件在末尾处，要写明作者及自己的邮政编码、通信地址、联系电话，以便编辑后续的工作。

对编辑和你进行改稿联系的电话或信件等，要认真对待，对编辑提出的要求，回应要非常迅速而直接。第一，你不要把后续改稿的联系工作交给别人去做，让编辑去联系其他人，除非编辑有直接联系原始作者本人的要求，一般情况下我们也不推荐编辑直接联系原始作者，因为原始作者大多不知道怎样跟编辑打交道，而且很多稿件经过我们的加工后已经和最初原稿有很大不同了。第二，要把编辑的想法搞清楚，用最快的速度把稿件按编辑的要求修改后在规定时间内再次投过去，尽量避免再一次修改。

《金属离子吸附系统"瘦身"记》，是一篇根据《国家电网报》电网建设周刊编辑意见，由消息稿经过重新撰写而形成的一篇特写稿，因此，也是一篇与媒体编辑建立长期良好编作关系前提下得以刊发的稿件。

当时，我们将这篇特写所反映的创新事实的消息稿投往《国家电网报》，因为该报电网建设周刊"创新"版每周均有数篇消息稿，我们认为这种稿件的发稿机会应该是比较高的。《国家电网报》在收到稿件后，认为这个题材改写成特写表达效果会更好，而且相关版面也需要这样一篇特写作为搭配，加之通过长期投稿我们也具备了较好的特写写作能力，因此编辑给我们打电话，提出了重新写稿的要求。

但是，消息改成特写还需要搜集大量的素材，同时还要组织写作力量。由于这篇消息稿是有时效性的，重新写成特写稿后面临新的时效性问题，对此，我们采取倒叙的方法，迅速完成了特写稿的撰写并投送出去，在《国家电网报》及时刊登出来。

还有一点要特别说明的是，我们不赞同给编辑打电话追问这篇约稿为什么没有发，或者这篇稿件按照编辑的意思修改了甚至还花了很大工夫为什么最终没有发出来，这是因为，这种情况的发生，往往编辑也是无奈的，有时候版面发生了变化，有时候复审、终审没有过，总之，一篇稿件能不能最后发出来不是编辑一个人能决定的，也有很多客观因素的。

所以，这种情况发生后，你不必强求甚至苛责编辑，要相信，你的努力和所做的工作编辑都看到了，感受到了，请你也体谅一下对方。更重要的是，把这种交流和联系留到以后，来日方长，来"稿"也方长。你不问，这种歉意留在对方那里，这篇稿件这次没发，相信今后会换来更多稿件的上稿。

稿例 69：技术革新主题新闻特写

金属离子吸附系统"瘦身"记

"以前我们用'倒桶式'系统做金属离子吸附处理时，1 台 220 千伏主变需要大约 12 个人，用 4 个大油桶连续倒桶 10 天左右才能达到要求，现在这个新的吸附系统确实省时、省力……"6 月 12 日至 15 日，湖南电力检修公司变电检修基地变压器检修一班的 6 名员工，运用新的系统，不到 4 天时间就完成了长沙 220 千伏芙蓉变电站 1 号主变的金属离子吸附处理工作。

这一变化，源于 2010 年长沙 220 千伏天顶变电站吸附处理时一位老员工的抱怨："每次做吸附处理，咱检修一班就是一次'起底'大搬家，变压器是在做'透析'，我们就不停'透汗'……"一句调侃式的抱怨，道出了检修班员工的共同心声：为什么不研制一种更简易、更高效的吸附系统呢？

于是，一支由经验丰富的技术精英和思维活跃的新进大学生组成的研制团队应运而生。几年时间里，大家潜心钻研，反复实践，最终研制出了一套简易、高效的全新吸附系统。

旧系统在使用过程中，需先将变压器油全部排出至数个 20 吨大油桶中（220 千伏主变一般需要 3 个储油桶及 1 个循环用桶），然后对排出的油进行反复倒桶加热及吸附处理，每倒完一次，就需要调整一次加热系统进出油口，并改接吸附系统进出油管道。因为管道结构复杂、吸附工序繁多，吸附过程中极容易出现进出口混淆、管道连接处跑漏油等情况。整个吸附过程要持续 7 天左右，才能使绝缘油各项试验数据达到要求。最后还需在对主变进行抽真空的同时，将试验合格的绝缘油注回到主变中，并对注完油的变压器进行不少于 24 小时的热油循环。

而新系统选择了一种更高效的吸附剂作为吸附载体，大幅度缩短了吸附处理时间。此外，在加热回路和吸附回路之间添加了 1 个 1 吨小油桶作为缓冲结合部，实现了两个回路的无缝对接，这样就无须将变压器油排出，可直接将主变本体作为盛油容器加入循环吸附系统中，巧妙地省去了排油和注油的工序。同时，由于该系统为环状单向循环回路，循环过程中无须切换、改接进出油管路，操作简单，循环过程安全稳定。在实际应用中，与旧系统相比，新吸附系统所需人力减半，时间缩短 60%，4 个 20 吨大油桶也"瘦身"成 1 个 1 吨小油桶，大大降低了检修成本、运输负担及安全风险。

（原载于《国家电网报》2014 年 6 月 26 日电网建设周刊"创新"版）

第三节　在内刊交流新闻工作经验

一、同样要重视的平台

这本书之所以重点说行业权威报刊，一个重要原因是因为它们有统一的国内刊号和邮发代号，有据可查，有史可鉴，权威性是其他任何媒体不可替代的。在行业权威报刊中还有一种特殊的刊物，它虽然和一般的报刊稍有不同，也许只是内部刊号，但是它作为新闻工作者工作交流的一个平台和载体，同样受到广大新闻工作者的关注和重视，这就是内部新闻交流刊物。

中国电力报刊协会主办的《新闻工作动态》就是这样一本刊物。如果说在一个行业内，新闻工作者还存在单位不同（分属不同的系统的不同媒体）、层级不同（有的本身是在行业媒体工作，有的则在不同级别单位从事新闻工作）、身份不同（有的是记者，有的是通讯员）的区别，那么从专业的角度讲，这种新闻内刊则给大家提供了一个共同的、平等的交流平台，这是一个比较纯粹的平台，大家在这个平台就从事新闻工作的心得和经验进行交流，取长补短。

为什么要重视这样一个平台？因为从本质上来讲，向能源报刊投稿的动力在于对新闻事业的热爱和对新闻业务的不断追求，有了这种热情，我们在从事新闻工作时才会用心去钻研，努力取得成果，这是一种殊途同归的工作历程，从事新闻工作的人员同样会注重这样一个平台，并通过它来展现新闻工作中的收获，求得进一步的业务拓展和能力提升。在这里，也可以结识行业朋友，提高自己在新闻界的知名度。

事实上，虽然我们在新闻内刊所投送和发表的并不是真正意义上的新闻稿件，但它同样是一种关于新闻的文字表述，而新闻工作的心得和经验、新闻工作的任何点点滴滴，其实与我们形成一定积累后向行业权威媒体准确投送稿件是相辅相成的，并不是割裂的。一个新闻工作经验丰富的人、一个能经常自我总结经验并形成文字的新闻工作者，在向行业报刊投稿时也会取得较好的收获。所以，我们看到，《中国电力报》《国家电网报》《南方电网报》等报刊的一些负责人、编辑、记者都会在《新闻工作动态》上发表心得或论文。

从我刊登在《新闻工作动态》的几篇稿件可以看出，其实这些稿件都与新闻工作的经验积累和向行业报刊投稿是息息相关的。

《企业网站年度回顾专题制作的创新实践》是一种以时间段分割为内容的工作总结，它以年度工作回顾为主要内容，介绍了怎样开展专题制作，这种形式在系统内部推出后，引起了很多兄弟单位的关注甚至长期效仿，现在很多单位还保留了制作年度回顾专题的习惯做法。

《企业网站年度回顾专题制作的创新实践》对于我们向行业报刊投送专题类稿件也是很有启发意义的。其实报刊也会做一些回顾类稿件，特别是在岁末年初的时候，有时候会开展相关的主题报道，某项重大工作结束或开展到一定阶段的时候，也可能会组织进行相关的主题报道。如果我们平时在编辑企业网站新闻的时候有这种回顾展望工作的意识和经验，这种回顾式主题报道能在内部报道时产生较好的宣传效应，更重要的是，在行业报刊开展这种相关的回顾式报道的时候，我们就会有足够的报道能力去与之衔接，特别是当报刊向我们约这类稿件的时候，我们可以更加准确地把握其意图，与媒体产生良好的互动，并确保良好的宣传效果。

稿例 70：年度回顾专题主题综述

企业网站年度回顾专题制作的创新实践

企业门户网站作为企业内质外形的重要塑造平台，在岁末年初之际制作企业年度工作回顾专题，对于总结全年工作，提振精神，鼓舞士气，再接再厉争取更大成绩具有极其重要的推动作用。国家电网湖南电力检修公司从 2009 年开始至今，已连续 5 年在门户网站发布企业年度记事回眸专题《一路阔步一路歌》，成为有益的成功创新实践。

初步尝试的积极探索

2009 年末，《一路阔步一路歌——湖南超高压管理局 2009 年记事回眸》作为首发版，可以说是比较简单的，主要是对门户网站新闻中具有全局性的新闻进行提炼；主要方法是对全年重要新闻进行搜集整理后，再进行"大事记"形式的缩减和提炼。

"一路阔步一路歌——湖南超高压管理局 XXXX 年记事回眸"这一标题，5 年来一直沿用。在设计之初，选取了 2009 年年中工作会报告中的"阔步前行"词素，形成"一路阔步一路歌"这一具有激励性和延续性特征的标题，既大气又符合年度记事特征。因为每年沿用，使之成为一种"品牌"而容易记住，在受众心中能产生更大影响，对于标题制作来说也是"一劳永逸"。

2010 年末，湖南电力检修公司门户网站推出了《一路阔步一路歌——湖南超高压管理局 2010 年记事回眸》，作为《一路阔步一路歌——湖南超高压管理局 2009 年记事回眸》的延续，较之 2009 年版，最大特点是在记事广度和深度上大幅度扩容，特别是对重要会议和重要讲话精神进行了提炼，在有重要会议精神和重要领导讲话的条目中，比较详尽地提炼讲话要旨，有利于更全面、深入地透视全局 2010 年的发展轨迹和工作业绩，把握科学发展要求，引导继往开来再上台阶。

更富创意的精彩升级

《一路阔步一路歌》（2011 年版）以"歌"而起，直抒胸臆，回顾 3
年记事回眸，导出新一年的记事回眸。

《一路阔步一路歌》（2011 年版）在前两年的基础上又进行了大的提
质升级，共分为前言、尾声和 4 个篇：春之绿意、夏之绿叶、秋之绿树、
冬之绿韵，四季分别代表三个月份的记事，这样处理是为了使记事有季节
特色地分隔，更具新闻时段特点，同时便于穿插内容和减轻阅读强度。春
之绿意、夏之绿叶、秋之绿树、冬之绿韵 4 个篇均由 3 个部分组成：要闻
点评、精彩瞬间、记事回放。

从这一年开始，记事专题在版式上开始采用 BANNER 条制作，页面显
得更加多彩和活跃。

变革之年的特色之篇

《一路阔步一路歌——湖南电力检修公司 2012 年记事回眸》首次采用
了双图题图，即根据该专题所在门户网站头条新闻可切换图片特点，制作
"大同"而"小异"的两个题图在网站主页头条位置进行切换，丰富了页
面色彩。除序言、尾声外，这一年的《一路阔步一路歌》格局更加丰满，
总体上分为"上篇：印象 2012""下篇：记事 2012"。

上篇"印象 2012"又分为"热词 2012""变革 2012""荣誉
2012""声音 2012"4 个部分。"热词 2012"对"三集五大""大检修""同
业一流、系统标杆""安全生产 2100 天""依法从严治企""管理诊断""百
日攻坚""安全生产令""国网公司检查指导""鹅城换流站"等年度热词
及其事件进行了简要解读。"荣誉 2012"列出了企业当年获得的主要荣誉
称号；"声音 2012"分别摘引了有代表性的领导讲话精神。

下篇"记事 2012"又分为"春风又绿江南岸""大道朝阳大检修""奋

勇攻坚潇湘志""沧海云帆竞风流"等 4 章，每章在保留要闻点评、精彩瞬间、记事回放等 3 个上年度项目的基础上，又在最前面新增引语（即更加简练的季度点评语）。

图文并茂的再度创新

《一路阔步一路歌》之 2013 年版，除前言、尾声外，分为第一篇"传媒 2013"、第二篇"影像 2013"、第三篇"记事 2013"，各自成篇，相映生辉，全面展现企业发展风貌，引人自豪，催人奋进。这种设计，一是体现了 2013 年公司在各中央媒体、省级媒体、行业媒体等高端媒体对外报道数量的极大增加的特点；二是增加了图片的分量，使整个专题变得更加图文并茂，感染力强。

企业年度记事回眸专题《一路阔步一路歌》5 年的创新实践证明，作为门户网站发挥好舆论引导和新闻宣传作用，就不要不断创新和提升，在创新和提升中实现新闻的价值，体现新闻的力量，延续新闻的生命，提升新闻的效能，充分激发员工的荣誉感和能动性，全面促进企业的改革发展。

（原载于《新闻工作动态》2014 年 4 月刊）

二、在不断积累中自我总结

这本书虽然很多说的是怎样向行业权威报刊投稿并获得刊发，但总的来看这是一个比较高层次、高阶段的工作，如果没有扎实的新闻基本功作为基础，纵有再丰富的投稿经验，你的稿件在高端媒体刊登出来，那完全是不可能的事。

《电网企业门户网站新闻编发的"三性"》，对我们平常编辑网站新闻进行了一定的经验总结。我们知道，我们平常被行业权威报刊采用的大量稿件，其实都是来自单位的网站新闻，网站新闻是报刊稿件的原发地，是极其重要的基础，如果我们不能很好地编辑出网站新闻，那就不可能有高质量的稿件向媒体投送，而这种基础工作绝对不是三言两语可以说清楚的，于是就有了这篇文章。

《电网企业门户网站新闻编发的"三性"》，是我们多年编辑企业网站新闻的一种经验积累，从更加接近基层通讯员层面的企业网站编辑的视角，而不是直接从相隔较远的媒体编辑的角度来讲解，更有利于基层通讯员掌握怎样写好通讯稿。试想，如果通讯员写出来的一篇稿件都不能被所在单位的网站采用，那又如何能被更高层面的高端媒体采用呢？怎样写好原始稿件，这是一个很基础的工作和话题，也是对这本书所讲述的如何向高端媒体投稿的有益补充，所以，这本书增加这个篇章和摘编这篇稿件是很有意义的。

这篇稿件是一篇更具理论性的文章，它从一个企业网站编辑的眼光出发，对基层稿件提出要求，以形成比较优质的稿件后再向高端媒体投送，这就真正形成了向行业权威报刊投稿的一个完整过程。

这篇稿件从新闻的导向性、新颖性、准确性三个方面，对新闻稿件的写作提出了要求。之所以写这三个方面，是因为企业网站编辑在平常编辑稿件过程中遇到的相关问题最多、问题最突出和最需要解决。其实不管是内部发稿还是对外投稿，按照这篇文章所讲，要着重注意的几个方面基本上都是一致的，向高端媒体投稿，由于其稿件发表出来会产生更大的影响，如果不重视稿件发表后的"双刃剑"效果，搞不好就会适得其反，产生负面效果而不可收拾，这样对作者、对编辑都会产生不好的影响。

这篇稿件讲述的，第一就是导向性。新闻是为政治服务的，没有正确的导向就是错误的报道，引导的是错误的思想和舆论，因此新闻编辑的第一工作就是避免稿件产生"100+1<0"的负面效应。然而，把握这一点是非常不容易的，这涉及新闻工作者如何讲政治和提高政治站位的问题，看似在新闻之内，实则在新闻之外，需要多方面历练来提高把握能力，还需

要一定的逐级审核程序来把控。这篇稿件中讲，虽然有的稿件题材范围仅限于内部网站发稿，但是政治导向把握是一种整体能力，而不是割裂的，也就是说你内部小稿都把握不好导向的话，那投送高端媒体的稿件你更不能把握好。

第二就是新颖性。如果一篇新闻稿件在内部网站编发出来都不能显示它的新颖性和与众不同，那么它几乎更不可能在高端媒体发表，因为受众范围扩大了，你稿件的新颖性和新闻报道价值就更加显得微乎其微了。

第三是准确性。高端不同于低端，报刊也不同于网站，在行业权威报刊发表出来的新闻稿件就是白底黑字，不能修改和删除，作者必须为自己的新闻稿件的准确性把关和负责，不要稿件投出去就万事大吉，要想到编辑编发那么多稿件，工作量很大，不能过多期望编辑对你稿件中任何表述的准确性都把住关，新闻准确性出了问题的话，受不利影响的首先是作者自己。

稿例71：网站新闻管理主题综述

电力企业门户网站新闻编发的"三性"

企业网站新闻是电子办公时代新闻与政务信息的结合体，具有较强的权威性和时效性，因此，必须高度重视新闻稿件编发的政治敏感和专业技巧。

突出导向性，避免负面效应

对网站新闻来稿，首先要审核其是否符合上级精神和本单位工作要求，这是新闻编辑普遍能意识到的，但是，要做到避免编发不适宜稿件、杜绝负面新闻却并不容易。重点注意以下几个方面：有的稿件适合在内部发表，但是不适合在对外网站上发表，因为涉及对象不同等；要宣传的人与事，本身是否尽善尽美，是否得到了上级的肯定，是否因某些方面的欠缺被上级批评过；要宣传的对象，是否与大的环境相协调、相适应，整体内容或者具体报道中涉及的某一方面内容，是否符合当前本单位工作规定或要求；要宣传的对象，是否具有代表性，是否能通过报道真正做到有说服力；新闻图片内容是否合法合规；等等。总之，对符合当前大政方针、有利于促进工作的稿件，应优先采用；对于经过分析可能产生负面效应和非积极因素的稿件，应采取谨慎的态度，一般不予采用；对与总体工作部署可能有矛盾、拿不准的稿件，应视情况缓用，或请示领导审定，或有针对性重点修改。当然，有的稿件本身包括题材、内容等方面均无不适合，但并不意味着就可以刊发，因为还要综合其他多种因素，考虑整体要求。

同时，要在统筹兼顾的前提下，充分尊重稿件作者的劳动，最大限度调动他们的积极性，能用的尽量用，编辑能改的尽量改，自己不能改的提出修改意见退回作者修改后考虑采用，尽量鼓励通讯员多来稿、来好稿。

突出新颖性，标题吸引眼球

标题是"点睛之笔"。首先要突出短小精悍，用较少的字数准确而生动地概括新闻主要内容，最少地占用页面位置，最大地吸引读者的关注。企业网站新闻，更多地采用实题，对小故事、新闻人物类稿件也可采用更加灵活多样的标题形式。但要注意，在突出新颖性的同时，在标题拟制上，要做到几个避免：

一是避免哗众取宠。尽管标题要求新求活，但不能以牺牲新闻的真实性为代价，不能搞低级恶俗，不能题不对文，不能用不适宜的类比，要体现网站的整体风格，强化网站新闻的整体效果。

二是避免表述不准。网站新闻标题一般做的都是实题，只浏览标题也就简要掌握了新闻主要内容，因此，做标题一定要准确，要在全面熟悉和把握稿件内容的基础上，结合来稿原标题，适当提升、修改、完善，充分准确地反映内容。

三是避免过长臃肿。为了能够提升网站页面整体的美感，网站新闻标题字数基本相近、风格基本一致。为了增加信息量、为了便于读者阅读，新闻标题要力求简短，但删减文字时要保证标题通顺，且不能让人费解。

突出准确性，内容贴切实际

一是要了解稿件内容要求。公司网站是促进公司工作的工具，也可以说是公司工作动态和成绩的载体，应站在全局的高度，注重用感人的事实说话，保证新闻的宣传价值。

二是达到写作基本要求。网站新闻和传统新闻体裁一样，要用第三人称，不能用第一人称。特别要注意稿件不能写成"流水账"，应采用先总后分、先结果后发展经过的写作方式；新闻也不同于散文，不能以抒情为主，而要以事实的详细叙述为基础。网站新闻提倡短小精悍，但不能太简单，一句两句话就成其为一篇稿件，使读者点击后不能看到实在的内容，不能从中获得具体的信息认知。对于图片新闻，要配发文字说明。

三是积极报道基层情况。网站新闻要立足全局，突出基层，高度重视基层来稿，通过基层反映全局，通过局部反映整体，在用事实说话的基础上，提高基层稿件的采用率，使广大职工对网站新闻及其反映的情况有亲切感，使网站新闻有坚实的群众基础，使全局的工作和形象得到良好展现。

四是注重以小见大。很多作者认为平常没有什么事可写，身边的事都是些小事，即便写出来也难以从小事中反映出什么有意义的东西来。这种想法是搞宣传报道的误区，要在实践中学会发掘和提升。发掘就是要善于从小事中发现特殊的东西，哪怕是一个细节；提升就是在写出小事情后，将其落脚到一个高度，从而提升新闻本身的价值。

（原载于《新闻工作动态》2013 年 10 月刊）

三、总结好自己才能报道好其他

《湖南电力检修公司新闻文化推进"三集五大"体系建设综述》一稿，对于基层通讯员如何结合行业报刊的主题报道开展新闻工作，是一种很好的启迪。

这篇综述，是一种进行主题报道的新闻经验交流，它对于怎样围绕企业的特定核心工作来进行报道是一种有益的总结。新闻报道的很多稿件其实都是围绕一个主题来进行写作的，所以对自己的工作及时做好总结，对启发自己的思维围绕各种主题进行新闻报道也是有积极意义的。

行业报刊在一定的时候，会结合该阶段的重大工作组织进行主题报道，例如国家电网公司"三集五大"体系建设，相关媒体就组织了很多报道乃至征文活动，前述的《国家电网》杂志的获奖征文就是"三集五大"相关有奖征文。如果我们在平常的新闻报道中比较注重对阶段性重要工作进行集中报道和主题报道，那么，在行业权威报刊进行这种报道时我们就会比较敏感，就能够很好地去结合自身的实际工作向报刊投稿，甚至一些内部主题报道的稿件也有机会通过投稿被采用。

其实作为电网企业，和高端媒体同步的主题报道还是很多的，譬如春季检修、春季安全大检查、迎峰度夏、防汛抢险、秋季安全大检查、防冻融冰、春节保电乃至统一部署开展的主题教育活动等，都可进行集中报道，并适时结合行业报刊需求选择稿件或组织稿件投稿，从而获得较好的报道效果。

从这些内部刊物交流的经验稿可以看出，如同报刊投稿技巧与基本写作能力是相辅相成的一样，企业的对外报道和对内报道也是同质化甚至一体化的，如果割裂来看或者割裂去抓、去做，不可能取得很好的效果和持续的效果，那些被行业报刊采用的稿件基本上最初的展示平台就是内部新闻载体，而这也是本书增加这一章节的用意所在。

总而言之，我们做新闻工作的，其实就是不断地总结人家的工作经验，而做好这种工作的前提是，我们要善于总结自己的工作，所谓"一屋不扫，何以扫天下"，如果我们连自己的工作都不注意总结、不善于总结，那我们又怎么会有意识、有能力去捕捉新闻亮点，做好对周边人和事的新闻报道呢？显然这是不可能的。

相反，及时做好新闻工作心得总结和经验分享，很大程度上能推动我们进一步做好新闻工作，在不断地经验总结中提升自我和业绩水平。

稿例 72：重大改革报道主题综述

春风化雨润革新
——湖南电力检修公司新闻文化推进"三集五大"体系建设综述

公司以企业门户为特有载体的"大新闻"、以"大新闻"为特色的新闻文化，与时俱进地推动着以"三集五大"体系建设为核心的企业新一轮改革发展。一路走来，"大新闻"与"大检修"相得益彰，为企业和员工共同愿景的实现提供着强劲的推力。

春天的播种

2011年的春天，一篇《春映艳山红》，揭开了湖南检修公司"大新闻"的序幕。

作为全国首家 500 千伏电网运行监控中心的设立者，"大检修"核心力量"运维一体"的先行者，湖南检修公司开展了一次"感受运行"的活动，管理部室干部职工深入公司负责运行管理的变电站，接触基层，感知变革，提升管理。这也是公司首次配合相关活动开展大型征文。

"感受运行"活动征文，以《春映艳山红》为始，以编者结语《大约在冬季》收笔，刊登的众多文字，形式多种多样，内容感人至深，发人深省。活动征文在广大员工中引起强烈反响，许多文章点击数超过公司员工总数。系列征文引起了《湖南电力报》的高度重视，不仅刊登了公司"感受运行"活动征文专版，还刊载了公司企业门户推荐的所有篇目。以公司门户新闻为基础，"大新闻"辐射效应开始显现。

形式不拘一格，内容触动心灵，打开广阔视野，注重图文并茂。这种湖南检修公司独有的"大新闻"模式魅力，深深吸引了各个层面的受众。正如"感受运行"征文更先于"走转改"活动一样，"运维一体"的先行者湖南检修公司，其实已经在先行先试"大检修"体系。

2011年9月，公司企业门户的一篇头条新闻《为有运维多壮志——彭斌访谈录》，再次借助"运维一体"的主题，将"大新闻"模式演绎得淋漓尽致。这篇访谈，以公司"运检第一人"彭斌的所思所行为主线，倡导了普通员工积极投身变革的宝贵精神，在仅有数百员工的公司，却产生了上千的新闻点击数。文章刊登的更大效应体现在，不久后，公司授予了彭斌"运检双能岗位能手"的荣誉称号。

夏天的耕耘

为引导员工熟悉"三集五大"体系建设的政策，公司在企业门户网站发布了国家电网公司"三集五大"体系建设的宣传手册，第一时间以新闻报道形式，多次几近全文地公布公司启动方案和做好建设期间稳定工作等相关文件内容。

为引导员工了解"三集五大"体系建设的动态，公司在各个新闻板块设立了"三集五大"专栏，自4月份以来，及时转载刊登《国家电网报》

《国家电网》杂志、湖南公司门户网站、天津公司门户网站等媒体刊载的评论员文章、上级精神、工作经验交流材料、外围工作动态，同时对公司内部"大检修"体系建设动态进行及时报道。

为引导员工融入"三集五大"体系建设的思想，公司企业门户注重通过年中工作会议、党支部书记会议等重要会议新闻，传达"三集五大"体系建设"保稳定"的原则，做好职工的思想政治工作。公司头条新闻发布的《一个监控员的心声和承诺》，以"大检修"体系建设中集控中心移交的员工思想为切入点，带动了改革中更多工作岗位变化的干部职工积极立足自身，维护稳定，投身改革。

在湖南检修公司企业门户网站，不一样的精彩随时随处可见。不强调形式，更注重品质，最追求实效，一切围绕"三集五大"为核心的改革发展，新闻文化的魅力不断弘扬扩展。

秋天的收获

2012 年 6 月 6 日，湖南检修公司正式揭牌成立，揭牌仪式结束两小时后，公司门户网站即同步发布了仪式图文报道和深度报道《风雨兼程路更宽——湖南检修公司成立纪略》。企业门户以新闻时效性为突破口，抓住宣传企业、宣传网站的重大机遇，两篇报道均达到近 3000 次的点击总数，创造了公司新闻的新高，也昭示着公司企业门户对外辐射的关注度日益增高。次日，国家电网公司门户和湖南公司门户都刊载了湖南检修公司成立的新闻报道。

头条新闻《竞技大舞台，发展新动力——湖南检修公司中层干部竞争性选拔纪实》，翔实地全程报道了湖南检修公司成立后适应"大检修"体系建设开展的干部竞聘工作，引起了强烈反响，对外，《电力人力资源》杂志、《湖南电力报》纷纷刊登了这一纪实稿件；对内，基层单位变电检修中心也开展了相关班组长竞聘工作并形成纪实报道。

　　头条新闻《"大检修"铸就大会战——220千伏白马垅变电站改造工程走笔》，作为公司"百日攻坚"征文浓墨重彩的一笔，以年度大修技改项目为载体，全面展现了"大检修"改革所带来的生产效率效益的提升……站位求高，立意求准，阐释求深，兼具网络特性的杂志式的新闻释放，"大新闻"模式极大提升了"大检修"改革的宣传效能。

　　当新闻成为一种春风化雨的文化，当建设面向整个国网系统的网站"芒果台"品牌成为一种追求，当推动"三集五大"体系建设成为一种目标，有目共睹的是，在湖南检修公司，"大新闻"的力量正呼之而出，越"大"越精彩。

（原载于《新闻工作动态》2013 年 4 月刊）

第五章
在多元化媒体报道中提升能力

第一节　不可忽视的省级党报、晚报

一、党报、晚报的用稿特点

诚如本书序言所言，对于企业报道和企业通讯员而言，行业（总公司）报刊是基层单位最想上稿的媒体，当然也是最难上稿的媒体，所以本书前述章节，主要侧重于讲解如何上稿行业（总公司）报刊，这是一种硬实力。而作为省部级媒体，省级党报、晚报同样是企业宣传的重要阵地。

《湖南日报》是一家省级党报，权威性不言而喻。《三湘都市报》则是《湖南日报》社主办的湖南省发行量最大、影响力最大的省级晚报。

总的来讲，我们觉得党报、晚报用稿的一个原则就是——"新"，或者"实"。什么是"新"？就是新的事物。《变电站巡检首次引入机器人》就是一个很新的新生事物——"据悉，这是我省首次引入智能机器人对变电站进行巡检"点出了这篇稿件的新颖之处。过去，湖南电网都是人工进行巡检变电站，现在有了这个机器人，就大不一样，稿件虽短，但是对机器人的功能、优势和作用进行了比较全面的阐释，并对其发展趋势进行了展望。

所谓"实"，就是对社会大众生活有实际影响或实际意义。刊登在《湖南日报》的《打通湖南与贵州电力交换通道》与另一篇我们刊载在省级晚报的稿件有一个共性，就是从新闻标题就能看出新闻事件对社会用电的影响，一个是"打通电力交换通道"，一个是"高铁双电源供电"。在这种稿件中，报纸对新闻事件对社会大众生活产生的影响用了更多笔墨。这两篇稿件，在阐述对社会供电的实际影响时，落笔都是非常通俗易懂、非常直白的，即："对缓解湖南电力供应紧张局面大有好处。""保证了高铁供电的安全稳定。"

纵观整个党报、晚报的企业报道，一个总的写稿要求就是"俗"，即一定要通俗易懂。企业报道中，很多通讯员因为本身就是搞相关技术专业的，写稿都是专业用语专业表达，想把自己怎么做的表达出来，殊不知这个社会读者并不感兴趣也不想知道，而且，一味地用专业术语来讲述新闻事实，结果普通读者根本看不懂，这就产生了一种特别的尴尬：看标题大概还知道是怎么回事，看正文越看越看不懂，越看越犯迷糊。

我清楚地记得，在《打通湖南与贵州电力交换通道》这篇稿件刊发前，《湖南日报》记者就新闻事实对实际供电能力产生的影响，专门打电话向我进行咨询，我又咨询了专业部门，最终形成了"年输电能力可达20亿千瓦时"这一通俗表述，放进稿件作为重要内容。而这种表述，我们在平常的专业稿件中，也就是投往行业报刊的时候，是不会加入的。

所以，我们一定要换位思考，从社会报刊读者的角度来想稿件该怎么写，不能一味地按照自己的思路去写稿、投稿。要知道，乱投稿投多了，不仅不会使上稿量增加，还会影响到记者、编辑对你的印象，也就会直接影响你以后的上稿。

稿例 73：科技创新主题消息

变电站巡检首次引入机器人

今天，在常德岗市 500 千伏变电站内，一个憨态可掬的机器人在工作人员操控下，摆动头上的扫描设备，对变电站的供电设备逐一进行检测。据悉，这是我省首次引入智能机器人对变电站进行巡检。据了解，相对传统的人工巡视，机器人智能化巡视系统能够对变压器、互感器等电网设备的运行状况进行监控，对开关触头、母线连接头等的温度进行实时采集，并采用温升分析、同类或三相设备温升对比、历史趋势分析等手段，对设备温度数据进行智能分析和诊断，从而实现对设备故障的判别和自动报警。引入智能巡检机器人系统，可实现变电站全天候、全方位、全自主智能巡检和监控，既提高了设备检查的准确率，又大幅降低了劳动强度和运行维护成本。据悉，该机器人系统将在全省各 500 千伏变电站逐步推广。

（原载于 2013 年 9 月 26 日《湖南日报》第 8 版综合版）

稿例 74：突破性工作主题消息

打通湖南与贵州电力交换通道

由国家电网湖南电力检修公司承建的 220 千伏怀化湾潭变电站扩建工程今天竣工投产。此举标志着湖南与贵州电力交换通道打通，通过这条通道，我省每年可从贵州电网获得 20 亿千瓦时电量。该变电站是贵州电网与湖南电网连接的关键点。通过该变电站，分别有两条 220 千伏线路与隶属南方电网的贵州电网公司大龙变电站、玉屏变电站相连接。今后，来自贵州电网的电力资源，通过该变电站以及怀化牌楼 500 千伏变电站，可送往湖南全省各地，有效拓展了我省电力供应来源，对缓解湖南电力供应紧张局面大有好处。

（原载于《湖南日报》2013 年 8 月 9 日第 10 版综合版）

二、党报、晚报的特别之处

可以非常明确地讲，我们在《湖南日报》《三湘都市报》刊发的稿件，都不是通过报社邮箱的直投稿，这些邮箱的设置其实对普通通讯员投送新闻稿件并没有实际作用。

不与报社记者、编辑建立直接联系，基本上是没办法让自己的新闻稿件上稿的。在微信等网络社交工具极其发达的今天，我们更不会也不赞同去刻意搜集这种公开的所谓的报刊投稿邮箱，特别是新闻投稿邮箱。

我们曾有两篇刊发在《湖南日报》的稿件，都是通过与报社资深记者建立联系，投给记者后与记者的联合发稿。作为省级党报、晚报，记者、编辑有报社对自己的考核标准，人家一般不会直接采用你的自然来稿，他们会更深度地参与到你的新闻稿件中来，这也是党报、晚报区别于行业媒体的一个特性。这是一种更为复杂的投稿环境和关系处理，在这里也不便更多地着墨阐述。

单从稿件本身来讲，党报、晚报的稿件的长度会更短，因为报纸篇幅所限，每天要刊登国内国外、各行各业的新闻报道，不会有太多的版面来刊登你的稿件。当然，现在有很多报刊的新媒体，如客户端、订阅号、公众号等刊载稿件会不限字数甚至不加修改地原样发出，这显然并不是我们这里所说的真正意义、严格意义上的高端媒体、权威报刊，这里不涉及也不赘述。

我们会看到，刊载到党报、晚报上的稿件，记者编辑会对我们的自然来稿的原稿进行较大程度的加工和修改，有的语言甚至会因为对专业不是很熟悉的修改，在真实意思表达上有一定出入，主要原因，还是记者、编辑从自身角度出发，为了使稿件更符合大众化的阅读习惯或者契合报纸本身的风格和需要而进行了修改。

从稿件内容来讲，我们可以投往党报、晚报的新闻稿件，较之行业媒体来讲，题材限制会更多，这是因为，行业媒体的专业限制较小，专业性较强的稿件甚至一般性工作稿件，都有可能被采用；而党报、晚报作为社会媒体，它要更多地考虑社会读者爱不爱看、看不看得懂，所以，对于党报、晚报这种对题材限制较多的媒体，我们不会大量投稿。对于这种媒体的投稿，要更多地考虑新闻规律，也就是从大众读者的角度去考虑题材选取，如刊登在《三湘都市报》的《沪昆高铁长昌段全面双电源供电》，就是以"双电源供电"确保电力持续供应、保障民生为主题内容的一篇报道。

稿例 75：成效性工作主题消息

沪昆高铁长昌段全面双电源供电

9 月 16 日，沪昆高铁长沙至南昌段正式通车，采用双电源供电方式供电。由国家电网湖南电力检修公司建设的该区段双电源工程，保证了高铁供电的安全稳定。

双电源是电力供应中可靠的供电方式，可进一步确保高铁的行车安全。今年以来，湖南电力检修公司在完成沪昆高铁长沙至南昌段第一电源工程的基础上，加紧多个扩建项目施工，赶在高铁通车前全面完成了所需双电源工程建设。

目前，沪昆高铁长昌段采用的双电源供电，共有两条电源同步供电，其中，第一条由长沙 500 千伏云田变电站作为电源，向高铁牵引变进行供电；第二电源由 220 千伏淮川变电站作为电源，对长昌段进行供电。

（原载于《三湘都市报》2014 年 9 月 27 日 A09 版"能源导刊"）

三、报刊专版的组稿

在《三湘都市报》"能源导刊"，我们刊发了一个专版《为坚强智能电网保驾护航——记"中央企业先进单位"国网湖南电力检修公司》。在社会报刊刊登专版，集中宣传企业取得的重要荣誉或工作成绩，这也是我们会遇到的一种报道形式。

专版的刊登，怎样组稿？我们首先要面对的是版面篇幅的问题，要预估一下版面能容纳的字数。当然，版面还需要一些图片，还要考虑标题的字号大小以及版面设计后需要留下的一些空隙，这样整个版面才会显得美观。

至于具体需要多少字，可以从以往的数字报相应的版面中提取其版面稿件的字数及需配图的数量作为参照，这样，你就大概知道自己的这个专版需要多少字、多少照片了。根据版面的内容来组织图片，图片一般要求提供原图，以免缩小后变得不清晰，特别注意不能出现违反安全规程、场面混乱等负面情况的图片。《为坚强智能电网保驾护航》这个专版，我们提供了 3100 字左右的文字稿，并配了 5 张带文字说明的图片，形成了整个版面图文并茂的视觉感受。

在具体的文字内容安排上，要紧密结合需要宣传的主题组织稿件，可以是通讯稿，也可以是有一定材料性质的稿件，但从可读性考虑，不建议完全用材料稿。如果是相关部门为专版刊登提供的上报材料稿，一般情况下建议对这种稿件进行一定的修改，以满足报纸专版宣传的需要。

可以很直观地看到，《为坚强智能电网保驾护航》这个专版的文字稿其基础和底稿是"中央企业先进集体"的申报材料，但为报纸专版供稿时，我们做了一定程度的修改和完善，也就是使其尽量"新闻化""通讯化""文学化"。

譬如说，在文章的导语部分，我们采用了新闻通讯的导语写法，特别是在文章的第四部分，我们加入了一些最新的新闻事件内容，使整个文章可读性大幅提高。

稿例 76：先进集体综述主题专版

为坚强智能电网保驾护航
——记"中央企业先进单位"国网湖南电力检修公司

即将过去的 2013 年，对于国网湖南省电力公司检修公司（简称"国网湖南检修公司"）而言，又是一个不平凡的年份。

继国庆前夕被授予国网湖南电力系统唯一"中央企业先进单位"之后，截至 12 月 28 日，国网湖南检修公司实现连续安全生产 2520 天历史最长安全纪录，为确保湖南电网持续安全稳定运行作出了重要贡献。公司全面履行企业责任、电网责任和社会责任，谱写出发展路上的崭新篇章。

继承优良传统　践行诚信奉献

国网湖南检修公司作为湖南主电网集中运维检修专业中心机构，目前下辖全省 500 千伏交流变电站 17 座、惠州鹅城 ±500 千伏直流换流站 1 座、湖南核心电网长株潭负荷中心全部 220 千伏交流变电站 43 座，共计 61 座变电站；拥有主变压器 173 台，总计变电容量达 38612 兆伏安。公司负责资产管理的 500 千伏及以上超高压交流输电线路 48 回，总长度 5025.9 公里；超特高压直流输电线路 3 回，总长度 1366 公里。

公司始创于 1952 年。创建 61 年来，公司始终肩负着确保湖南电网安全稳定和促进湖南经济社会健康快速发展的重任。近年来，公司取得了安全生产、文明建设、抗冰保网、抗震救灾、奥运保电、电网建设等全面胜利，先后荣获"全国文明单位""全国五一劳动奖状""全国模范职工之家""全国精神文明建设先进单位""全国学习型组织先进单位""全国一流超高压输变电企业"、中央企业和国家电网公司"抗震救灾先进集体"、湖南省"文明单位"、国家电网公司"文明单位"、国家电网公司"先进集体"、国家电网公司和湖南省"抗冰救灾先进集体"、湖南省"园林式单位"、连续 5 年国网湖南省电力公司"安全生产先进单位"等重要荣誉称号；2008 年 7 月，湖南电力公司党组向全系统行文，发出了向公司学习的决定，全面展示了公司讲政治、顾大局、负责任、重服务、严管理、做表率的电网企业标杆形象。

公司始终坚持"保命、保网、保主设备"的职责，多年来，形成并传承了检修人任劳任怨、少讲多做、以企为家、以企为荣的优良传统。为了确保电网安全，很多员工为安全生产加班加点，日夜奋战；很多员工默默无闻，不讲条件，一年出差在外超过 200 天是家常便饭。在湖南检修公司，大家都有一种向上的精神、一种可贵的职业素养，把肩上沉甸甸的职责化为脚踏实地的行动，心往一处想，劲儿往一处使，为电网安全注入源源不断的强大驱动力。

坚持严抓严管　提升保网能力

一直以来，国网湖南检修公司是"'严抓严管'统领安全生产，'五类制度'管控安全生产，状态检修和技术监督全面支撑安全生产"的坚定执行者。公司致力于营造浓厚的安全氛围和树立正确的安全观，建立全过程的生产管控体系和具体方法，构建规范的安全生产秩序，全面树立安全管理就是风险管理的观念，不断提升风险辨识与预防能力。

公司颁发《安全生产令》，建立了"月策划，周优化，日管控"为核心的生产调控机制；率先实施工作负责人分级管理，开展人员、设备、机具的安全风险评估，创建现场作业风险辨识库，建立安全承载力三级管控机制，严格按具体生产任务的风险等级匹配工作负责人和把关人；制定和落实现场把关和安全稽查标准和纪律，严格实行分层把关、分级监督；坚持带电检测、专业巡视、隐患排查"三结合"，提升设备健康管控能力。

公司大力开展"反违章、反骄傲、反松懈"活动，从生产日管控、应急抢修、违章界定等十个方面做出了明确要求。通过优化公司违章考核办法，极大地调动了各级反违章的主动性；通过总结提炼 63 条严重管理性和行为性违章补充条款,从技术和管理两个角度进一步规范安全生产行为;通过出台运维安全硬性规定,强化运维人员之间专业监督,规范运维工作流程;通过制定项目管理及现场文明施工的规定,狠抓安全风险点、作业关键点、质量控制点、工作作风的"三点一风",有效提升现场管控质量。公司疏堵结合,重拳出击,各项要求层层落实,安全生产秩序井然。

2013 年,面对湖南遭遇的历史罕见长时间夏季高温干旱,公司严格管控,确保湖南主电网在迎峰度夏期间实现了无事故、无障碍、无主设备强迫停运、无应急抢修、无责任性直流单双极停运,实现了主电网全方式、全保护运行。2013 年,公司还有效开展国庆及十八届三中全会等保电工作,春季安全大检查评分排名省公司系统第一,状态检修获得国网公司质量达标评价 A 级。

全面提高素质 建设一流队伍

国网湖南检修公司始终坚持"岗位成才""一线成才"培养策略,严格遵循价值导向,着重开展"突出现场,突出技能,突出新技术"差异化培训,完善技能考试和业绩考核相结合、"能上能下,业务为先"的岗级薪酬联动机制,实施"能者多劳,多劳多得"的劳动分配机制,打通人才成长通道,激发员工成才热情。

公司积极开展员工能级鉴定工作,坚持以"公开透明,注重实践,兼顾差异"为原则,充分考虑老、中、青三级人员的实际情况和技能水平特点,综合权衡,细化方案,多措并举,全面提升各类人员整体素质,夯实安全保网人才基础,打造坚强的电网运维团队。2013 年 11 月,以公司员工为主力队员,国网湖南电力荣获国家电网公司变电检修技能竞赛团体一等奖。

公司认真贯彻"科研为保网,创新为安全"的方针,成为省公司科技创新的主力军,公司获省公司科技进步奖、群众性创新奖获奖等级和数量均居省公司系统前列，获省公司"群众性创新活动优秀企业""质量管理活动优秀企业"，李晓武创新工作室获全国能源化学系统及湖南省劳模创新工作室，1个班组获全国优秀质量管理小组。

全面推进队伍建设，认真落实"双十、三百、四百"人才工程建设，持续开展现场培训竞赛；紧密结合安全生产和改革发展的各项任务，促进职工先进典型引路经常化，电力行业技术能手何权、湖南省劳动模范鲁桥林、国网公司优秀班组长李晓武、国网公司技术能手张宏等先进代表的事迹得到广泛宣传。2013年，1个党支部、2位员工分别荣获省公司"十佳学习型党组织"和"十佳学习型领导干部""十佳杰出青年"称号。

锐意改革进取　实现全新效能

2012年12月、2013年3月，国网湖南检修公司分别高分通过国网湖南电力和国家电网公司"三集五大"体系建设验收，全面实现"资源更集约，组织更扁平，检修更专业，管理更精益"的整体目标，为建设坚强智能电网奠定了坚实基础。

通过改革，拓展运维一体新深度，创新"运维一体化"各类业务流程及管理体系，运维人员全面承担所辖500千伏变电站的运行值守、设备巡视、倒闸操作、事故处理、定期维护及C、D类检修工作，500千伏变电站运维效率显著提升，设备维护检修成本大幅降低；显示了专业检修新效能，公司管辖变电站无人值班率、集中监控率、状态检修率、运维一体化率、输电线路运检一体化率、输电线路融冰技术应用率全部实现100%。2013年，公司按照国网公司统一部署，扎实开展"三集五大"体系建设"回头看"和体系全面深化建设，建设效能全面提升。

与此同时，公司承建的220千伏泉塘变电站整站改造、500千伏牌楼变电站扩建、220千伏威灵变电站扩建、110千伏泸溪北变电站等工程，多次被授予省公司基建工程"流动红旗"。2013年，公司承建的220千伏蓝思科技变电站顺利投产，为经济开发区供电提供保障；建设湖南宝山矿业工程，为矿山深部开采提供动力资源；建成桃花山升压站，从此岳阳首个风力发电站并入电网，输送出清洁电能；扩建 220 千伏湾塘变电站，黔电送湘工程缓解湖南用电紧张，服务湖南经济发展；2013 年底组成一支40 人的"攻坚突击队"攻坚克难建设的 500 千伏民丰变电站直流融冰工程，将为 2014 年防冻融冰提供坚强保障……一个个电网建设工程，带来了显著的社会效益和经济效益。

国网湖南检修公司干部职工正坚定信心，鼓足干劲，以更加谦虚谨慎的作风、更加奋发有为的精神、更加优异卓越的业绩，在努力建设"同业一流，系统标杆"检修公司的道路上，进位争先，阔步向前，为全面建成小康社会做出更大贡献。

（原载于《三湘都市报》2013 年 12 月 28 日 A07 版"能源导刊"）

第二节　中央网络媒体主网站报道

一、重视权威网络媒体

网络媒体是新媒体的主要力量，新华网、人民网作为中央网络媒体，区别于报刊订阅号、公众号等新媒体，具有党报党刊同等的不可替代权威性。特别是新华网、人民网的主网站，区别于这两个网站的各省频道，上稿基本上靠转载，而不是直投稿件，所以上稿显得尤为珍贵。

那么，什么样的稿件才能被新华网和人民网的主网站转载采用呢？

可以发现，我们刊发在新华网和人民网主网站的稿件，人民网主网站都是发在"能源"板块，新华网主网站都是发在"地方"板块。刊发稿件的所属板块，其实也和稿件内容十分契合，人民网主网站"能源"板块刊发的《湖南主电网启动今年首个 220 千伏变电站全站检修》以及《国家能源局电力安全培训基地落户湖南》，直接与能源建设和能源培训有关；而新华网主网站"地方"板块刊发的稿件，则都和地方属性有关。

所以，从这几篇稿件可以看出，新华网和人民网主网站在转载稿件时，也是有其选择的切入点的，并不是毫无根据、没有原则地选取，而是根据其相应板块的内容需要，选择质量好、时效性强的稿件进行转载。

这几篇被新华网和人民网主网站转载的稿件，原发在哪里呢？并不是新华网和人民网的省级频道，而是其他网站——红网或者湖南新闻网。特别是红网，是湖南省委、省政府重点新闻网站，被誉为"中国地方新闻网站第一品牌"；而湖南新闻网，则是另一家中央网络媒体——中国新闻网的省级频道网站。

所以说，在内容上、在稿件来源上，新华网和人民网主网站在转载稿件时也是有讲究、有选择的。总而言之，只有地方权威网站刊发的质量好的稿件，才会被新华网和人民网主网站转载刊发。我们绝大多数的被转载稿件，其实首发来源都是红网。

那么，稿件怎样才能上红网呢？红网上什么板块的稿件更容易被新华网和人民网主网站转载呢？红网有社会频道，也有专业性较强的"能源"频道，我们经过分析发现，红网社会频道的稿件更容易被新华网和人民网主网站转载。

但是，红网的社会频道投稿和能源频道投稿渠道是完全不同的，能源频道采用的是专用投稿方式，而社会频道采用的是通讯员投稿系统，要经过网站多层级审核，特别是对稿件的社会生活属性要求比较高，这和省级党报、晚报在选择稿件时的原则极其相似。所以，要想稿件被新华网和人民网主网站转载，首先应在其首发网站——红网社会频道被采用，这也是很不容易的。

稿例 77：任务启动主题消息

湖南主电网启动今年首个 220 千伏变电站全站检修

3月3日，国家电网湖南电力检修公司正式启动湖南主电网今年首个220千伏变电站全站检修项目——都塘变电站全站检修。

此次改造工作采用全站停电的模式，工期7天，完成全站所有一、二次设备的检修、消缺以及21台合并单元的更换升级、16台智能终端的升级任务。

这是湖南电力检修公司目前所维护智能变电站的首个整站技术改造和检修项目，技术难度大，作业面广。湖南电力检修公司承担此项目的三分部上下高度重视，成立本次全停检修项目部，编制整体实施方案，抽调分部精干力量，充分学习改造、检修内容和流程，合理优化施工安排，制定日工作进度卡，明确各作业面、负责人及作业内容，确保安全、质量与进度。

湖南电力检修公司明确要求：各作业班组有序配合，严禁无序作业现象；工前安全技术交底到位，杜绝人身伤害，确保检修质量；落实项目部"日"管控工作会，实时管控工作进度，确保项目顺利完成；积极探索智能站运维经验，结合本次改造工作，全面提升智能站运维技术。

（原载于人民网主网站 2014 年 3 月 5 日"能源"板块）

稿例 78：设施建成主题消息

国家能源局电力安全培训基地落户湖南

近日，刚刚落户湖南的国家能源局电力安全培训基地（电网类），完成了第一期电力安全培训班。

该基地设于国网湖南电力星沙培训分中心，湖南能源监管办副专员夏旭、国网湖南电力副总经理戴庆华为该基地揭牌。作为湖南省唯一的国家能源局电力安全培训基地，星沙培训分中心将承担省内电力企业相关负责人和电力企业安全管理人员的电力安全培训任务，切实宣传贯彻《安全生产法》，达到依法治企、确保安全的效果。

国家能源局电力安全培训（星沙）基地举办的第一期电力安全培训班，由湖南能源监管办组织，为期 4 天，来自全省地市（州）各电力单位的 40 多名企业主管、分管或协管本单位安全生产工作的总经理、副总经理、总工程师和副总工程师参加了本次培训，系统学习了国家安全生产方针政策和有关电力安全生产的法律、法规及规程标准，安全管理基本理论等内容；经过培训及统一的考试后，参培人员获得由国家能源局颁发的电力安全培训合格证。根据安排，今年还将有 3 期电力安全培训班在该基地举办。

湖南能源监管办要求，各单位要高度重视电力安全培训工作，牢固树立"培训不到位是重大安全隐患"的意识，切实落实电力安全培训工作责任。

（原载于人民网主网站 2015 年 5 月 27 日"能源"板块）

二、原始稿件的内容要求

我们在红网社会频道上稿的过程，并不是一帆风顺的。

在初期，我们通过红网通讯员频道投送的稿件，采用率并不高，为什么？我进行了分析，主要还是专业性太强，社会生活性不强，从题材选取到内容表述，都没有很好地契合网站的特点和要求。我们把自己的一些原始稿件不经过修改或者修改幅度很小就投送出去，就很难被采用，一是稿件和社会生活没有太大关系，二是作为第一读者的网站编辑看不太懂，因此，稿件不被采用也就并不意外。

我们对红网社会频道的用稿进行了分析，确定了基本的报道思路。

一是报道内容要和社会用电结合起来，不能就电网检修或者电网工程说电网，这个对社会大众来说是陌生的，是关系不大的。

二是报道的切入点要和气候时节、百姓生活等结合起来，这样才能增加稿件的可读性，也才能更加吸引读者和编辑。新华网主网站"地方"板块刊发的《湖南主电网春节保电应急工作准备就位》，就是在春节即将到来时，人们特别关注春节是否能保证正常供电心态下的一篇应景之作。

三是稿件在内容表述上要更加通俗易懂，不能用专业用语，要把专业性的东西转化成社会大众能看懂、能明白的表述，甚至一些形象化的表述表达出来。

四是不能只说自己是怎么干的，其实读者对这个并不是很感兴趣，更要说清楚为什么要这样干，也就是新闻事件的背景，即新闻写作"三个么"中的"为什么"，至于"怎么做"，在有的稿件中甚至直接被编辑删除了，这也是社会报道和专业报道之间的差别。所以，一篇稿件，你投给红网社会频道和投给能源频道的版本，很可能是不一样的，因为读者不一样，所以稿件也就要写得不一样，这个"懒"不能"偷"。

五是稿件不要太长。投给网络媒体的稿件其实不要写得太长，不能像内部稿件一样能写多长写多长，把事情写清楚就可以了。不要认为网站稿件没有篇幅限制就尽量写长，其实篇幅短小的稿件编辑和读者更爱看，更容易把握重点内容，更符合"快餐文化"的大众阅读习惯。

稿例 79：节庆工作主题消息

湖南主电网春节保电应急工作准备就位

1 月 28 日，国家电网湖南电力检修公司春节应急抢修队伍组建完毕。春节保电期间，该公司所属各 500 千伏、220 千伏变电站维护单位由分管领导全面负责事故抢修工作，成立事故紧急抢修队伍，实行 24 小时值班，具备全天候响应和快速处置能力。

目前，湖南电力检修公司已充分做好春节期间主电网应急抢修准备。春节期间，做好应急抢修及应对雨雪冰冻灾害的准备，加强备品备件的管理，配备足够的人力、物力和交通工具，并由运维检修部实行统一调配；各分部（中心）明确应急车辆，燃油储备充足，在指定地点停放，提前配备好应急抢修物资、工器具、备品件。

春节期间，该公司实行应急抢修责任制，按照"谁运维谁负责"原则，实行分管领导带班和包干责任制，精心组织应急队伍，坚持春节期间 24 小时应急抢修和"零报告"制度，保证突发情况迅速动员、迅速集结、迅速行动，确保应急抢修及时、恢复有效。

春节期间，湖南电力检修公司还将统一安排，对预判可能发生的过载的重点区域、变电站进行重点驻点保障。

（原载于新华网主网站 2014 年 1 月 28 日"地方"板块）

三、网络媒体新闻的其他讲究

在标题制作上，网络媒体稿件标题也有别于报刊稿件标题，简而言之，就是要短小精悍。网络媒体的新闻标题显示受字符限制，多了就看不到了，特别是你的稿件进入红网的主页后，那主页上提供的标题字符会更少更短，所以，投给网络媒体的新闻标题不能太长，要尽量缩短长度把新闻事件的内容表述出来，能精简的尽量精简。

另一方面，标题要把最核心最亮眼的内容体现出来，把符合社会大众阅读需要的内容展现出来，把他们最关心的内容提炼出来，如新华网主网站"地方"板块刊发的《湖南电力成功实施通信光缆通道不破坏路面施工》中的"不破坏路面"等。需要的时候，还可以制作双标题，但总的原则，标题还是要精练，把应该留下的留下，可以删除的删除，应该提炼的提炼，达到最佳的表达效果。

网络媒体稿件在投稿时间上，其实也是有讲究的。网络媒体投稿的时间要求比报刊更严格，对于红网这种稿件需要经过多层次多层级审核的重要新闻网站，在当天新闻尽量当天审核发布的前提下，投稿者需要给网站和编辑留下足够的审稿时间。

经过分析我们发现，稿件在当天下午 4 时前投给红网是一个比较合适的时间点，这样，既可以给编辑留下充足的时间看稿审稿，也能保证稿件的时效性，也就是尽量当天发布。当然，作为网络媒体，也希望稿件在新闻事件当天发布。

经过一段时间的练习，我们的稿件越来越多地被红网采用，也更多地被新华网和人民网的主网站转载，我们在红网的发稿数也连续位居全省系统前列，成为企业对外报道中不可或缺的重要力量。

稿例80：市政建设主题消息

湖南电力成功实施通信光缆通道不破坏路面施工

9月2日，国家电网湖南电力检修公司创新采用新工艺，大胆采用实行新型的水平定向机械顶管作业，在不破坏现有路面条件下，顺利完成了两条独立通信光缆通道敷设工作。

本次通信光缆敷设，施工所在的办公楼作为企业的决策指挥中心，其地下的"毛细血管"错综复杂，涉及排用水、电力、移动、通信等基础配套设施管线管道，施工环境复杂，任务艰苦，如果采用传统的敷设工艺，必须实施"明挖法"，将施工区域周围进行围挡，挖出大坑，在坑内由人工细细挖掘，不但严重破坏途经的地面环境、耗时长，且会不同程度造成管线和管道破损，直接影响生产办公和居民生活。

为提高施工效率效益，湖南电力检修公司信通中心严密组织，科学安排，从时间、效率、效益等多方面综合考虑，运用管线探测仪，结合基建图纸反复仔细查勘，明确挖掘路线，绘制精准的顶管通道管道图；同时，利用无线跟踪技术，由安装在水平定向铺管钻机上的探头，实现与管线探测仪无线通信控制，确保机钻严格按照预定的线路挖掘。

通信光缆是电网的传输通道，承担着电网的调度电话、行政电话、自动化、信息广域网、会议电视等重要业务。光缆具有重量轻、质地软、易断、怕折等特性，敷设中稍有不慎，就会造成纤芯断裂，给工程施工和工期造成损失。本次施工采用热熔工艺，实现了 PVC 管道的无缝连接，防水防潮性极强，专业穿管器有效防止了光缆敷设过程中的损坏。仅仅 4 天，一次性成功敷设 48 芯通信光缆 83 米。

新型敷设工艺和方法的研究应用，大大缩短了作业时间，延长了光缆使用寿命，既节约了建设成本，又保证了施工质量，特别是极大降低了对正常生产生活的影响，具有极高的社会推广价值。

（原载于新华网主网站 2013 年 9 月 3 日"地方"板块）

后　记

作为新闻，写稿、投稿、上稿毕竟还是有一定的技巧的，虽然这种技巧还是要结合文字基本功来，但也还是可以成章成法地系统讲述的。从媒体和专家来看，以往有很多这样的教科书式的培训、教材式的书籍，但从"新闻逆向"来看，从基层新闻工作者写稿、投稿角度出发系统讲解的培训教材，却几乎还是空白。

这本书，填补了这个空白。

为了通讯员更为全面地掌握上稿技巧，本书从社会题材、大型征文起笔，在重点讲解行业（总公司）权威报刊媒体发稿的基础上，还增加了对省级党报及都市报、人民网及新华网主网站乃至全国性报纸上稿稿件的讲解，特别是引入了跨行业形态对外宣传的成功案例，以形成全面、全方位的上稿攻略。

另一方面，作为一个 16 岁就被湖南人民广播电台聘为最年轻通讯员并发给通讯员证书、有着三十多年新闻经历的老新闻人来讲，我更懂得以上那些上稿奇迹的产生绝非一朝一夕之功。所以，说得太直接、太简单、太直白，对于听课的通讯员来讲，其实无法把握其内涵，反倒容易误导他们，使他们以为做新闻那么容易。新闻上稿有技巧、讲攻略，但这并不是全部。

其实，很多的资深新闻记者并不是新闻专业出身，而他们之所以能写出那么多优秀的新闻作品并产生那么大的影响，取得那么丰硕的成果，完全源自对新闻事业的热爱和日复一日地深入实践的历练。而我，也不是新闻专业出身，但从初中开始就喜欢和媒体打交道，从大学就开始在全国各大媒体发社会题材的长篇通讯稿了，真是"因为爱所以爱"，因而才会有今天这么多的发稿量。

有时候我会对新闻专责和听课通讯员说："我可以培训你们，可是谁来培训我？"要在行业权威媒体上这么多稿件，我凭的就是自己多年的钻研和体会，而这种钻研和体会最终源自我对新闻的热爱。所以，对于一个只想"打酱油"的通讯员来讲，如果你不喜欢写新闻稿，那跟你说得再多、对你培训次数再多，都是白搭。

而且，我是做文秘工作出身，能深刻理解语言基本功对做好新闻工作的重要性。万事一理，无论是写消息、通讯、新闻评论，还是写公文、讲话稿，其实说白了，都是"是什么—为什么—怎么做"的套路，新闻做到极致，稿件的竞争力就体现在语言文字的基本功上，体现在语言逻辑的准确表达和语言文字的精练上，甚至体现在你对政治方向的正确把握上，毕竟新闻宣传就是为政治服务的，是党的喉舌，你搞不清政治方向和新闻宣传的重点，无异于南辕北辙，会越走越远，即便你再会写都是没用的。

一篇错漏百出、语言逻辑有问题，需要报刊编辑反复打电话核实的稿件，没人敢用，长此以往，你这个通讯员的稿件也就没人敢用。同样，一篇不符合报刊媒体当下报道重点方向的稿件，写得再好也没编辑爱看，看了标题就会直接"PASS"掉，连被扔进纸篓的机会都没有。

所以，我反对通讯员急功近利，甚至在国网湖南电力的新闻培训班上讲到了"的、地、得"的正确用法——这是小学生的入门课，但是就是这个"的、地、得"很多人都搞不清楚，而这个"的、地、得"的错误运用这粒"老鼠屎"会坏了新闻稿件这"一锅粥"，就是这个"的、地、得"能够让人对新闻作者和他的作品充满信心或丧失信心。这次培训班刚一结束，一位我很熟悉、平常很会写稿的通讯员问我"的、地、得"是哪三个字，这一方面说明她还不知道这三个关联字，另一方面也说明她确实想把新闻做到极致，有了这种劲头，我想她的新闻稿件会写得越来越好。

　　希望通过这本书，让更多的基层新闻工作者及其所在单位在撰写新闻稿时既讲技巧又打基础，有更多更好的稿件被权威媒体采用，实现自我价值，展现时代风采。

邓云球

2022 年 10 月于长沙